语文阅读新视点

乔桂英 程丽阳 著

中国纺织出版社有限公司

图书在版编目（CIP）数据

语文阅读新视点 / 乔桂英，程丽阳著. -- 北京：中国纺织出版社有限公司，2025.1. -- ISBN 978-7-5229-2476-2

Ⅰ. G633.332

中国国家版本馆 CIP 数据核字第 2025P07H48 号

责任编辑：张　宏　　责任校对：王花妮　　责任印制：储志伟

中国纺织出版社有限公司出版发行
地址：北京市朝阳区百子湾东里 A407 号楼　邮政编码：100124
销售电话：010—67004422　传真：010—87155801
http://www.c-textilep.com
中国纺织出版社天猫旗舰店
官方微博 http://weibo.com/2119887771
河北延风印务有限公司印刷　各地新华书店经销
2025 年 1 月第 1 版第 1 次印刷
开本：710×1000　1/16　印张：20.25
字数：287 千字　定价：98.00 元

凡购本书，如有缺页、倒页、脱页，由本社图书营销中心调换

前言 | Preface

2017年秋，义教阶段统编本语文教材在全国小学和初中起始年级投入使用，且于2019年秋实现所有年级全覆盖。这意味着语文教材多样化发展样态告一段落，"一纲多本"时代结束了。"统一编写、统一审核、统一使用"的统编本语文教材一方面落实"立德树人"的根本任务，另一方面开启了从"教材"到"学本"的探索与实践，体现着促进学习的教材编写理念。因此，适应着国家发展和时代发展对人才培养的需求，统编本语文教材（以下简称"新教材"）采用"语文素养"和"人文精神"两条线索相结合的方式编排教材内容，运用结构化的设计分布单元导语、预习、阅读提示、旁批、思考与探究等助读信息，并通过教读、自读、课外阅读"三位一体"的阅读体系很好地贯彻了课标提出的"多读书，好读书，读好书，读整本的书"的倡议，以利于学生的自主学习。

2022年4月，《义务教育语文课程标准》（以下简称"新课标"）正式颁布。此次课标立足核心素养，构建学习任务群，注重活动和实践导向，突出文化取向和文化自信，与前一版课标相比有很多新的变化。如果说理念和目标的新变化是在前一版课标基础上的优化，那么学习任务群则是义教课标中的新成员。学习任务群作为课程内容的组织方式，一方面体现语文课程综合性和实践性的表现形态，另一方面引领语文教学改革，重构教学单元，重建语文课堂。新课标根据义务教育学段的特点，设置了三个层级的六个学习任务群。这六个学习任务群不只是课程内容的呈现方式，也是一种新的教学方式和学习方式，其要求教师设计有关联、有层次、有逻辑的任务以带动教学，让学生在任务驱动下，身临真实情境中，通过积极主动参与语文实践的方式进行学习。

新教材和新课标一系列的变化为教师提升和改善教学提供了有为空间，同时带来了挑战，提出了要求。新教材中的各助读要素和新课标中的理念、目标要求、课程组织方式以及学业质量标准为教师准确把握教学目标和内容，恰当选择教学方法和策略提供了切实的帮助和有力的支撑，同时给予教师更多的时机和空间去发挥自身的教学优势和积累。然而，"新"就意味着没有参考、没有模板、需要摸索、要求创新。教师若要面对"新"就必须迎接挑战，接受改变，改变观念，改变习惯，改变方法，不断学习，不断探索。

尽管各层级的培训为教师使用新教材和新课标提供了内容的解读和方法的示范，但从"听懂"到"会教"，从"会教"到"教好"毕竟还有很长的路要走，其中的艰辛与崎岖自不待言，其间出现的问题更不容忽视。在诸多的教学内容中，阅读一直是教学的重点耕耘区域，也是问题频出的地带。为此，本书针对新课标和新教材使用中普遍存在的问题和难点，以阅读为载体，突出"新"的视点并聚焦为以下六章内容：助读系统的新视点、阅读课型的新视点、整本书阅读的新视点、"活动·探究"单元的新视点、思辨性阅读、实用性阅读，以期帮助教师准确理解新课标，有效使用新教材，更好地适应教改。当然，新教材和新课标使用至今，也涌现出一批优秀的教师。他们在落实课标理念，创造性使用新教材，积极践行教改等方面率先垂范，为其他教师有效使用新教材提供了思路和引导。因此，本书不仅在理论上对语文阅读新视点进行了梳理、辨析和深化，还整理了优秀教师的教学设计或课堂实录，以期打通理论与实践的壁垒，让教师不仅知道"是什么"，还知道"怎么做"。

寒暑易节，终成书稿，但书中内容尚有不足之处，在此恳请专家、同仁和广大读者批评指正，互相交流学习。

著者

2024 年 9 月

目 录 | Contents

第一章 助读系统的新视点 ... 1

第一节 概论：助读系统要素的丰富与功能的扩展 ... 1
一、助读系统内涵的再认识：确定"成员"的标准 ... 2
二、助读系统的进一步完善：助读要素的丰富与扬弃 ... 3
三、助读系统功能的扩展：让阅读"轻舞飞扬" ... 9

第二节 预习：课堂教学的先导 ... 13
一、预习是什么 ... 14
二、预习有什么用 ... 18
三、预习怎么用 ... 20

第三节 旁批：助力"自读"的新成员 ... 27
一、旁批是什么 ... 28
二、旁批有什么用 ... 32
三、旁批怎么用 ... 36

第四节 补白：语文知识的补给站 ... 48
一、"补白"是什么 ... 49
二、补白有什么用 ... 54
三、补白怎么用 ... 59

第二章 阅读课型的新视点 ……………………………………… 71

第一节 概论：教读—自读—课外阅读的整体设计 …………… 71
一、精读—略读—课外阅读关系的构建：丰满的理想 ………… 72
二、教读—自读—课外阅读"三位一体"：走在现实的路上 …… 77
三、"三位一体"阅读体系的价值诉求：提升阅读素养 ………… 79

第二节 自读课："学以致用"的"中转站" …………………… 82
一、自读课是什么 …………………………………………… 82
二、自读课评什么、怎么评 ………………………………… 88
三、自读课教什么 …………………………………………… 98
四、自读课怎么教 …………………………………………… 105

第三节 课外阅读：多姿多彩的新样态 ……………………… 114
一、课外阅读的新样态 ……………………………………… 115
二、"1+X"拓展阅读的指导 ………………………………… 125
三、课外古诗词诵读指导 …………………………………… 134

第三章 整本书阅读的新视点 ……………………………………… 147

第一节 概论：阅读策略与专题探究的同频共振 ……………… 147
一、名著导读的历史追溯 …………………………………… 148
二、"统编版"教材"名著导读"板块的整体设计 ………… 154
三、整本书阅读的问题讨论 ………………………………… 162

第二节 整本书阅读策略：言有尽而用无穷 …………………… 169
一、整本书阅读策略是什么 ………………………………… 169
二、整本书阅读策略怎么用 ………………………………… 181
三、整本书阅读策略运用指导案例 ………………………… 184

第三节 专题探究：整本书深度阅读的"学习活动场域" …… 187
一、"专题探究"是什么 …………………………………… 187
二、"专题探究"的问题讨论 ……………………………… 194

三、"专题探究"怎么教 ·················· 197

　　四、"专题探究"教学案例 ················ 210

第四章　"活动·探究"单元的新视点　213

第一节　概论："活动·探究"单元彰显学生的主体地位 ······ 213

　　一、"活动·探究"单元是什么 ············· 214

　　二、"活动·探究"单元的分布及内容 ········· 216

　　三、新的组织方式：活动任务单 ············ 222

第二节　活动任务单：强大的功能体现 ············ 222

　　一、改变学习方式 ·················· 223

　　二、强化主体意识 ·················· 225

　　三、引导多元评价 ·················· 226

　　四、促进全面发展 ·················· 228

第三节　实施路径：设计任务和实践活动 ··········· 229

　　一、"活动·探究"单元的突围 ············· 229

　　二、"活动·探究"单元怎么教 ············· 232

　　三、"活动·探究"单元教学案例 ············ 244

第五章　思辨性阅读　251

第一节　概论：在阅读中点燃理性之光 ············ 251

　　一、论"思辨" ··················· 252

　　二、论"思辨性阅读" ················ 253

　　三、思辨性阅读的特征 ················ 254

　　四、思辨性阅读的价值追求 ·············· 255

第二节　学习目标：突出理性方法、能力和精神 ········ 256

　　一、"思维能力"内涵和"逻辑思维"课程目标 ····· 256

　　二、思辨性阅读学什么 ················ 257

第三节　实施路径：设计学习主题、情境和实践活动 …… 260
　　一、单篇教学和单元教学之辩 …… 260
　　二、思辨性阅读怎么教 …… 261
　　三、思辨性阅读教学案例 …… 269

第六章　实用性阅读 …… 279

第一节　概论：渐趋加重的"砝码" …… 279
　　一、认知态度：由轻视到重视 …… 279
　　二、教学方式：由静态到动态 …… 280
　　三、学习场域：由封闭走向开放 …… 281
　　四、学习内容：由割裂走向整合 …… 282

第二节　核心目标：立于生活、切于实用 …… 282
　　一、目标定位 …… 283
　　二、内容要求 …… 285

第三节　实施路径：设计目标、把握原则和突出特征 …… 291
　　一、实用性文本的共性与差异 …… 292
　　二、实用性阅读怎么教 …… 296
　　三、实用性阅读教学案例 …… 302

参考文献 …… 307

后　记 …… 313

第一章　助读系统的新视点

语文教材各大组成系统纵横交错，相互联系，相互作用，共同为学生更好地学习语文提供帮助。其中，明显体现教材编写者意图和课程标准要求的是助读系统。"统编本"语文教材吸收以往不同版本教材的优点，通过优化单元导语，重整课文插图，增加预习、旁批、阅读提示、补白等内容，丰富和完善了助读系统。

第一节　概论：助读系统要素的丰富与功能的扩展

到了现代，培养学生的自学能力，提高学生独立阅读、独立思考的能力，已成为教育教学的重要目标，因此，在语文教材中适当增加助学和导学的材料，并使之形成一个系统，就是势所必然的了。[1]

——顾黄初、顾振彪

助读系统是教材中不可或缺的部分，是为更好地帮助教师教学和学生阅读文本而提供的一系列补充材料。这些材料在教材中不断发挥着促进学生自主学习、提高阅读素养，给予阅读方法等作用，其中生动的语言和具体的引导更有助于激发阅读兴趣，铺垫阅读知识和阅读情感，培养学生形成良好的阅读习惯。助读系统不仅从内容上反映了课程标准的目标和要求，而且为教师制定教学目标、确定教学内容提供抓手。随着教学改革的不断深入，教材与时代对人才的需求日渐契合，而助读系统不仅形成系统且成为教材中不可或缺的一部分，其要素趋于丰富且功能趋于强大。

---

[1] 顾黄初，顾振彪. 语文课程与语文教材 [M]. 北京：社会科学文献出版社，2001：86.

一、助读系统内涵的再认识：确定"成员"的标准

助读，意为为读者的阅读提供帮助。"助"的意思可以是"辅助""帮助"，"读"意为阅读，也可以是学习。助读的目的就在于启发读者的思考，发散读者的思维，帮助读者达到阅读的审美体验。简单地说，助读在语文学习中就是帮助学生阅读。语文教材中的助读系统一方面有利于学生的学，另一方面便于教师的教。教师在教学中运用助读系统引导和帮助学生在阅读过程中去粗取精，由浅入深地进行学习。学生借助于助读系统并在教师的引导下积累知识，深化认识，提高能力。

助读系统，又称为"助学系统""导学系统""提示系统"等，其有着自身的要素，各要素相互联系、相互作用，共同构成了一个有机整体。目前，学界在助读系统内涵的认识上和要素的组成上依然是仁者见仁，智者见智，对其称谓也因认识上的差异而不尽相同。阎立钦先生认为"助读系统指的是教材中为帮助学生阅读课文，提高学生自读能力而提供的一系列材料，包括学习目标，学习重点、难点，课文提示、注释，题解、作者介绍，等等"。[1] 朱绍禹先生认为："提示系统也称导学系统或助学系统，是对学习要求、学习重点和学习方法的提示，也包括对某些疑难问题的诠释和相关资料的引述。提示系统包括编辑说明、单元学习提示、课文阅读提示、注释、题解、作者简介、参考资料等"。[2] 顾黄初先生和顾振彪先生认为中学语文教材是由两条线和四大系统组成。四大系统有范文系统、知识系统、作业系统、导学系统，其中："导学系统又叫助读系统、提示系统，其实质性内容就是对学习的要求、重点和方法的提示，对某些疑难问题的诠释，对相关资料的引述等，这种提示、诠释和引述，多半采用文字形式，也可以结合着配置一些图表。"[3] 在几位前辈专家认识的基础上，也有一些后辈学者结合自己的认识对助读系统的概念做了界定。尽管大家看法有异，称谓不同，但人

---

[1] 阎立钦，倪文锦. 语文教育学引论 [M]. 北京：高等教育出版社，1996：88.
[2] 朱绍禹. 中学语文课程与教学论 [M]. 北京：高等教育出版社，2005：119.
[3] 顾黄初，顾振彪. 语文课程与语文教材 [M]. 北京：社会科学文献出版社，2001：86.

们对助读系统的基本内涵的认识本质上是没有太大区别的。只是随着教育理念的更新，教材的变化，系统要素的丰富才使人们的认识和表述有一定的差异性。

随着课改的深入，理念的变化，"统编本"教材的问世，助读系统新"成员"的加入和层次的丰富，对助读系统内涵的认识也应紧跟变化。在已有助读系统认识的基础上，应该认识到助读系统作为语文教材的基本内容要素之一，是教材为帮助学习者阅读文本，提高学习者阅读能力，培养学习者阅读素养而提供的一系列材料，这些材料承担着对学习要求、重点和方法的提示，对某些疑难问题的诠释，对相关资料的引述，对文本内容的转译等功能。只有符合助读系统认识要求的材料，能够发挥助读系统功能的材料才能成为助读系统的要素，成为构成系统的"成员"，反之则弃。依据以上认识，并按照助读系统呈现的形式大体可将其分为两类：文字型助读材料和图片型助读材料。文字型助读系统又可以分为提示材料、注释材料、拓展材料。在语文教材中具体表现为编辑说明、单元导语、预习、旁批、阅读提示、插图、注释、名著导读、附录等要素。文字型助读材料大多是对课文体裁、内容以及重难点的概括提示，目的在于引导学生进行定向阅读。图片型助读材料多是人物、场景和风景图片，这些图片是对文字进行的转译，旨在增强学生的感性认识，激发学生的阅读兴趣，加强学生对课文的理解能力。

二、助读系统的进一步完善：助读要素的丰富与扬弃

随着对助读系统内涵认识的变化，助读系统的功能与作用也日益凸显。"统编本"语文教材助读系统得到进一步的完善和丰富，与以往的各类版本教材相比呈现出许多新变化，这些变化主要体现在以下三个方面：

（一）新"成员"的加入

助读系统新的要素的加入，使助读系统各要素类型更加丰富，分工更加明确，也使助读系统全方位、有层次地助力学生阅读。"统编本"教材助读系统最主要的新"成员"有预习、旁批和阅读提示。预习便于学生建立新旧知识的联系，建立与生活的联系，建立与经验的联系等，从而学生在自主阅

读中形成自己的体验和感悟。旁批和阅读提示或帮助学生扫除阅读障碍，或引导学生思考的方向，或提醒学生进行阅读方法的实践等。这些新要素与助读系统其他要素协调互助，从不同层次、不同角度发挥各自功能，以利于学生自主建构阅读方案，形成阅读能力。

1. 预习

预习，也称为课文导读、阅读提示等，指的是编辑写在每篇课文前面的提示性的文字，它可以是学习本篇课文的要点，也可以是引起学生阅读兴趣地"引子"。"统编本"语文教材更为明确地将课文前面那段文字定义为"预习"，明确了这段文字的功能和作用。这是"统编本"语文教材助读系统与众不同的地方。它主要起激发兴趣、铺垫知识、引导思路、简介背景、提供方法、强调重点等作用。初中语文教材教读课文一般每篇课前都会有预习。

2. 旁批和阅读提示

"统编本"初中语文教材有一个最具有特色的变化，那就是自读课文前尽管没有了文前的预习，但加入了文旁批注和文后的阅读提示。因二者相辅相成地服务于自读课文，在此并于一处便于论述。旁批随文设置，内容丰富，形式多样；或针对课文的关键之处、文笔精华以及写作技法做精要点评，或以问题的形式呈现，启发学生思考，力避结论的直接呈现，强调启发性和引导性。❶ "阅读提示"配合自读课文重点或选取文章的独到之处进行指导，指向学生的自主阅读、独立阅读，并尽可能向课外语文生活延伸，增加阅读量，培养阅读兴趣。"统编本"初中语文教材每册书六个单元，每单元四篇课文，一般情况下第三篇课文都是本单元的自读课文，偶有例外。可见，旁批与阅读提示这两类助读要素的编排并不死板僵化，而是根据学生阅读需要而随文本设置的。多数情况下旁批和阅读提示二者相互作用，前后照应，这两部分内容以分—总的阅读思路帮助学生逐步学会自主阅读。

（二）常驻"成员"的更新与扬弃

"统编本"语文教材在助读要素的选择上更偏重考虑以学生为本，以启

---

❶ 王本华. 守正创新，构建"三位一体"的语文教科书编写体系——部编义务教育语文教科书的主要特色 [J]. 语文教学通讯，2016（26）：7-10.

发为主，与生活相连，调动学生已有经验并适当补充应备知识。与以往各版本教材相比，除新"成员"的引入外，"统编本"语文教材对以往版本的助读要素进行了扬弃，有退出教材舞台的助读要素，也有焕然一新的助读要素。例如，原"人教版"语文教材助读系统中编排在目录页前面的提示性材料——"写在前面"，"统编本"语文教材没有继续沿用，而是舍弃了。有一些继续沿用的助读要素，"统编本"语文教材在编排时注入了新鲜血液，使这些助读系统中的"老将"焕发出新的光彩。助读要素的新变化主要体现在以下几方面。

1. 单元导读

"统编本"语文教材中的单元导读与"人教版"语文教材中的单元导读相比有了很大的不同。从内容上看，"统编本"单元导读不仅要提示单元主题，而且将"语文素养"进行了有机渗透，并且在方法的引导上也更加具体，更能起到"导"的作用。例如，"人教版"七年级上册第三单元单元导读：

日月经天，江河行地，春风夏雨，秋霜冬雪。多姿多彩的大自然，陶冶了人们爱美的心灵，锻炼了人们发现美的眼力。这个单元为我们展现了色彩斑斓的大自然，这里有美的景物，美的情感，美的语言……

品味诗文优美的语言是一种艺术享受。要反复朗读，在整体感知内容大意的基础上，揣摩、欣赏精彩句段和词语，并将它们摘抄下来。

"统编本"七年级上册第一单元单元导读：

日月经天，江河行地，春风夏雨，秋霜冬雪，大自然生生不息，四时景物美不胜收。本单元课文用优美的语言，描绘了多姿多彩的四季美景，抒发了亲近自然、热爱生活的情怀。

学习本单元，要重视朗读课文，想象文中描绘的情景，领略景物之美；把握好重音和停连，感受汉语声韵之美。还要注意揣摩和品味语言，体会比喻和拟人等修辞手法的表达效果。

通过阅读这两篇单元导读会发现，"统编本"单元导读将单元课文内容予以简化和文学化，明确了这一单元的"人文主题"；还从"语文素养"体系构建的角度明确了具体的单元学习内容，使单元教与学的内容重点、难点得以确定，避免了教与学的盲目性。单元导读还用精练的语言提示主题，提示阅读要点，用了"想象""重音""停连"等更为具体的可操作性行为支持和帮助"朗读"这一方法的具体落实，还提示了"揣摩和品味语言""体会比喻和拟人等修辞手法的表达效果"等"一课一得"的方式逐步落实语文素养及语法知识。这些变化让教师的教学和学生的自主阅读都有了抓手和目标，使"导"的作用较之以往增强了。

2. 注释

关于注释，"统编本"依然在主体上用到了解释性注释和说明性注释。只是较之以往的注释，尽管注释的思路依然是随文做注，但"统编本"的注释从形式上发生了大的变化。变化主要体现在两方面：

一是教读课文的文下注采用了两面对开的注释方式。以往"人教版"采用的是横排连注的形式，例如："人教版"七年级上册《童趣》的部分注释：

①节选自《浮生六记·闲情记趣》。题目是编者加的。沈复（1763—?）字三白，长洲（现在江苏苏州）人，清代文学家。②［秋毫］鸟类到了秋天，重新生长出来的非常纤细的羽毛。后来用来比喻最细微的事物。③［物外］这里指超出事物本身。④［项］颈，脖颈。⑤［强］通"僵"，僵硬的意思。⑥［素帐］未染色的帐子。

"统编本"七年级上册《杞人忧天》的部分注释：

①节选自《列子·天瑞》（《列子集释》，中华书局2007年版）。题目是编者加的。杞，周朝诸侯国。初在今河南杞县，后迁至今山东安丘东北。《列子》，旧题为列御寇著。据后人考证，可能是晋代人的作品。	⑥［行止］行动，活动。 ⑦［奈何］为何，为什么。 ⑧［只使］纵使，即使。 ⑨［中（zhòng）伤］伤害。

二是古代诗歌，包括课外古诗词诵读所用批注形式都是旁注的形式。这种旁注的形式拉近了文本与注释的距离，便于文注对照，利于学生迅速理解诗歌大意。例如：八年级上册古诗《月夜》的部分注释：

月夜　　　　　　（唐）杜甫

今夜鄜州月，闺中①只独看。

遥怜小儿女，未解忆长安。

香雾云鬟②湿，清辉③玉臂寒。

何时倚虚幌④，双照泪痕干？

① [闺中] 指作者的妻子。闺，闺房，旧时称女子居住的内室。

② [云鬟（huán）] 女子乌黑浓密的头发。

③ [清辉] 月光。

④ [虚幌（huǎng）] 薄到透明的帘帷。

⑤ [双照] 共照两人。

3. 补白

将"统编本"课后补白与"人教版"课后补白进行对比，尽管形式和教材所处位置没有发生什么变化，但内容上却有着翻天覆地的大变化。"人教版"七年级上册课后阅读资料，内容丰富，形式多样，拓展材料选择涉猎面很广。30篇课文，有21篇课文后面都有补白。七年级下册，数量骤减，30篇课文只有5篇课文后面有课后补白，且都集中在读书的方法上，内容和类型都很单一。"统编本"七年级上册有一半课文后没有补白，七年级下册有10篇课文没有课后补白。从数量上看，"统编本"在课后补白的设置上还是均衡的，较之"人教版"更给人一种稳定的感觉。从内容上看，"统编本"改变了编辑思路，抛弃了以往以拓展为方向的做法，着重在课后补白中放置与文本相契合的语法和修辞等知识点，并使其成为系统。从功能上看，"统编本"以工具性知识、显性知识为抓手，着力提升学生在具体文本语境中的语言文字的理解能力，培养其语言文字的运用能力，凸显语文课程的实践性。

4. 其他

名著导读中增设了"读书方法指导"和"专题探究"。"读书方法指导"栏目，根据作品体裁等方面的特点和初中学生的学习需要，有针对性地介绍1—2种读书方法，引导学生在读书过程中有意识地运用、掌握读书方法，以提升学生的读书能力。"专题探究"则针对每一本名著的具体内容，设计了

3—4个探究的专题,作为可供选择的读书任务,以此驱动学生的个体阅读和群体共读活动。此方法既张扬了个性,又引导了方向,进而让接触名著的学生不会不知所措、无从思考,也不会被限制了思维;既照顾了点,也兼顾了面,让学生可以从中找到自己的兴趣点,也可以在和同学的交流中进行思想的补充和碰撞。

"统编本"教材在插图的编辑上也有较大的变化。形式的变化其实是内在的思想理念的变化。在过去的教学中,插图是处于边缘化状态的,偶尔会有教师用,但多数教师弃之不用,学生也是随意翻看,图片型助学材料应有的作用并没有被发挥出来。事实上,初中生正处于从形象思维向抽象思维发展的过程。无论是年龄小的学生需要运用插图化解学习难度,还是思维转折点需要利用插图实现过渡等,插图都是一个很好的介入因素,图文结合有利于加深学生对文本的理解,图文对比有利于对图有文无的提示性信息和文有图无的空白加以补充、完善,既培养了想象力,也培养了理解力,有利于学生深入认识和分析问题。"统编本"教材的改变,意在使图片型材料能够进入师生视野,能够被有效利用,以发挥图文互补的作用。"统编本"舍弃了数十年来语文教材扉页彩图的编辑方式,增加了随文插图的数量,也一改课文插图清一色黑白图的用图方式,出现了彩色插图,形式也越来越丰富了。与文本相随的插图,或是作者像,有利于感受作者的风格和特色;或是对文章细节或者段落内容的展现,使原本难以理解的抽象文字变得形象直观,有助于学生对重点段落的理解。

(三) 编排方式的变化

"统编本"教材借鉴了以往教材编排的经验,在助读系统结构的编排方式上有了实质性的变化,体现着助读系统理念上的进步和认识上的丰富,也使助读系统更具有针对性、指导性、助力阅读的功能更强大。"统编本"教材采用了"教读—自读—课外阅读"三位一体的教学设计理念,使助读系统的要素和结构配合教读课文和自读课文进行了新的编排。除单元导语、插图、注释等共有的助读要素外,教读课文特别配置了预习和补白,自读课文特别配置了旁批和阅读提示,课内与课外古诗词运用了旁注的形式,名著导读设计了读书方法指导和专题探究。这些编排方式的变化，打破过去一以贯之的固定模式，将助读系统各要素灵活地依照课型的不同进行有针对性的编排，不仅使助读各要素功能得到了最大限度的发挥，更使各要素通过结构关系形成合力，以提升学生阅读素养，帮助学生从课内自主阅读走向课外独立阅读。

三、助读系统功能的扩展：让阅读"轻舞飞扬"

任何系统都具有自身特定的功能，系统中的各要素为实现共同目标通过相互联系、相互制约的结构形态来发挥其特有功能。助读系统亦是如此。"便教利学"是助读系统存在的价值，助力阅读从而提高学生的语文素养使助读各要素得以构建系统的共同目标。

（一）助读系统的基础功能

1. 助读系统体现编者的编辑思想和编辑意图

在助读系统中，各要素的存在不是随意、简单的拼搭，而是以整体的形式鲜明地体现着编者的编辑理念。从单一助读要素来看，单元导语、预习、注释、旁批、补白等助读要素无不体现着与时代需求相对应的编辑思想。从助读系统整体构成看，各要素、要素排列的次序以及要素存在的形式等也体现了编者想要通过助读系统纠正过去对语文知识不够重视、助读要素与课文关联性弱、缺乏思维引导等偏向，也充分体现了编者"助力自主阅读""助力延伸阅读"的编辑思想，遵循着学生认知发展的规律。

2. 助读系统是确定教与学目标的依据

一套教材，除有自己的总目标外，分册应有分册目标，单元应有单元目标，单篇课文或单项训练也应有自己的分解目标。这些目标，在编者的心中是明确的，可是使用教材的教师和学生未必了解。语文教材是个特殊的凭借物，其内容丰富，结构复杂，在一个较大的施教区内（全国的、几个省的、一个省的），不同的教师对教材规定的教学内容仁者见仁，智者见智，理解不一，因而目标的设定也会产生很大的差别。基于以上认识，确定教学目标时在宏观上要考虑课程标准中的学段目标，微观上则依据助读系统发挥其统一的、有效的导向作用，使不同的教师能够依据助读系统中的单元导语、预习和文中提示语等要素进行教学和组织学生学习，充分发挥助读系统在揭示本单元、本课教学究竟"教什么"的提示作用。

3. 助读系统是选择教学策略的参考

学生主体地位的落实源于教学策略的选择，"如何教"就是教学策略。教材中的单元导语、预习、文中注释、文中批注等都提示了教学策略。因此，教师确定教学策略，选择教学方法时可以结合助读系统的提示加以设计。例如，"部编版"七年级上册《春》一课，课前预习中提到："春天展现美丽的世界，春天带来崭新的希望。历来文人墨客都喜欢描绘春天、赞美春天。你读过哪些描写春天的诗文？这些诗文给你留下了怎样的印象？回忆一下，准备在课堂上与同学交流。这是一篇散文，又像一首诗。朗读课文，张开想象的翅膀，在头脑中再现文中描绘的春景，感受大自然的蓬勃生机"。这一助读要素提示了与学生生活联系、与学生所学知识练习的策略，使用了交流、想象、感受的方法，也为学生的学习准备进行了方向性的指导。预习提示中的内容既是教的方法，也是学的方法，很好地起到了"助读"的作用。

4. 助读系统有利于学生自主阅读习惯的养成

温儒敏先生认为："语文的功能，不光是提高读写能力，最基本的是培养读书的习惯。"[1] 如果教材中没有了助读系统，教师的教和学生的学如同在没有光亮的黑夜中前行，将毫无方向。最直观的后果就是教与学缺乏系统和连贯，这样既不利于学生阅读素养的提升，也不利于学生阅读习惯的形成。语文教材中所选的文章大多是著名作家的经典文章，由于学生与作者年龄上的差异，以及所处时代的不同，学生很难理解作者写作的意图和领会其中的情感。助读系统的存在一定程度上降低了学生理解文本的难度，拉近了文本与学生的距离，提供了阅读文本的支架，从而激发学生阅读的兴趣，增强学生自主阅读的执行力，便于其养成良好的自主阅读的习惯。

---

[1] 舒晋瑜. 总主编温儒敏谈"部编本"语文教材的新思路 [N]. 中华读书报，2017-09-20 (007).

（二）助读系统的扩展功能

助读系统"新成员"的加入、"常驻成员"的更新以及结构上的调整、形式上地优化都极大地丰富和扩展了其功能。这些扩展功能进一步体现了"以学生为主体"的教育理念，为学生喜欢阅读并具备自主阅读能力提供了有效支撑。

1. 激发阅读的兴趣

激发学生的阅读兴趣是语文教学中一件老生常谈的事情，也是一个常谈常叹的难题，易说不易做。兴趣很重要，每位老师都心知肚明。一线教师们为提高学生的阅读兴趣付出了很多心血，可谓"八仙过海各显神通"，积累了丰富的经验，手段丰富、形式多样，但效果却不尽如人意。究其原因，还在于教师与教材未能形成合力。当然，"面貌冷峻"的教材要想通过静态的文字去激发学生的阅读兴趣确非易事，但这不是推卸责任的借口。为此，"统编本"教材进行了大胆的突破，通过助读系统来激发学生的阅读兴趣。单元导语中优美凝练的文字引人入胜，提示主题，铺垫美感；预习中亲和力极强的语气和提问方式让好奇心飞扬；若断实连的旁批像一个一个台阶……这些融合在各助读要素中的"闪光点"让静态的教材立体了起来，各要素组合成一个"和善的长者"在阅读者需要的地方指引着，在阅读者需要的时候与之交流着、互动着，不仅拉近了与学生的距离，还能帮助学生克服畏难情绪，重拾阅读信心，借助阅读抓手，产生阅读的兴趣。

2. 提供阅读的方法

阅读方法是有效阅读的关键，不仅有助于阅读任务的完成，而且能够提高阅读的效率。

而掌握恰当的阅读方法将会使阅读活动事半功倍。基于此，教给学生适当的阅读方法成为新课标的要求。在教材四大系统中，能够提供阅读方法的主阵地只有助读系统，即提供阅读方法是助读系统的必担之责。在以往的教材中，助读系统偏重呈现的是知识，师生们感觉最常用也最实用的助读要素是注释，也有些老师会用到课文后的知识补白，但单元导语和课前导读多数会被师生视而不见，致使有些助读要素形同虚设，难以发挥其应有功能。"统编本"教材助读系统不仅继承以往教材对知识的关照，能力的要求，情感态度价值观的培养，而且加入了阅读方法的指导，这在单元导语。预习和阅读提示等助读要素中都有呈现，让提供阅读方法这一功能得以凸显。例如，在单元导语中有遵循学生认知发展规律而设计的朗读、默读、精读、略读、比读等方法，丰富又有层次；在阅读提示中提醒阅读技巧，给出阅读角度并给予阅读示范，具体而可操作。这一功能为教师的教和学生的学提供了方法支架，让师生双方都能在阅读方法的指引下知道如何教，懂得如何学。

3. 引导思维的方向

思维是人的智力或认知的核心成分，是一种极为复杂的心理现象。阅读是读者、作者、文本之间对话的复杂思维活动过程。因此，思维极大地影响着阅读的效果。从教材编写角度看，适时提供恰当的助读材料将促使学生突破理解障碍，获得思维的指引，从直觉阅读和理解阅读走向评价性阅读和创造性阅读。"统编本"教材助读系统在引导思维方向这一功能上借鉴了以往教材的编写经验并有所超越和强化。

阅读仅停留在语言文字的表层意义是远远不够的，更重要的还是要领会它所蕴含的深层意义和情味。不同文体、不同时代、不同写作风格的作品深层含义的显隐程度不同，致使学生在阅读文本，把握作品深层意蕴时遇到诸多困难。"统编本"教材设计了不同的助读要素来引导学生思维的方向。比如，注释提供与课文相应的文学常识，解释文中的术语、事件、人名和地名等，帮助学生扫除阅读理解的障碍，为思维的发生做好准备。单元导语规定主题理解的方向，预习促使思维的发生，旁批不仅给予思维起点还引导思维走向深入，走向发散。助读要素中的一个个问题犹如灯塔，指引着学生且读且思考。

4. 拓展阅读视野

语文教材所选文本均为古今中外先贤名家的典范之作，有着不可替代的示范作用和引领作用。但教材的容量有限，课堂的时间有限，仅仅将语文的学习局限于教材和课堂是远远不够的。这就需要将课内阅读与课外阅读紧密衔接，让阅读活动走出课堂真正融入学生生活，也更需要发挥学生的阅读自主性，让阅读成为常态。为此，"统编本"语文教材格外注重课内阅读向课外阅读的延伸，"力图让'教读''自读'，加上'课外阅读'，构成三位一体的教学体系"❶。其中，助读系统承担了沟通课内与课外的桥梁作用，有效发挥了拓展阅读视野功能。教读课文前，有些课文的预习会引导学生自主查阅相关资料，进行资料阅读，为课内阅读学习奠定基础。自读课文后的阅读提示，以自读课文为基础，向更深、更广的课外阅读延伸。当然，每个名著导读更是通过较为完善的系统指导课外阅读并通过"自主阅读推荐"版块，用些言简意赅的语言推荐同类型的两部名著，在拓展学生的阅读视野方面功不可没。

5. 加强与生活的联系

语文教材中所选的文本无一不渗透作者对生活的认识与感悟。作为社会群体的一部分，学生与生活时刻发生着密切的联系。让学生去理解和感受教材文本中的情感和哲理似乎没有多少障碍，但事实并非如此。由于教材所选文本大多与学生所处时代的生活有很大差异性，且学生生活经验有限，阅历不足，思维发展还不成熟等原因，使学生在阅读文本时，对内容无法理解，理解不深、不透、偏差等现象比比皆是。基于此，"统编本"教材也格外注重与生活的联系，通过助读系统搭建课内阅读内容与学生生活的桥梁，以促使学生调动已有的生活经验来理解文本，使静态的文字、不可触摸的情感、难以具象的哲理变得鲜活和灵动，拉近课内阅读内容与学生的距离，从而易于被学生准确把握和深入理解。在预习中常有阅读与生活联系的引导。

第二节　预习：课堂教学的先导

预习是自求了解的重要步骤。它是课堂教学前的准备性学习，是学生在

---

❶ 温儒敏．"部编本"语文教材的编写理念、特色与使用建议［J］．课程·教材·教法，2016，36（11）：3-11.

教师指导下自己阅读、思索的开始。❶

—— 叶圣陶

一、预习是什么

(一) 预习的概念

预习是什么？简单地说，预习就是预先学习。叶圣陶先生给出了较为明确的概念，"预习是自求了解的重要步骤。它是课堂教学前的准备性学习，是学生在教师指导下自己阅读、思索的开始"。❷ 从这个概念可知，预习是教与学的一个重要步骤，是在教师指导下的自主学习的一种方式，目的是为进一步学习的课堂内容做好准备工作。这里所谈的"教师指导"是指，学生的预习是有教师的教学意图和设计参与其中的，"需要教师有目的、有计划地布置给学生适量的、不同难度，适合不同层次学生自学和解决的作业，促使学生在旧知识的基础上，通过对文本进行翻、读、查、划、注、标、记等一系列浅层次的理解掌握，以及深层次的自主探究、分析、思考以获得新知识，达到先学后教，以教导学"。❸ 尽管后来的许多研究者也给出了表述上有差异的概念，但在本质上都趋于一致。目前来看，多数研究者和叶圣陶先生看法一样，将预习看作课程实施前的一个环节，一个准备工作，一个动态的活动过程。

从教材编写的角度来看，"统编本"语文教材中的"预习"与以上概念有本质上的不同。它是以文字的、静态的姿势出现在课文之前的，有着固定位置且篇幅短小的教材板块。目前对"预习"尚未有研究者给出一个确切的概念解释。从呈现方式来看，"预习"是指语文教材中教读课文前面的提示性的文字，是教材助读系统的一个重要组成部分。尽管教材中的"预习"着墨不多，占地不大，寥寥数语，但内容丰富，涉及面还是非常广的，其中往往包含基础知识介绍、阅读技巧引导、重点内容提示、情境的渲染、思路的

---

❶ 叶圣陶. 叶圣陶语文教育论集 [M]. 北京：教育科学出版社，1980：1.
❷ 叶圣陶. 叶圣陶语文教育论集 [M]. 北京：教育科学出版社，1980：1.
❸ 杨美芳. 部编版初中语文教材预习提示研究 [D]. 漳州：闽南师范大学，2019：6.

启发、结合生活体验的探究话题等内容。

由上可知，以不同的角度解释"预习"的概念，其内涵是有差别的，一个是教与学的过程，另一个是教材的板块；一个是动态的，另一个是静态的；一个是在教师指导下实施的活动，另一个是编辑意图的呈现；一个是预习活动，另一个是预习板块。不过，从以上概念认识可以发现，二者有区别更有联系。语文教材中的"预习"板块为教师引导学生实施的"预习"活动规定了内容，指引了方向，甚至创设了情境，明确了方法，提出了思考问题。可以说，教材中的"预习"是教与学活动的基础和依据，进而为有效进行"预习"活动的展开开辟了新的天地。为论述方便，以下论述内容中的预习特指语文教材中的"预习"板块，用预习活动表示教与学的准备工作所指称的"预习"。

（二）预习的内容

"统编本"语文教材中的预习通常放在每篇教读课文题目的下方、正文文本的上方，占据的篇幅较少，表述上言简意赅、亲切启思，形式上多数由两小段文字构成。预习是教读课文的标配，其循循善诱的语气、丰富的知识和具体的指导方法为学生的自主阅读提供了良好的支架。在这寸小天地中，预习针对不同的教读课文展现着自己变幻多姿的内容。

1. 语文知识

无论是教师还是学生，必备的语文知识是理解文本的基础。阅读所需的语文知识既是包罗万象的，也是层次丰富的，但预习在其方寸小天地间所能提供的空间却是十分有限的。因此，在这样一个"寸土寸金"的地方，提供什么样的语文知识，做什么样的用途就需着力思考。"统编本"语文教材针对不同的题材和体裁的课文，有针对性地进行了知识的铺垫，或介绍写作背景，或提供作者经历，或解释术语，或补充文化常识，或告知体裁等。例如，七年级上册《秋天的怀念》一文中的预习介绍了作者的人生经历："史铁生是当代文坛一位非常特殊的作家，他双腿瘫痪，又常年患病，却一直在和病魔抗争，这种生存状况使他的作品带有一种独特的气质。体会文中流露的情绪，反思一下：沐浴在亲情中，我们是否只知接受，不会感动，也不懂回报呢。"这一人生经历是特殊的，对作者当时情绪的影响是巨大的。通过预习学生不仅了解了史铁生的厄运，也了解了史铁生的顽强与坚毅的精神，为理解作者在文中的情感和文章的独特气质奠定了基础。

2. 阅读方法

《义务教育语文课程标准（2022版）》总目标要求学生"学会运用多种阅读方法，具有独立阅读的能力"❶。学会运用多种阅读方法不仅是目标，更是形成独立阅读能力的必备手段。阅读方法的恰当而准确运用能够有效地保证阅读能力的获得和提高。为了帮助学生掌握阅读方法，更好地理解课文，"统编本"语文教材在预习中加入了阅读方法指导，具体而有针对性地将应学、应会的多种阅读方法根据阅读能力要求的不同循序渐进地分布到每篇教读课文的预习中。下面以七年级上册为例。

由表1-1可见，七年级上册共有教读课文16篇，除去5篇课文预习没有明确给出阅读方法外，共有11篇课文预习都明确谈到本篇课文应学、应会的阅读方法。整套初中语文六册书所有教读课文的预习中绝大多数都指明了阅读方法，涉及朗读、默读、略读、浏览、诵读、对比阅读、快速阅读等多种方法。一方面展示了教材对阅读方法的重视，另一方面通过预习这一板块对教师教学方法和学生阅读方法进行指导。当然，每一个助读要素都不是单打独斗的，都是要与其他助读要素相互协调、共同助力学生阅读能力的提升和阅读习惯的养成。

表1-1 "统编本"七年级上册预习中呈现的阅读方法一览表

篇目	春	济南的冬天	古代诗歌四首	秋天的怀念	散步	世说新语	从百草园到三味书屋	论语
方法	朗读	朗读	反复诵读	朗读	朗读	无	默读	无
篇目	纪念白求恩	植树的牧羊人	诫子书	猫	狼	皇帝的新装	天上的街市	寓言四则
方法	默读	默读	朗读	无	无	快速阅读	朗读	无

---

❶ 中华人民共和国教育部.《义务教育语文课程标准（2022版）》[S].北京：北京师范大学出版社，2022：6.

预习中不仅给出了阅读的方法，还针对每一篇课文提供了相应的阅读策略和阅读手段，可操作性很强，使教师的阅读教学有了抓手，学生的自主阅读有了方向和路径。例如，九年级上册第四单元的单元导语是"学习这个单元，要学会梳理小说情节，试着从不同角度分析人物形象，并结合自己的生活体验，理解小说的主题"。可见，这个小说单元的目标就是学会梳理小说情节，理解小说主题。为了实现单元目标，预习给了有力的支撑。

3. 引导方式

预习板块不仅用静态的文字提供给学生阅读文章需要了解的基础性知识以及针对不同文本应采用的阅读方法和阅读策略，而且通过设疑激趣的方式引导学生思维的方向，亲切交流的方式激发学生的课前探究，使学生的思维既有指向性也有开放度。统观整套初中语文六册书80篇课文的预习中，针对不同的文本、文体和目标，其引导方式呈现出灵活多变、多姿多彩的样态。预习通过情感引导、思维引导和行动引导等方式，或唤醒经验，或联系生活，或提供思路，或设置情境，或建议活动，对学生情感的培养、思维的启迪、智力的发展、人格的养成起到了不可估量的作用，也对学生自主、合作和探究学习方式的实施提供了有力的帮助。

在预习中，最为常见的引导方式是对学生思维的引导。预习用或激趣，或启智，或勾连以往阅读经验和所学等方式，引导学生思维的方向，为学生自主学习和更深入的阅读做好铺垫。例如，七年级上册《寓言四则》中的预习表述"你以前一定读过不少寓言故事，哪些特别有趣，给你留下了深刻印象？讲给同学听听，并说说你的理解。寓言一般比较短小，常常用假托的故事寄寓意味深长的道理，给人以启示。故事的主人公可以是人，也可以是人格化的动植物或其他事物。阅读课文，联系以往的阅读经验，体会寓言这种文体的特点"。这则例子通过设疑的方式，引导学生调动以往的阅读积累和阅读经验，紧接着又展示了寓言的基本特点，让学生通过预习的指引从对寓言的感性认识出发逐步体会出寓言这一文体的特点。这样的引导方式犹如给学生的思维搭建了一个个台阶，引导学生一步一步理解有难度的、抽象的文体特点，也为学生进一步理解文本主旨奠定了基础。同时，这段预习的语言表述方式，也让学生读来倍感亲切，仿佛有一位和善而睿智的长者在与之交流并提出了问题和建议。

二、预习有什么用

凡事"预则立，不预则废"，预习尽管所占篇幅有限，但其重要性不容小觑。"统编本"初中语文教材的执行主编王本华在谈到预习板块时，对其功能有过明确的表述："在教材中，'预习'的设计兼有助读和作业双重功能，或激发阅读兴趣，或调动阅读期待，或与以前所学进行勾连，或提供必要的文本解读需要的背景知识，或照应单元重点提示必要的阅读方法，或指出阅读中需要思考的问题等，目的在于引导、铺垫、提高阅读兴趣。"[1] 当然，预习所提供的知识和方法，提示的重难点，提出的问题等除与其他助读要素一样可提高学生的阅读兴趣外，更有其独特的"桥梁"作用。

（一）引导自主阅读的方向

预习环节是学习者求知过程中不可或缺的重要环节，然而这一课外学习环节却没有受到应有的重视。多数教师在布置预习任务时仅局限于让学习者完成熟悉课文内容，扫清字词障碍，收集文学常识等知识层面的内容，很少去布置能够引起学习者思考的任务，也更少在任务设置的同时给予阅读的思路和方法。长此以往，预习任务固化。这种未能随着文本内容、教学目标以及学情等不同而有所变化的预习内容，也仅仅是作为作业布置给了学习者，使预习引导、铺垫、提高阅读兴趣等目的难以实现。"统编本"语文教材中的预习板块不仅为学习者提供了语文知识，更是提供了阅读的方法和思考的途径，从不同的认知层面为学习者的自主阅读指引方向。例如，七年级上册《猫》中的预习：

一个爱猫的家庭最终"永不养猫"，其间发生了什么事情？带着这个问题去读课文，注意梳理文章的思路，特别是"我"思想、情感的前后变化。

郑振铎善于写"平平淡淡的家庭琐事与脉脉温情中轻笼的哀愁"，主张

---

[1] 王本华．统编初中语文教材的阅读设计与教学实践［J］．语文建设，2018（16）：4—10.

文学作品要"质朴""率真"。阅读课文时，要注意这个特点。

这段表述以文本中的矛盾现象"爱猫家庭却永不养猫"为出发点提出问题，既能激发学习者的阅读期待，引发学生的阅读兴趣，又能让学习者的自主阅读有了明确的思维指向。"注意梳理文章思路，特别是'我'思想、情感的前后变化"更是具体地为学习者课下较深入地完成新文本的自主阅读提供了思路和方法。预习板块还在第二部分的表述中针对性地点明了郑振铎散文作品的特点及其创作主张。学习者在阅读这篇作品时，会自觉或不自觉地去感受和体会作品中的"琐事""温情""哀愁""质朴""率真"。学习者带着问题的阅读，有明确的思维指向的阅读，有具体方法和思路的阅读，有针对性的阅读等极大地改变了以往预习过程中自主阅读散漫而浅层的现状，预习板块真正起到了对学习者课下自主阅读方向的引导，发挥着其不可替代的作用。

（二）做好课堂学习的准备

预习活动不仅是对新文本自主认识的起始阶段，更是有效课堂学习的准备阶段。教学中，缺乏预习环节的课堂往往会因为学习者对文本缺乏足够的熟悉度，或对文本创作背景缺乏了解，或被教师对文本的分析所牵制，最终形成简单接受的状态，渐渐丧失阅读的乐趣和思考的动力。教师要想在有限的课堂教学中引导学习者进行有效阅读，深入理解文本，与作者产生情感共鸣，感受文字之美等，就需要学习者具备一定的语文知识，能调动已有的语文经验和生活经验，并对文本有自己的认识和见解。换句话说，就是学习者在语文课堂学习之前需要做好积累和个性化阅读的准备。语文的学习和其他学科的学习有很大不同，它需要大量的、无学科界线的、非线性的积累以及个性化的自我感悟和体验作为深入学习的基础，而积累和个性化的文本认知是可以通过也需要通过学生自主学习来完成的。基于此，在语文课堂时间有限的前提下，预习活动就显得重要且必要。为使预习活动科学而有效，语文教材在预习板块中给予了示范性指导，或提供语文知识，或提出思考问题，或给予阅读方法，或引导联系生活实际，或提示以往所学等。这种针对性地提供预习任务和预习思路的方式，目的就是要摆脱过去预习任务单调、随意、固化等现状，为进一步的课堂学习做好了铺垫。

以上所谈，挂一漏万，总体来看预习板块的设计内容灵活、丰富，不拘一格，或创设阅读情境，或出示背景知识，或联系生活经验，或调动语文知识，或勾连前后所学，或拓展阅读材料，或提供探究思路和方法。作为课堂学习的"先锋官"，预习板块尽管所占篇幅短小，却极具引导性、针对性和操作性，其作用是其他助读要素不可替代的，还需在教学中恰当使用，进而有效发挥其功能。

三、预习怎么用

预习作为"统编本"语文教材阅读教学体系中一个重要的组成部分，它充分体现了"以学生为主体"的编写理念，切实为师生双方进行预习活动提供了具体可操作的指导。然而，阅读教学是复杂的，课堂是千变万化的，文本是丰富多样的，学习者的层次是有差异性的，那么以静态文字的形式呈现的预习板块如何使用才能在具体的教学中发挥它最大的功能呢？这依然是教师们需要积极思考、不断探讨、勇于实践的话题。那么，在教学中教师们是如何看待、如何使用预习板块的呢？

（一）现状展示

1. 忽视教材中的预习

课改以来，越来越多的教师意识到了预习的重要性，教材中设置预习也是理论研究成果和广大一线教师呼声的直观体现。但依然有部分教师基于自己有限的认知，依循自己已有的教学习惯，全然不顾教材中预习设计的内容，而把每一篇课文的预习任务固化为标拼音、看注释、查作者、读课文等内容。有的教师认为预习是学习者的课下行为，缺乏教师的引导和监督，简单的预习任务尚且难以有效完成，预习板块中的任务更是难以完成。有的老师认为，课堂时间有限，预习就是为节约课堂时间让学习者可以放在课下完成的力所能及的简单任务，预习板块设置得过于理想化，不符合实际。有的教师认为，不管教材怎么变，多年"老四样"的预习模式不仅能让学习者形成习惯，还能扎实基础。有一些教师认为，预习板块可有可无，老师们应该根据自己的实际情况来设置预习任务，教材中的设置反而让老师们反感。当然，也有一些老师认为，偶尔也会看看预习板块，结合其内容来布置预习任务。总而言之，教师忽视教材中预习板块的现象尽管为数不多，但也依然存在，而且教师们的想法也五花八门、不可尽述。

2. 照搬教材中的预习内容

在与一线教师交流中了解到，多数教师已经认识到了教材中预习板块存在的重要性，但这一板块究竟具有怎样的功能并不是很清晰，能发挥什么样的作用也还存疑。因此，有些教师在使用预习板块时，未进行选择、加工、改造、开发，而采用"囫囵吞枣"的方式将预习板块的内容直接作为预习任务布置给学习者。再加上有些老师本就不太清楚应该布置怎样的预习任务才有利于学习者的课堂学习，自然乐享其成，照搬使用；有些老师认为教材中的预习内容是编写者集体智慧的结晶，因此没有考虑理念、学情、整体设计等各类因素而盲目地照搬使用；还有些老师看见同事这样用，自己便不思考使用目的和效果，随波逐流地照搬使用；还有些教师在进行教学设计时，更多地依赖教师用书和教辅资料，然而预习板块的助读资源在其眼中仅仅作为随手布置给学习者的任务而已，并不在设计之列等。凡此种种现象，只能让预习板块的设置犹如教材中的一个"华美装饰"，好看而已，并未达到应有的效果，更难为课前和课堂的学习建立良好的衔接。

3. 难以充分使用预习板块内容

预习板块中的预习内容是带有引导性和示范性的，不仅用亲切的语气、简明扼要的语言、可操作性的提示给教师设计预习任务提供了抓手，而且拉近了学习者与预习的距离，为学习者的自主阅读提供了支架。然而，有些教师在使用预习板块内容的时候尽管融入了自己的想法进行了选择、加工、改造、开发，但由于未能真正理解教材编写者的编辑意图，或者没有考虑预习的作用，或者没有把预习作为整体教学设计的有效成分，或受教师个人认知局限和个人喜好的影响等原因，所以在预习板块内容的使用上还欠充分考虑，显得十分简单、随意。

预习板块作为语文教材诸多助读要素之一，它与其他助读要素构成助读系统。助读系统与其他系统共同构成了语文教材来支撑语文教学。教师依据教材结合课标要求、教学理念、设计意图、学情、个人风格等来进行教学设计。其中,预习任务的设计也会受到这些因素的影响。依据系统的整体功能大于要素之和的共识,预习板块的内容也要与其他教材要素勾连照应才能充分发挥其功能。因此,教师在进行预习任务设计时,也要考虑结合教学目标、教学设计内容、练习设计、学情、预习条件等来选择、加工、改造、开发教材中的预习板块内容,甚至还需考虑在进行教学设计时,怎样评价学习者预习任务的完成情况等。有些教师就因缺乏对预习板块与其他教材要素之间密切关系的考虑而使预习板块的内容不能被充分加以使用。

(二)原因分析

从以上的现象中可见,尽管教材中设置了预习板块,增强了其内容的丰富性、指导性和可操作性,但教师依然不知道该如何有效地使用,依然在使用中存在着这样那样的问题。导致了这些现象产生的原因究竟是什么呢?

1. 未能准确把握编辑意图

教材编写者在设置教材各要素的内容、形式以及位置的时候,渗透着自己的编辑理念和编辑意图。预习板块放置在课文之前、标题之下的一个醒目的位置,本身就彰显着它重要的地位,也体现着编辑想要引起师生意识到其重要性的意图。尤其是编者通过其语言的亲切、内容的丰富、方法的明确、思路的指导性等想要达到激发学习者的学习兴趣,使其关注课下语文学习,形成自主阅读习惯,为课堂教学做好铺垫等目的。教学中,对预习板块内容弃之不用或用之不活的现象表明,一些教师没有准确把握编辑意图,也认识不到预习板块的重要作用,缺乏对预习板块承载着的诸多功能的了解,以致在他们眼中预习板块或形同虚设,或成为必须完成但又不知为什么完成的任务。再加上,许多教师依赖于网络资源和教参教辅用书,根本无心思考编辑意图,也不考虑预习板块存在的价值和意义。

2. 缺乏开发预习板块的意识

叶圣陶先生曾指出"哪怕教材编得再详尽,也不过是某一学科的提要和一些必要的范例的组合。因此,教材只能作为教课的依据,老师善于运用教材，使学生真正学到东西，这才证明老师教得好"。❶ 叶老的这段表述点明了教材的范例性质。教材是教师进行教学需要开发的最基本也最重要的课程资源。预习板块作为教材的组成部分，是作为资源和范例而存在的，对其进行开发是教学设计必然的步骤。可以说，预习板块的开发是其有效使用的前提。当然，在进行预习板块的开发时也需遵循课程资源开发的基本原则。在实际的教学中，教师着力重视的还是课堂教学，很少有教师会去下功夫琢磨预习板块。之所以简单照搬预习内容，不能充分地使用预习内容，就在于这些教师没有意识到预习板块内容开发的必要性，则教师懒于开发和不知道如何开发情况也就在所难免。

3. 孤立地看待预习板块

预习板块作为助读系统的要素之一，与助读系统各要素以及教材其他各要素之间有着必然的联系，并非孤立的存在。从单元提示、课文正文到思考探究、积累拓展都与预习板块形成整体，形成合力。预习板块的开发为课堂教学服务，是课堂教学的前奏。但在很多情况下，教师将预习作为学习者课下独立完成的环节，认为预习就是学习者自己的事情，而不加重视。在这样的思想影响下，预习任务的设计就会趋于随意。有些教师会简单、孤立地对待预习板块的内容，很少会深入思考预习板块与课堂教学内容的联系、与前面所学内容的联系、与单元提示的联系、与思考探究以及积累拓展的联系。这会使有些教师不去设计预习任务，而有些教师即使布置了预习任务也全靠学习者自觉完成，没有充分考虑预习任务与课堂教学设计内容是否有强关联性。至于预习任务布置后的评价和检测也就更是无从谈起，即便有课堂上教师也多是通过检查字音、字意这样的单一手段来评价和检测学习者的预习情况。

当然，未能有效使用预习板块的原因有很多，也很复杂，比如开发教材的能力，对学习者自主学习能力不够信任，课下作业时间的限制等原因，在此不一一阐述。

---

❶ 叶圣陶. 关于探讨教材教法的几点想法［J］. 课程·教材·教法，1981（1）：2.

(三) 使用策略

1. 正确地认识预习

"统编本"初中语文教材中的预习设计语言简明扼要，具有较强的针对性和可操作性。要想让教材中的静态的预习转化为学习者自主学习过程中的路标，就需要对预习有一个正确的认识。首先，要认识到预习的重要性，了解其功能和作用。只有如此，才能正视和重视预习，既不要夸大预习的价值，也不要忽略预习的存在。其次，要认识到教材中预习的存在并不是对教学的强制要求，只是一种建议、引导和示范，教师在使用时还需落实课表理念，紧扣单元要求，结合学情和教学目标的需要进行开发，使预习任务适合自己的学生并有利于自己的教学。最后，要认识到教材中的预习与单元提示、思考探究、积累拓展共同作为助读要素为教学内容的确定和课堂教学的设计发挥作用，既要明确了它们各自的价值还要协调它们之间的关系，使预习能够更加有效地发挥其作用。只有正确认识教材中的预习，教师才能设计出灵活多样的预习任务，才能设计出提高学习者自主学习兴趣，引发学习者思考并铺垫进一步阅读的有效预习任务。

2. 恰当地开发预习

教材所提供的预习任务，并不直接意味着就是匹配于学习者现实状况的预习任务。在课程实施的过程中，预习作为教材的一个重要组成部分，以及作为课程资源的一个种类，需要对其进行开发。教材中的预习对使用的教师而言是具有普遍性和指导性的，本身也具有原生价值。教师还需开发出隐藏在原生价值之后的适合当时、当地，适合学生现状，适合教学目标的教学价值。这一教学价值比预习的原生价值更具有针对性和适应性，是开发的、生成的。例如，《变色龙》中预习的表述："……读完这篇小说，你会联想到哪些人和事呢？"基于这句表述，在设计预习任务的时候需要更具体地给出思考的途径。开发后的预习任务变为："读完这篇小说，你听到、读到、遇到过和奥楚蔑洛夫一样的人吗？"在进行预习开发的时候还需遵循普遍的学习者身心发展的规律和认知规律，当然更要遵循简洁、精炼、适度的原则，使预习任务既不被潦草处理，也不被过度开发；既不轻描淡写让学习者轻视，也不琐碎繁复而加重学习者负担；既不简单得让学习者不屑一顾，也不至于难到让学习者望而生畏；既不形式单一得让学习者兴味索然，也不为形式而形式让学习者忘了预习的根本。总而言之，开发出的预习任务尽可能具体而明确，少而精，不仅照顾了学习者自主学习的兴趣，还能为课堂的进一步学习做好铺垫。

3. 及时地给予评价

教师通过对教材预习的开发设计出相应的预习任务，而预习任务实施最终的落脚点还在于学习者的接受与使用。学习者对预习任务的正确认识和认真对待是预习任务得以发挥有效作用的基础。一方面教师需要开发设计恰当的预习任务，另一方面学习者还要自觉发挥其主观能动性，以完成预习活动。但是初中生的自觉性是有限的，适时地对预习任务进行检查和评价就成为预习得以有效完成的关键。教育评价具有导向、监督、鉴定、管理、诊断以及激励的功能。预习评价也将通过这些功能督促学习者对预习任务的落实，加强预习与课堂的衔接，促进教师发现预习中存在的问题，以调整教学设计，从而为下一次预习的有效开发提供线索。但在教学中，教师对待预习的随意态度和孤立看待预习的认识，使教师们对预习的评价仅仅局限在对字词的检测方面，甚至有的老师会默认在座的学习者都已认真地完成了预习任务，只是在开课之初自问自答一句"同学们预习了没有？都预习了吧，接下来我们学习……"而缺少及时评价的预习，设计得再好也会因学习者内心的松懈而使效果大打折扣。当然，预习评价的方式方法也是多种多样的，教师在使用时也应灵活使用。

（四）使用示例——预习反馈单

教材中的预习需要教师的开发才能进入教学系统发挥其应有的作用。在开发的过程中，教师需要全面考虑课标、教师、教材、学生以及学习条件等诸多因素，还要遵循适度、适量等开发的原则，以教材预习为蓝本开发出有益于学习者自主学习的预习任务。为此，许多理论研究者和一线教师进行了有意义的探索。在前人研究的基础上，为规避预习任务不够具体明确，操作性弱，评价不及时，占用课堂时间过长，自主学习难度大等问题，探索开发了预习反馈单以供参考。

下面以《秋天的怀念》为例展示预习反馈单的设计。

教材中《秋天的怀念》预习：

史铁生是当代文坛一位非常特殊的作家，他双腿瘫痪，又长年患病，却一直在和病魔抗争，这种生存状况使他的作品带有一种独特的气质。体会文中流露的情绪，反思一下：沐浴在亲情中，我们是否只知接受，不会感动，也不懂回报呢？

朗读课文，找出一些蕴含着丰富情感的语句，细加体会。

预习反馈单示例

课文：《秋天的怀念》

日期： 年 月 日 班级： 姓名： 所用时间： 分钟

预习：请在上面写下所预习的内容和问题答案，在（ ）打√说明完成情况。

一、关于作者

（1）陈述知识：史铁生是当代文坛一位非常特殊的作家，他双腿瘫痪，又长年患病，却一直在和病魔抗争，这种生存状况使他的作品带有一种**独特的气质**。有条件的同学可以通过查阅资料再多了解一些他的情况。

通过黑体字了解作者独特的生存状况了吗？

（2）问题思考：你身边有与病魔抗争的人吗，或者从家人口中听过，或者阅读时读到过这样的人吗？他们有什么独特的地方？

二、尝试思考

想一想自己在生活中对父母给予的关心和爱护有没有不耐烦，甚至暴躁对待的时候？现在回想当时的情景心里有什么感受？

三、尝试表达

大声朗读课文，注意文章中语气和节奏的变化；至少找出一处你认为蕴含着丰富情感的语句，反复朗读，试着把感受到的情感写出来吧。

预习反馈单的使用明确了预习任务，不仅能够督促学习者预习，还能帮助教师掌握学情，为学习者的深入学习奠定基础。当然，预习反馈单的形式也是多种多样的。针对不同的文本预习需求，结合教材中的预习内容，开发设计时可以采用表格、思维导图、流程图等方式，以使学习者有效预习并获得及时的预习评价。

第三节　旁批："助力"自读"的新成员

"旁批"，或针对课文的关键之处、文笔精华以及写作技法作精要点评，或以问题的形式启发学生思考；随文设置，内容丰富，形式多样，力避结论的直接呈现，强调启发性和引导性[1]。

——王本华

"统编本"语文教材与以往各教材不同的一大亮点就是通过教材编写体例的差异鲜明地区分出了"教读课"和"自读课"的功能。编者试图通过体例的差异传递出教材引导学习方式和教学方式发生重大改变、突出学生的主体性、适应学生自主学习需求等编辑意图。这是一次大胆的、有意义的尝试。教材中"自读课"关注对学习者自主阅读的帮助和引导，并让其成为从课内阅读延伸到课外阅读的演武场。"自读课"与"教读课"体例上最显著的差异体现在它们有着不同的助读系统。每篇自读课文除与教读课文共享单元导读外，自读课文还设置有"旁批""注释""阅读提示""读读写写""补白"等多层次自主学习助读系统。其中，提示类助读要素旁批格外醒目。旁批随文设置，内容丰富，形式多样；或针对课文的关键之处、文笔精华以及写作技法做精要点评，或以问题的形式呈现，启发学生思考，力避结论的直接呈现，强调启发性和引导性。[1]由此可见，旁批成为学习者自主阅读的一个重要支架。

---

[1] 王本华.守正创新，构建"三位一体"的语文教科书编写体系——部编义务教育语文教科书的主要特色[J].语文教学通讯，2016（26）：7-10.

一、旁批是什么

(一) 旁批的概念

想对教材自读课文中的旁批有一个正确的理解，首先要对批注有一个正确的理解。什么是批注呢？"批"本身有分析、评论、批评、审定等意思；"注"本身有注解、解释的意思。"批注"一词《现代汉语词典》给出的概念有两个，一个将其作为动词来解释"加批语和注解"，另一个将其作为名词来解释"指批评和注解的文字"。❶ 将《现代汉语词典》中的解释放置在文本阅读的情境中，我们不难发现这一动一名的两个解释其实涉及文本阅读过程中的行为和阅读行为的结果。

从历史的角度来看，批注与古代的注疏和评点有着千丝万缕的联系，是"源"与"流"的关系。"注疏"是"注"与"疏"的合称。"注"始于汉代。古人因语言的发展、年代的久远、史料的缺失、口授传抄时的错误等无法对许多宏伟著作、文献典籍进行准确的理解，于是出现了一些学者专门为这些典籍做注解。及至唐代，许多汉人的注解也变得晦涩难懂，于是又出现了新的注解者。这种注解既注解正文，也注解前人的注解，也就是对典籍总的加以疏通，这种注解称为"疏"。注疏主要用来注释和训诂。"评点"是古代文学评论的一种方式，起源于唐代，成熟于宋代，盛行于明代，可评点内容包括经史、小说、戏曲、诗文等多种著作。"评"即评议、品评，"点"即圈点，因古人在阅读时常结合使用，故称为"评点"。评点最初的含义就是评论并在文章的词句旁对重要的或精彩的内容进行圈点或做标记。随着时代的发展，评点范围的扩大，内容也逐渐丰富。从范围来讲，它包括了内容（字、词、句、文章主旨）和形式（语法修辞、篇章结构等）；从过程来讲，它包括对文本的理解和对文本的生发，也就是一个捕捉文本信息，引发阅读主体思考，联系现实生活和自身经验以发现问题，捕捉灵感，及时表达的过程。这一过程很好地把学、思、用有机地结合起来，可以说它们是同时

---

❶ 中国社会科学院语言研究所词典编辑室. 现代汉语词典 [M]. 7版. 北京：商务印书馆，2017.

进行的，边读边评，不可分割。❶ 所评注的文字有写在书籍正文上方的，称为"眉批"；有写在正文行间的称为"夹批"或"旁批"，其他还有"章评""篇前评""篇后评"等。又有颜色的不同，而分为"墨批""朱批"（红色）和"五色批"等。用加批语的方式评论作品，可以随文发表见解，自由灵活，长短随意。既可对一章一节发表意见，也可对某一片断、某一文句，某一细节，以及某一词语注明见解，从而往往比一般评论文章显得更为具体、细微和周到。许多著名的评点，既包括了评论家的精见卓识，也涉及一些重要的文艺理论问题，是一种特殊形式的文学批评著作。❷

由上可见，批注是注疏和评点的继承与发展。尽管三者在形式上、内容上、位置上有很多相似的地方，但在时代、主体、目的存在着一定的差异，注疏和评点多出现于古代，而批注是现代人用于阅读的常用方式；注疏和评点的主体往往是知识储备和文学素养较高的学者，而批注这一方式适用于所有阅读者；注疏和评点的目的主要是解释前人的文字或者发表具有个人色彩的评论，而批注从教学的目的而言是为了阅读者自我阅读能力和语文素养的提高❸。从教学角度来看，批注是学习者阅读时在教师引导下，通过圈点、勾画、特殊标记等方式，借注解、赏析、质疑、评论等手段，而从文章内容、写法、结构、语言等方面将自我感悟、个人困惑、查阅的注释和收集的材料等及时书写于文章空白处的一种阅读方法，既体现阅读者的别样眼光和情怀，也利于阅读者理解和深入思考。不管是从历史的角度来看，还是从文献研究的角度来看，或是从教学角度来看，我们通常会把批注作为一种阅读方法，这时批注是动态的。事实上，从《现代汉语词典》的两个解释中可知，当我们把批注作为一种阅读对象时，这时批注是静态的，它作为行为的结果而呈现。学习者可以通过学习他人的批注来提高自身的阅读理解水平。简而言之，批注既可以是学习者作为阅读主体的行为，也可以是学习者阅读的对象。

---

❶ 邱旭光. 评点阅读法的现代教育学意义［J］. 语文教学与研究，2006（20）：11-13.
❷ 乐黛云，叶朗，倪培耕，等. 世界诗学大辞典［M］. 沈阳：春风文艺出版社，1993：1.
❸ 张羽. 高中语文批注式阅读教学策略研究［D］. 哈尔滨：哈尔滨师范大学，2020.

◆ 语文阅读新视点

旁批作为批注的一种类型，其内涵、目的与批注无异，只因其所处位置在正文之旁而得名。简单地理解，旁批就是在正文旁边做批注或者正文旁边的批注。结合上述内容可知，"统编本"语文教材自读课文中的"旁批"是名词，是静态的，是教材编写者阅读后的批注结果，体现着编者的编辑理念和编辑意图。因此，旁批是教材编写者为了学习者更好地进行自主阅读而在正文旁边提供的或提示思路，或提供细节，或联系生活，或结合经验，或引导品味，或概括内容，或启迪思维等系列内容。旁批在教材中以帮助学习者自主阅读的角色存在。因教材中课文系统中的"古诗词"和拓展板块的"课外古诗词诵读"部分也有旁注，为避免表述混乱，该部分旁注不在探讨之列。

（二）旁批的分布

"统编本"初中语文六册教材当中设置了旁批的课文共 37 篇，其中包括自读课文 26 篇，教读课文 1 篇以及"活动·探究"单元的部分课文 10 篇。自读课文以及"活动·探究"这一版块带有旁批的课文，教材编写者给出的学习建议是主张学习者充分发挥自主、合作、探究的能力，通过运用教读课文中学习到的阅读方法并在旁批的引导下自主完成对这些课文的学习。以下为有旁批的篇目统计表，如表 1-2 所示。

表 1-2 旁批分布篇目情况统计表

册数	一单元	二单元	三单元	四单元	五单元	六单元
七上	*雨的四季	*散文诗两首：金色花；荷叶·母亲	*再塑生命的人	*走一步，再走一步	*动物笑谈	*女娲造人
七下	*回忆鲁迅先生	*1. 黄河颂 *2. 土地的誓言	*台阶	*最苦与最乐	*一棵小桃树	*带上她的眼睛
八上	※活动·探究 1. 消息二则 2. 首届诺贝尔奖颁发 3. "飞天"凌空——跳水姑娘吕伟夺魁记	*列夫·托尔斯泰		*散文二篇：永久的生命；我为什么而活着	*蝉	

· 30 ·

续表

册数	一单元	二单元	三单元	四单元	五单元	六单元
八下	＊安塞腰鼓	＊大雁归来		※活动·探究 1. 最后一次讲演 2. 应有格物致知精神	＊登勃朗峰	
九上	※活动·探究 1. 沁园春·雪 2. 我爱这土地 3. 乡愁 4. 你是人间的四月天 5. 我看	＊论教养		＊孤独之旅	＊谈创造性思维	＊刘姥姥进大观园
九下	＊1. 梅岭三章 ＊2. 短诗五首	＊溜索		＊无言之美		

注 ＊自读课文；✱教读课文；※活动·探究。

自读课文在初中六册"统编本"语文教材中共有45篇，其中有旁批的自读课文占58%。七年级上册有6篇自读课文全部设置旁批；七年级下册7篇自读课文中有6篇设置旁批，其中《外国诗两首》未设置旁批；八年级上册有8篇自读课文，其中《美丽的颜色》《与朱元思书》《昆明的雨》《梦回繁华》《周亚夫军细柳》5篇自读课文没有设置旁批；八年级下册有8篇自读课文，其中《灯笼》《时间的脚印》《核舟记》《一滴水经过丽江》4篇自读课文没有设置旁批；九年级上册有8篇自读课文，其中《精神的三间小屋》《湖心亭看雪》《创造宣言》《三顾茅庐》4篇自读课文没有设置旁批；九年级下册有8篇自读课文，其中有《蒲柳人家》《唐雎不辱使命》《驱遣我们的想象》《邹忌讽齐王纳谏》4篇自读课文没有设置旁批。

编者在这些课文中尽管未设置旁批，但依然秉承了"以学生为主"的理念，践行着"教读—自读—课外阅读"的编辑意图，为提高学习者的自主学习能力而做着精心设计。仔细观察会发现，未设置旁批的自读课文有两类，一类是文言文类的自读课文，另一类是同单元的第二篇自读课文。前者不设置旁批一是因为这类文言文自读课文出现在八年级和九年级，学习者有了七年级文言文学习的基础,掌握了一定的文言文学习方法;二是因为这些文言文语言优美、篇幅短小、注释详细、较为浅显易懂,学习者可以通过注释和查阅资料完成对这些文言文的自主学习;三是通过文言文自读课文可以实践教读课文所掌握的阅读的方法等。同单元的第一篇自读课文设置旁批,而一般在紧跟着的第二篇自读课文中不再设置旁批。教读—有旁批的自读—没有旁批的自读—课外阅读,这本身就是一个从扶到放的引导过程,也更能体现出旁批台阶作用。

《黄河颂》虽然是一篇教读课文,但也是学习者第一次接触长篇幅诗歌,学习时有一定的难度。再加上单元导语要求从这一单元开始,学习者要开始学习做批注。因此,在这一单元的第一篇课文中设置旁批,对学习者也有很好的示范作用。

"活动·探究"单元出现在八年级和九年级上下四册书中。四册教材目录下方的注解中明确说明"'活动·探究'单元的课文原则上以学生自读为主"。"活动·探究"单元在八年级上册的前3篇课文、下册的前2篇课文以及九年级上册整个单元的5篇课文都设置了旁批,不仅凸显了学习者的主体地位,也显示了教材编写者通过旁批引导学习者通过语文实践活动完成语文学习的意图。九年级下册"活动·探究"单元未设置旁批,是因为初中阶段学习者只需要对戏剧这一文体有一个了解即可。

二、旁批有什么用

在"统编版"教材中,自读课文虽然从编辑体例上有意识彰显学生是学习的主体这一理念,但并不意味着教师对学习者放任不管,而是在将自主权还给学习者的同时给予其自主阅读的方法和方向,即在自读课文中加入了旁批的设置。教材编者之一的王本华说过:"旁批的设置是为了给学生的自主阅读适时地提供一些'拐棍'或引发一些思考。"旁批作为"拐棍"除助读要素具有的基本功能外,还在学习者的自主阅读中究竟又承担着怎样独特的作用呢?

(一)启发引导思维

自读课文和教读课文不同,需要降低教师的参与度,最大限度地发挥学习者自主学习的能力。为避免学习者出现学习不得法、耗时、低效、流于表面等现象，让学习者在自主学习过程中发展和提升思维，就必须使旁批能够对学习者的思维发挥启发和引导的作用。从旁批分布情况可知，启思式旁批数量最多，是其他类型旁批数量的几倍甚至十几倍，显然是主力。这也更加直观地显现出，在自读课文中旁批强有力地发挥着启发引导学习者思维的作用。启思式旁批通常提供问题思考的走向和解决问题的新思路，或引导学习者于"无疑处生疑"，或引导学习者深入探究，或引导学习者联系情感经验，从而多方位地培养学习者的思维能力，不断地引导着学习者的思考走向深入。久而久之，不仅让学习者具有了问题意识，也锻炼了学习者的思维能力，使学习者获得思维的发展与提升。下面以七年级下册《带上她的眼睛》中的旁批为例：

1. "眼睛"还能被人带走？开头就设下悬念，引发读者的阅读兴趣。
2. 小姑娘的表现是不是有些奇怪？
3. 如何理解"我"精神上的变化？
4. 谜底逐渐揭开，前面的种种疑问和悬念都有了答案。
5. 对地航飞行的想象，涉及了一些科学知识，令人感到真实。
6. 是第一，更是唯一。孤寂！
7. 从这段话中，可以看出小姑娘怎样的性格特点和精神品质？

这篇小说本身想象就很奇特，同时构思也很巧妙，让学习者在阅读的时候会很感兴趣。旁批通过设疑"'眼睛'还能被人带走？"引导学习者打破常规思维，成功引发学习者的思考和疑惑，激发学习者的想象力和好奇心，为认识"此眼睛非彼眼睛"奠定基础。当然，这组旁批抓住了小说的一个写作特点，就是悬念的使用。有悬念就有伏笔，而对这篇小说作品中伏笔的关注对于体会人物的处境、情感和性格都至关重要。因此，旁批中通过对悬念这一写作手法的提示"开头就设下悬念"引导学习者关注伏笔。通过引导学习者关注细节"小姑娘的表现是不是有些奇怪？""如何理解'我'精神上的变化？"这两个具有提醒关注和引导深入思考的问题，一方面让学习者关注文本细节，另一方面探究文字背后的潜台词，而探究的过程是批判性思维展开的过程。其实，悬念的设置到"谜底逐渐揭开，前面的种种疑问和悬念都有了答案"这一过程本身就是形象思维潜在训练的过程。背景情节的提示"对地航飞行的想象，涉及了一些科学知识，令人感到真实"和触动心灵文字的点评"是第一，更是唯一。孤寂！"为学习者理解小姑娘的精神品质提供了支架，开拓了思维。由上可知，前面的六条旁批为学习者去深入理解第七条旁批"可以看出小姑娘怎样的性格特点和精神品质"做足了铺垫，使学习者对小姑娘的整体认识水到渠成。在整个阅读的过程中，旁批就像一位默默无闻的老师在关键处相机诱导，使学习者的思维逐步走向深入。

（二）体悟文章精妙

鉴赏式旁批和点评式旁批用陈述的方式直接对文章精妙内容进行分析和表达。学习者通过旁批的提示和示范体悟文章语言的准确、传神、简洁的特点以及领略语言变幻多姿和词浅情深等打动人心、展示人情、彰显人性的魅力。这两种批注几乎涵盖了语文学习的方方面面，有赏析课文字、词、句、段等表达效果的，有感悟人性的，有关注现实生活的，有引导学生建立正确的世界观、人生观的，还有引发学生情感共鸣的，往往能起到引导学习者于关键处捕捉文本信息，引发学习者对文本的思考，加深学习者对文本的理解等作用，最终实现学习者对文本精妙处的敏感和准确把握。可以说，随着旁批的阅读过程，是读、思、用三者有机结合的过程，是享受文章精妙之处，感受文章魅力的过程，同时是加强学习者感悟能力，提高学习者审美能力，丰富学习者情感世界，形成学习者正确人生观、价值观、世界观的过程。比如，七年级下册《台阶》这课中"父亲坐在绿荫里，能看见别人家高高的台阶，那里栽着几棵柳树，柳树枝老是摇来摇去，却摇不散父亲那专注的目光"。这句话旁的批注是"摇晃的树枝，摇不散的目光"。这条旁批帮阅读者在此放慢阅读的脚步，随着父亲在绿荫下短暂地休息。仔细体会这句话，就会发现文中这句话的精妙之处在于作者用柳枝条的动态和目光的静态勾勒出了父亲朦胧又极具存在感的剪影。看似在紧张而稠密的劳作间宕开一笔书写了歇下来的父亲，却通过"摇晃的树枝"和"摇不散的目光"对比强调了父亲目光的专注与坚定，也通过"目光"展示了这位朴实的农民对生活和朴素理想的"执着和坚韧",为统整并理解父亲的形象扎实了基础。后面的"面对生活,执着而坚韧,这就是朴实的中国农民""'父亲老了'此后所写的父亲与台阶的事情,似乎有些伤感""岁月在不经意间流逝"等旁批引导学习者反复阅读和体会字里行间的深意,引起学习者情感的共鸣,从而帮助学习者准确把握"父亲"的形象。当然,体悟文章的精妙处还不是最终的目的,"学"与"思"的目的还在于用。因此,有些旁批会直接要求学习者进行语文实践,让其在实践中学会批注的方法。比如,《台阶》中的一处旁批"这一段中有不少动词使用准确、生动,试选取一处用一两句话做点评",就是由语文学习到语文实践的很好的引导。

(三) 点拨写作技巧

写作技巧对于作者情感的表达和观点的陈述非常重要。"统编本"教材中所选的课文都是典范性文本,对学习者而言它们不仅是阅读的材料,更是写作的样例。因此,编者在自读课文中设置了点拨写作技巧的旁批,让学习者在欣赏作品之美的时候,也能明白这些典范作品为什么会这么美,典范之处又具体体现在哪里。

比如,直接点明技法特点的旁批。在七年级上册《走一步,再走一步》中的一处旁批"写外在行为表现,实际在写心理状态",直接点出以实写虚的技法,这既能引导学习者透过外在的行为动作来揣摩人物的内心,又是非常便于学习者模仿习作的例子。

又如通过旁批指引学生了解文章行文结构和行文技巧,为学习者学会表达自己的观点提供了很好示范。例如九年级上册《论教养》中的旁批:

1. 开门见山,引入论题。
2. 作者认为教养首先体现在家里。对此,你怎么看?
3. 先谈"无教养"的例子,再谈"有教养"的表现,这样写有什么好处?
4. 由"教养"转向"风度",二者之间有什么内在联系?带着问题往下读。
5. 批驳错误观点。

◇ 语文阅读新视点

6. 由此可以看出,"优雅风度"与"有教养"是怎样的关系?

7. 在日常生活中,你是否做到了这些呢?

这篇自读课文通过教养的具体表现,即"有教养"和"无教养"的现象,探究了"真正的教养"和"优雅的风度"的本质。这组旁批首先引导学习者了解了观点表达是可以像这篇文章一样"开门见山,引入论题"的,其次第2条和第3条旁批告诉学习者作者运用正反对比的论证方式,结合最熟悉的日常生活事例表达了"一个真正有教养的人应该是什么样子",再次通过第5至第7条批注引导学习者思考真正的教养和优雅的风度之间的关系,作者依然采用的是先批驳错误观点再阐述正确观点的方式。当然,这三条批注的作用还在于要引导学习者解答心中疑惑:谈教养谈得好好的,为什么话锋一转变成"谈论'风度'的书籍很多"?会不会跑题了呢?旁批引导学生边阅读边思考"风度"和"教养"之间的密切关系,让学习者了解作者谈完教养谈"风度"的目的是深化自己的观点。学习者会意识到这样的写作方式,可以让观点更加深刻。第7条旁批再一次将学习者引向对日常生活的思考。至此,文章的学习和旁批的引导让学习者认识到清晰明确地表达自己的观点并不是一件抽象的、高深莫测的事情,而结合普遍的生活现象和辨析密切相关的概念是生动并深刻表达事理本质的很好的途径。

三、旁批怎么用

旁批作为自读课文中重要的助读要素之一,在学习者的自主阅读方面,甚至在学习者的语文学习中都发挥了巨大的作用。许多教师也能认识到自读课文是教读课文与课外阅读的桥梁,也知道旁批这一助读要素对自主阅读有帮助,但旁批究竟该怎么用才是有效的,学习者自主阅读的过程中教师又该怎样参与等诸多问题依然困惑着一线教师。

(一)现状展示

1. 对旁批视而不见

"统编本"教材在编辑时区分了教读课与自读课两种课型,不仅在自读课文前加"＊",且契合课型特点在编辑体例上也设计了不同的助读要素，如在自读课文中设置了大量的旁批。目的在于引导师生采用不同于教读课型的方式，借助旁批加大学习者自主阅读的力度，培养学习者的自主阅读能力。然而，教材的显著区别并未引起有些教师的重视。教学中，有些教师无视教读课和自读课的区别，不理会编写者的编辑理念和编辑意图，不去践行语文教学的基本理念，也不去思考旁批存在的价值，更不放心学习者独立自主阅读学习，只是按照自己惯常的教学思路去讲解每篇课文。因此，自主阅读在这些老师的观念中只是无关紧要的概念，而旁批在这些老师的眼中只是花哨的形式，没有实际的意义。心中无此物，眼中难聚形，旁批在这些老师的眼中形同无物。教师对旁批漠视，自然也不会引导学习者关注旁批。久而久之，自读课文也形同虚设，同时学习者自主阅读能力的培养目标也难以达成。当然，也有些教师认为，每次教读课讲完都会感到时间紧张，所以自读课就布置任务让学习者自学即可。自读课都会被忽略的情形下，旁批自然也难被关注。

2. 依次讲解旁批

有些教师总在质疑学习者的自主学习能力，担心学习者对文章阅读得不够细致，了解得不够全面，理解得不够透彻。于是教师将课文中的每一处旁批都作为自己的授课内容，亦步亦趋地依照旁批来展开课堂教学。在这些老师眼中，教读课和自读课的区别仅仅在于形式，在于教材提供的助读要素的差异，讲还是都需要讲的，不讲心里不踏实。事实上，旁批随文批注，随感而发，可行可往，可多可少，可长可短，并无一定之规，也无严格体系。教材中的旁批其用意偏重引导、启发和示范，用语多为引起注意、引发深思和鉴赏点评示范等，并不要求每一课的旁批都需形成严格的逻辑体系。教师依照旁批逐一讲解，且不说有无必要，只怕在思路的衔接与流畅上已经捉襟见肘了，至于内容不管多美恐怕也让师生都味同嚼蜡了。况且学习者在使用旁批进行自主阅读时，虽然要求关注全面但不需要平均用力，可以根据自身的阅读情况对某些旁批着重进行思考或学习。同时旁批对学习者的引导、启发和示范也不是全方位的，而会因学习者个体的差异性而不同。简而言之，使用旁批的自主阅读带有极大的个体差异性，教师只注意讲解旁批的方式而忽视学习者的程度差异和阅读个性，从而对学习者自主阅读能力的提升并无太大的益处，此法并不可取。逐一讲解旁批的教学方式，看似使用了自读课文匹配的助读要素，本质上却陷入了"自读课文教读化"的泥淖。自主阅读在这些老师的课堂上无从谈起，那么自主阅读目标更是无法实现。

3. 旁批使用随意

有些教师能够感受到自读课文和教读课文的不同，也意识到了教材中旁批的出现有其独特的价值和作用。只是教师对编辑意图不甚了解，对旁批的定位也不明确，对"非系统""无规律"呈现的一条条旁批感到困惑，教师使用的时候也只能"凭着经验办事""摸着石头过河"。久而久之，旁批的使用难免呈现出极大的随意性。有的老师在课堂上只讲带问号的旁批，将这类旁批等同于重难点，其他旁批弃之不顾。有的老师将带问号的旁批一律布置为课后作业，只考虑这些问题学习者是否掌握了准确的答案，而不去思考对学习者自主阅读能力的提高有什么帮助。有的老师将所有旁批作为预习作业布置，其作用仅限于让学习者提前看一看，想一想。有的老师只安排学生记、背鉴赏式旁批和评点式旁批，以使学习者做批注时可以借鉴参考，而其他批注只需看看即可，甚至有的老师将旁批全权交给学习者，只要求学习者阅读课文时也要重视旁批，却从未进行引导，也无评价反馈，而学习者在阅读课文时有没有使用旁批靠的是学习者的自觉，使用的效果全然不去理会。当然，有的老师也会使用旁批引导学习者自主学习，只是对自己的使用是否得法，是否有效心里没谱。总体来看，教师们在使用旁批时还是"千人千法"，随意率性。由此可知，旁批的恰当使用，对学习者自主阅读能力的提升，自主阅读目标的实现依然任重而道远。

当然，以上只是概述了教学现状中部分教师使用旁批的表现，还有许多一线教师在旁批的使用上勇于实践，大胆尝试，收获了宝贵的教学经验，提出了有效的教学建议，为旁批价值的发挥起到了示范作用，将在后文再述。

（二）原因分析

旁批使用纷繁芜杂的各种现象，一方面源于教材是静态无声的，教师们在解读旁批这类静默材料时主观认识占据主导地位，另一方面也反映出教师与教材编写者在认识上还存在极大的差异性，而从差异走向一致还需探索现象背后的原因。

1. 教师原有教学观念的束缚

讲授之法历来是语文阅读教学的常用之法，然而讲授法却不是教学唯一之法。建构主义认为，知识不是通过教师传授得到的，而是学习者在一定的情境即社会文化背景下，借助其他人（包括教师和学习伙伴）的帮助，利用必要的学习资料，通过意义建构的方式而获得。语文的阅读较之其他学习而言更是如此，是需要学习者在阅读中自己发现问题，勇于思考探索，积极解疑释惑才能有效建构意义。自主阅读有着教师讲授无可替代的功效。因此，在学习者的阅读过程中，接受与发现应该各司其职，优势互补。然而，在一线教学中，有些教师受原有教学观念的束缚，而忽视学习者个人阅读体验，形成了凡课必讲的教学习惯。即使语文教学理念和教材已发生了诸多变化，但教学行为上依然故我，导致课堂上教读课也好，自读课也罢，依旧是"师讲"为主。当自读课的个性都被抹杀的时候，旁批也就变成了可有可无的摆设，则弃用旁批和乱用旁批的现象也就不可避免地发生了。

2. 教师对旁批及其作用缺乏准确认识

旁批随文设置，是助读系统中最直观，也最易参与到学习者自主阅读中的一种助读要素。王本华认为，"旁批的设置是为了给学生的自主阅读适时地提供一些'拐棍'或引发一些思考"[1]，且形式多样，内容丰富，强调启发性和引导性。因此，旁批具有启发引导思维、体悟文章精妙、点拨写作技巧等作用。遗憾的是，许多教师对旁批及其作用的认识还不够充分。有的教师对旁批的设置理念和意图并不了解，使用时跟着感觉走；有的教师对教材中旁批的认识源于个人做批注或阅读文本批注的心得，带有个人经验的性质，不全适用；有的教师对旁批在教材中的作用有朦胧的理解，知其有用而不知有何用；有的教师不了解旁批的作用而感到旁批设计凌乱，缺乏系统性，从而直接忽略不去使用。尽管有些老师对旁批如何使用也努力地摸索学习，但面对内容不同，形式各异的旁批因对其作用不够明确导致在使用时还

---

[1] 王本华. 统编初中语文教材的阅读设计与教学实践 [J]. 语文建设，2018（6）：4-10.

是会有力不从心的感觉。由上可知，旁批的使用中出现的诸多不尽如人意的现象，主要还在于教师对旁批及其作用缺乏准确认识。

3. 教师对旁批缺乏有效的开发

"'自读'，顾名思义即是注重学生的自主阅读，但是'自主阅读'并不等同于学生的'自由阅读'，更不能沦落为简单的习题式阅读，它理应是在教师的指导下专业而高效的'自主阅读'"❶，自读课并非放任学生不管，教师的指导和参与关系到学习者自主阅读的效率。其中，学习者对旁批的有效使用更是需要教师的引导和参与。不过，教师对旁批的引导和参与要适度、适时，要考虑参与指导的时机和频次。这就要求教师对"统编本"教材中设置的旁批进行有效的开发和利用。现实中，有的教师对旁批的指导参与过度，对学习者的阅读能力缺乏充分信任，用自己的讲解代替学习者的阅读和思考，并且对教材中的旁批一个都不放过，逐一讲解。"统编本"教材编写者王本华认为："教材旁批中设计的问题，都是提示学生思考的，有些甚至没有唯一的答案，教师没有必要一一处理。"可见，不加开发地使用旁批的方式没有必要。过度参与指导的旁批使用方式剥夺学习者自主阅读、个性化阅读、独立阅读能力获得与提升的机会，是不可取的。有的教师引导旁批使用的时机不恰当，未能将引导时机建立在学习者自我阅读，充分思考，自我建构的基础上，而是用教师的主观判断来强行引导旁批的使用。看起来似乎对旁批进行了开发，但因忽视学习者的真正需求而使效果大打折扣。旁批不仅是自读课文中重要的助读要素，也是需要开发的、重要的课程资源。只有对旁批的有效开发才能使其作用真正得到发挥。

旁批使用不尽如人意背后的原因呈现复杂性和多样性的特点，教材中旁批的设置与编排不够合理，教师教学时间的紧张，学习者自主学习能力参差不齐等原因也依然困扰着一线教师，在此不一一阐述。

（三）使用建议

教材中的旁批是学习者从协助阅读到独立阅读过渡的桥梁，其不仅为学

---

❶ 周华艳. 自读课文教学分析及策略［J］. 语文建设，2019（11）：49-51.

习者自主阅读走向深广提供了良好的支架，而且通过丰富的内容、启发性的语言以及良好的示范对学习者进行了有针对性的引导。面对旁批的优势与价值，究竟怎样做才能使其有效发挥？这需要每位教师的不懈努力和不断探索。

1. 更新观念，准确认识旁批的作用

不断更新观念，适应教材发展，提高专业水平是一位教师应有的责任和义务。旁批是教材发展的产物，是"统编本"语文教材的特色之一，是自读课有别于教读课独特而新颖的创新标志。旁批的出现要求每一位教师进一步认识到"学生是学习的主人"这一理念的重要性，然后在语文教学中学会放手让学习者独立阅读、发现、思考探究及建构自己的阅读体系。观念是行动的先导。作为一名新时代的语文教师，如果不去更新观念，还没有明白学习是学习者主动建构意义的过程，还沉溺在"掰烂了，嚼碎了"的自我陶醉式的语文讲解中不能自拔，那么教材的任何变化都会被其自动屏蔽，即使随文而设的醒目的旁批也难例外。因此，每一位教师都应更新观念，主动了解旁批在教材中的地位和价值，准确认识旁批及其作用。这是恰当使用旁批的前提和基础。只有如此，教师才能在教学中引导学习者践行自主阅读，恰当使用旁批，适时为学习者释疑解难。

2. 研读旁批，展开与编者、文本的对话

旁批在教材中并不是孤立的存在，它与其他助读要素一起体现着课标理念，体现着教材编者的编辑意图。教师只有对旁批仔细研读，才能意识到课标理念在每一篇课文的旁批，甚至在每一条旁批中的体现；才能了解编者在文章重点处，文法关键处，内容精妙处设置内容不同、形式多样的旁批的意图；才能把握每一条旁批与课文的关系，从而把握每一条旁批对这篇课文教学目标实现的作用；也才能针对学情去整合、取舍、补充、引申、示范旁批，或放手让学习者运用。与教读课相比，自读课更能也更需要体现教师与文本对话，与编者对话，与学生对话，与自我对话的多重对话理念。教师则是多重对话理念得以实施的关键因素。研读旁批内容就是与编者、文本的对话过程，在此过程中，教师放手让学习者自主阅读，让学习者对文本产生自己的认识和体悟，了解学习者容易忽略文本的所在，理解文本的障碍与思维不能深入的关卡等,一方面是与学习者的对话,另一方面为有针对性地、合理地使用旁批奠定基础。

3. 关注生成,适时引导学习者使用旁批

教师在使用旁批进行自读课教学中,首先要尊重学习者阅读的独特感受、体验和理解。需要注意的是学习者自主阅读的过程不是学习者散漫、随意、放任阅读的过程,而是在教师的引导和参与下"半扶半放"的阅读过程。尽管教材在课文中随文设置了旁批,同时旁批可以更好地辅助学习者自主阅读,但学习者的阅读能力和认知水平毕竟有限,所以自主阅读过程中会有认识偏颇,思考不深,情感肤浅,理解不透等思维障碍和阅读问题生成。同时,学生对旁批及旁批的作用和设置意图不可能也不必要达到教师认识的高度和准确度。学生对旁批重要性的认识,形成使用旁批的意识,学会使用旁批的方法等依然需要教师的引导和示范。因此,在学习者的自主阅读过程中,教师要隐退"大师"的身份,而强化"教练"的身份,适时引导学习者使用旁批。

其次,要处理好教学预设与课堂生成之间的关系,尊重学习者的个体差异性和主观体验。面对统一的文本和文本旁的批注,不同的学习者对文本的自我阅读感受有很大的差异性,同时对旁批的关注和感受也有很大的差异性。因此,教师在让学习者独立阅读的前提下,应充分了解学习者对文本及旁批的掌握情况,了解学习者的独特感受和主观体验,了解学习者的困惑和问题,从而依据学情或有选择地使用,或整合使用,或延伸使用旁批,进行课堂设计,形成引导思路。当然,只有课前对学情的把握还是不够的,学习者读后课堂交流的过程也是思维碰撞的过程,同时是课堂生成的过程,也是体现学习者个体差异性和主观体验的过程。教师要能够关注课堂生成,尊重学习者的阅读体验,摒弃逐一讲解旁批和完全弃用旁批的极端做法,适时适度地灵活引导学习者学习和使用旁批。久而久之,教师即可有效开发和使用旁批,同时学习者也可在教师的引导和帮助下学会使用旁批的方法,形成使用旁批的习惯,提高自主阅读的能力。

(四)使用示例

旁批该如何使用才能发挥其最大的效用?"统编本"初中语文教材发行

以来，这个问题一直困惑着一线教师，也激发着一线教师不断尝试和探索的热情。目前可见，有些老师已经在旁批的有效使用的探索中取得了不小的成绩。下面是肖培东老师的《溜索》的课堂实录。

课文：溜索（九年级下册第二单元）　**作者**：阿城

课型：自读课　　**执教者**：肖培东

旁批：

1. 起笔突兀，一下子就把读者带入特定的情境之中。
2. 类似这样干净、洗练的语言，文中处处可见。仔细品味。
3. 这里直接写"索"，有什么作用？
4. 想象溜索的画面，体会"小"字的精妙。
5. 这里为什么细写牛的情状？
6. 想象文中情境，体会其惊险。
7. 第三次写鹰。

课堂实录❶：

师：同学们，与本单元前面的两篇小说《孔乙己》《变色龙》相比，《溜索》这篇小说的标题有什么不同？

生：前面两篇小说都以小说中的人物为题，而且人物都是小说的主人公。

生：鲁迅的小说《孔乙己》，孔乙己是小说中的人。契诃夫的小说《变色龙》，"变色龙"指的是警官奥楚蔑洛夫。而《溜索》的题目却是小说中的事件，不是人物。

师：单元导读告诉我们："小说往往通过塑造人物形象来展示社会生活。"那如果阿城的小说《溜索》也以文中人物来命题，你觉得应该找谁呢？（学生思考）

生：这篇小说的题目可以叫"首领"。

生：应该叫"马帮的首领"。（很多同学都认同这个答案）

师：为什么可以选用"马帮的首领"或"溜索的首领"呢？你能借助文

---

❶ 肖培东. 善用旁批巧"溜索"——《溜索》自读课教学思考［J］. 语文建设，2019（11）：28-32.

中的语段来说明吗？

生：因为这个首领"稳稳坐在马上，笑一笑"，他在怒江天险前从容不迫，胸有成竹。

生：首领"缓缓移下马……举手敲一敲那索……瞟一眼汉子们"，我觉得他认真负责，关爱部下。

生：他最后一个过江，很有英雄气概，像个首领，很豪迈。

师：那我们就把这篇小说的题目改成《马帮的首领》，可以吗？

生：老师，我觉得不可以。因为小说中的首领并不是小说的主人公，他只是马帮的领导而已。小说写的并不是他的故事、他的经历。

师：有道理，那我们该选用哪个人物做标题呢？（学生思考，讨论出了"瘦小汉子"，还有文中的"我"，然后都否决了）

生：老师，我觉得文中每一个单独的人物都不适合做这篇小说的标题。小说写的是一群过河的马帮汉子溜索的经历，不是写某一个具体人的。

师：所以，这篇小说和前面的小说有一个不同点，它没有核心人物，我们找不到类似"孔乙己"或者"变色龙"这样的主人公。除此之外，你还会发现这篇小说哪些地方不同于其他的小说呢？（学生思考）

（师提示：可以从小说的情节去思考）

生：我读过的很多小说情节都是跌宕起伏、很紧张的，这篇小说感觉平平常常。

师：确实，小说写马帮汉子溜索，情节平淡。溜索过江，没有其他小说那样尖锐的矛盾冲突。那这样一篇小说，我们究竟要学习什么呢？请大家结合旁批细细阅读这篇小说。

（学生自读）

师：读完这篇小说，再看看书中给出的七个旁批，好好想一想，如果纯粹是你自己阅读，也没有任何批注，你可能会漏掉小说当中哪个批注提示的内容？（学生思考）

生：我可能会漏掉第七个旁批"第三次写鹰"。自己读小说，可能就不会关注小说中三次写鹰的细节。

师：读读三次写鹰的句子，想想作者为什么要安排三次写鹰。（学生读）

生：写鹰飞的姿势和细节，表现出环境的险恶，把悬崖峭壁的险衬托了出来。

生：写鹰还能衬托出马帮汉子，他们也像鹰一样勇敢和矫健。

生：鹰特别勇敢，有一种无畏的精神，是这些溜索人的化身。

师：所以，小说中的物象设置是很讲究的，鹰与马帮汉子，人与物与环境高度契合。

生：我可能会漏掉"牛"的情状。第五个旁批问"为什么细写牛的情状"，让我注意到小说中的牛。

师：大家也看看小说对牛的细写。（读相关语句）

生：这些牛给人印象很深。尤其溜索的时候，"牛嘴咧开，叫不出声，皮肉抖得模糊一层，屎尿尽数撒泄"，还有"哀哀地叫着"，牛在险恶环境面前很畏惧。

生：自己读的时候，往往喜欢奔着人去读，对文章中的牛马等都不注意。其实写牛的懦弱和哀叫，反衬出了溜索汉子的勇敢坚定和身手敏捷。

生：文中的牛与人作对比，写出了环境的无比凶险，也写出了人的无比勇敢和有野性。

师：所以在小说中，客观的物象会带有一定的隐喻色彩。我们读小说的时候，要注意到作者有意设置的物象。鹰的勇敢敏捷，牛的退缩畏惧，其实都在写这险恶万分的怒江大峡谷，写这群了不起的有本领的英雄汉子。还有吗？

生：第四个旁批让我们"想象溜索的场面"，体会"小"字的精妙。这一点我自己读应该会遗漏。

…………

师：旁批是新教材的有机组成部分，自读课文，我们要好好地使用文中的旁批来帮助我们阅读。那同学们再想想，文章七个旁批中，你觉得最能凸显小说个性的是哪个呢？（学生思考）

生：我觉得是第一个旁批："起笔突兀，一下子就把读者带入特定的情境之中。"这个旁批，写出了这篇小说的特点，也就是很注意对环境展开描写，尤其是文章的第一句"不信这声音就是怒江"，从声音就写出了怒江的气势，也写出了马帮汉子的豪迈。

师：确实，开篇第一句特别有气势，一下子就把读者带到了怒江大峡谷。其他同学的意见呢？

生：我觉得文章的开头确实有特点，对特定情境的描写也非常出彩，可是其他小说也可以有这样的开头，这样的情境描写。我觉得还是第二个批注——"类似这样干净、洗练的语言，文中处处可见。仔细品味"，更能显示这篇文章的特点。

生：我也同意这位同学的意见。这篇小说最大的特点，我个人也觉得是语言。它与其他小说的语言风格真不一样。（很多同学也支持第二个旁批）

师：大家都关注到了这篇小说干净、洗练的语言风格，也有同学关注到小说精彩的开头。其实你们说的是可以统一起来的。我们就自读一下文章开头的几个段落，体会一下文章别具一格的语言风格。（学生自读）

师：以前几段为例，谈谈你们对哪些语句和词语印象深刻，阿城干净、洗练的语言是如何表现出来的？

生：第一段里的第一句话"不信这声音就是怒江"就很有味道。"这声音"，"这"字写出了怒江的声音与众不同，开篇短短一句，很有气势。这个"不信"更是侧面烘托出马帮汉子的勇敢豪迈，很有英雄气概。

生：首领用腿"磕"一下马，这个"磕"字用得好。

师：作者用"磕"不用"抽"或"打"，这是为什么？

生："磕"的动作很轻，不是那种很重的动作，表现出了他对马的疼爱，也写出了马与人的默契。

师：一个动词就把人与马的情感写出来了，可谓传神精妙。

生：写一只大鹰"扎"进山那侧的"声音"里。这个"扎"，这个"声音"，写出了大峡谷的环境凶险，也让我们看到了大鹰的勇敢和急速迅猛。

生：比喻也很有个性。"马帮如极稠的粥，慢慢流向那个山口"，这个比喻一般人想不出来。

师：你见过"极稠的粥"吗？（学生点头）用这个说法来写他们缓慢行进，真的很别致。

生：还有"山不高，口极狭，仅容得下一个半牛过去"这段。

师：大家觉得这类句子在什么文章中会看得到？

生：文言文。

师：对的，阿城的小说多用短句，少用辞藻，在白话的表达中吸收了古代汉语的特点，简洁又有表现力，别具韵味。

生：写首领汉子"稳稳坐在马上，笑一笑"，三言两语就写出了人物的豪迈和胸有成竹。

师：这是对人物的白描，笔墨不多，韵味丰富。文章中对首领的语言描写有一处很精彩，你们读读。

（学生读"首领哑声说道"，读"余下的汉子们漫声应道"，从简洁的对白中感受人物之间的默契与人物的豪迈个性）

师：如此读读，你就会感觉到阿城这篇小说的语言特色。你还能从文章其他地方读出这样的语言来吗？

（学生自读，多加感悟）

师：确实，这篇小说语言简洁凝练，选词炼字颇为考究，往往寥寥几笔，形神毕现。阿城小说的语言，可谓说得（　）？（填一个字）

生：说得精！

生：说得巧！

生：说得准！

生：说得少！

师：你们说得都对！有人评价阿城小说的语言特色是"说得少，说得淡，说得轻"。读这篇小说，要注意品味语言特色。当然，"说得少，说得淡，说得轻"，并不意味着小说缺失内涵与深度。这次怒江溜索的经历，除了表现人与自然的搏斗、挑战自然与征服自然的信心和勇气，你还可以悟出什么？

生：从马帮汉子团队溜索的场景中，我读出了团结协作、相互信任、关心爱护的重要性。

· 47 ·

生：从"我"溜索的过程中，我读出了人要在艰苦磨炼中成长。

生：我觉得我们要像雄鹰飞翔，像骏马奔驰，而不是像牛那样软弱畏缩。

生：要积极乐观，敢于挑战。

生：一个好领导的重要性。

生：写出了西南少数民族的民俗与性格。

……

"统编本"教材中，旁批是基于自读课文而设计的，可以对学生进行随文指导和阅读点拨提示，是学生阅读强有力的自学辅助系统。"统编本"教材自读课文设置的旁批，往往关联着文章关键部分的阅读指向、文章语言风格的导向、文章主旨内涵的深度引向，还注意到了文章阅读方法的指引，教师可以根据学情引导、辅助学生进行自主学习。学生在自读课文的过程中，可以利用旁批明确阅读方向和阅读方法，在潜移默化的影响下更好地理解文章内容，养成良好的自读习惯。《溜索》这篇文章，编者提供了七个旁批，分别指向文章起笔、语言特点、索的直接描写、瘦小汉子溜索场景、牛、"我"以及鹰。这些旁批，既包括对所批材料内容的提炼，又包括阅读者自身的真切感悟，善加利用，会对学生自读小说起到很大的作用。但是七处旁批，短短一节课，教师不可能也没必要依据旁批进行全部的训练，而阅读教学又要重视学生在阅读过程中的主体地位，重视学生在阅读过程中的独特感受和体验，所以对旁批的合理使用要体现出自读课教学的艺术。在学生充分自主阅读课文的基础上，引导学生利用旁批进行独立思考、理解、想象和赏析、感悟阅读方法，再结合旁批去反思自己原先的阅读习惯，而教师则可以根据学生的不同学情给予适当的肯定、帮助、引导、交流。这样，学生就能逐步掌握读书要领，并在对比和体验中形成阅读能力，同时对《溜索》这篇小说的内容和写作风格也有较深的体悟与理解。

第四节　补白：语文知识的补给站

初中每个单元都有一两块"补白"，努力联系课文和教学实际，用比较浅易和生动的语言来介绍语法修辞等语文知识❶。

——温儒敏

"补白"是"统编本"语文教材助读系统中数量有限，篇幅短小，位置不显眼，设置规律较弱但同样重要的一种助读要素。数量有限是相较于预习、旁批等助读要素而言，排布的位置、出现的频率和规律更是不能与单元导读、预习、注释等助读要素相比。然而，这些并不能削减"补白"便教利学的价值，更无法影响"补白"不容小觑的助读功能。"补白"丰富教材内容的同时，也提供了更加系统的语文知识体系，为教师确定语文知识的教学内容提供了帮助，为学习者积累语文知识提供了资源，也为学习者深入理解文本提供了知识支架。

在"统编本"教材中重视语文核心素养的落实和体现，而语文核心素养的形成少不了语文知识作为基础和支撑。语文知识在教材中多集中体现在"补白"部分。温儒敏认为"补白"是"统编本"语文教材体现知识体系和能力点的五个"渠道"之一，在使用"补白"时要注意其体现的语文知识体系，并落实到具体的教学中。那么，"补白"中涉及哪些语文知识，以及在教学中又该如何落实"补白"中呈现的语文知识呢？

一、"补白"是什么

（一）"补白"的概念

"补白"一词古已有之，"宋版书以白纸印成，或因蠹败而修补者，谓之'补白本'"，可见这里的"补白"即为修补破损的书页或缺损的文字的意思。《现代汉语词典》中将"补白"解释为："①名词，报刊上填补空白的短文；②动词，补充说明：此事还有一点尚未谈及，想借贵报一角补白几句。"❷ 这两种解释多用于报刊的编辑。《中国现代编辑学辞典》认为"补

---

❶ 温儒敏. "部编本"语文教材的编写理念、特色与使用建议［J］. 课程·教材·教法，2016，36（11）：3-11.
❷ 中国社会科学院语言研究所词典编辑室. 现代汉语词典［M］. 7版. 北京：商务印书馆，2017.

白""指在刊物空出的版面上,排印短小的文章。这种文章由于是旨在补空,所以一般只有几百字,或介绍一种知识,或介绍一个典故,或谈一段趣闻,或发表一点议论。补白文字一般是待刊物的清样打出后,视空白页的大小和多少,以决定补排几段文字"。❶ 这一解释针对编辑领域而言,与《现代汉语词典》第一条解释相比使用领域和途径实质上是相同的,只是解释的更为详细。不管是对书的修补,还是在报刊空白处填补短小的文章,"补白"都与文字息息相关。"补白"一词还用于艺术领域,比如文学艺术、绘画艺术、影视艺术、戏剧艺术、音乐艺术等都会涉及"补白"。在艺术领域中,"补白"就意味着调动读者或者观众的生活经验,通过调动联想和想象以填补艺术作品中的空白。

"补白"进入教学领域以来,语文教学中使用和研究者较多,英语、历史、品德、物理、音乐等非语文学科的研究相对较少。从目前文献可见,"补白"教学的相关研究仍多集中在一线教师经验的总结。尽管学科科目不同,但使用"补白"的目的却是一致的,就是通过"补白"的使用调动学习者的学习主动性和积极性,以提高教学和学习效率。在语文教学中,"补白"通常被用来帮助学习者加深对文本的理解。由于生活阅历、文化素养、学识修养、人生经验等多方面的差异,作者企图透过文字表达的思想、情感、审美、价值观等,往往很难被读者充分且准确地捕捉与领悟,由此造成读者在阅读文本时出现了认知与理解上的"空白"。❷ 文本本身所具有的空白和作者与读者认知间的差距,都会对读者去深入理解作品产生障碍。教师教学中在学习者情感空白处、理解困惑处、背景知识缺失处等使用"补白",可以拉近作者与读者的距离,为读者与作者产生思想共鸣和情感共情而搭建桥梁。因此,从语文教学角度理解,"补白"是一种教学手段,指在阅读教学的过程中,语文教师利用文本的空白点或生发点,依据学习者的认知水平,适时适度调动学习者的生活经验,提供相应的背景知识,展示他人的认识成果,示范可行的阅读方法等,意在填补学习者的情感空白、知识空白、方法

---

❶ 孙树松,林人. 中国现代编辑学辞典[M]. 哈尔滨:黑龙江人民出版社,1991.
❷ 刘冰. 聚焦语段教学探索"补白"策略[J]. 教学与管理,2013(29):42-44.

空白以及思想空白等,为学习者理解文本提供帮助。

教材中的"补白"也有填补空白之意,形式上与报刊中的"补白"一样,用短文来填补页面空白。但本质上有很大的区别。报刊中的"补白"内容独立,目的单一,只为填补页面空白,与页面中的其他文字没有必然的联系。教材中的"补白"是教材不可或缺的重要板块,与教材文本及其他助读系统有着千丝万缕的联系,所占篇幅不大但作用不小,且对教师的教和学习者的学有着提示、引导和拓展的功能。

综上所述,"统编本"语文教材中的"补白"是指补充在部分课文末尾"读读写写"之后空白处,能够随文学习,体现知识体系的知识小短文,其形式简单,内容丰富,与课文联系紧密。"补白"作为语文知识的储备库,尚需教师的引导才能发挥其应有作用,才能为学习者语文素养的提升助力。

(二)"补白"的分布

"统编本"语文教材所留页面空白及空白大小的无规则性和"补白"本身所具有的填补页面空白的功能,形成了下表中"补白"现有的分布状态。

由表1-3可见,尽管不是每篇课文后都有"补白",但"补白"总量还是可观的。在初中语文六册教材的143篇课文中,有57篇课文文末有"补白",即40%的课文文末设置了"补白"。七年级上册和下册均有13处"补白",上册课文总数22篇,下册课文总数24篇,文末设置"补白"的课文分别占到本册课文总数的59%和54%,即一半以上的课文文末都设置了"补白"。八上共有课文25篇,文末设置"补白"的课文12篇,占本册课文总数的48%,数量有所下降。八下共有课文24篇,文末设置"补白"的课文7篇,占本册课文总数的29%。九上共有课文24篇,文末设置"补白"的课文8篇,占本册课文总数的33%。九下共有课文24篇,文末设置"补白"的课文4篇,占本册课文总数的17%。总体来看,"补白"的设置随着年级的升高呈下降趋势,这恰恰巧说明了语文知识的基础性和重要性,以及随着学习者自主学习能力的不断提升作为助读要素的"补白""由扶到放"的助读功能的体现。同时,也需从表中看到随着"补白"数量的减少,部分"补白"的难度也在增加。

表1-3 "补白"分布情况统计表

册数	一单元	二单元	三单元	四单元	五单元	六单元
七上	1.《春》：比喻 2.《济南的冬天》：比拟 *3.《雨的四季》：名词	6.《散步》：词意和语境 8.《世说新语》二则：古代常见的敬辞和谦辞	*10.《再塑生命的人》：动词 11.《〈论语〉十二章》：同义词	12.《纪念白求恩》：词语的感情色彩 *14.《走一步，再走一步》：形容词 15.《诫子书》：反义词	16.《猫》：数词和量词 18.《狼》：狼子野心	20.《天上的街市》：代词
总计 (13处)	3	2	2	3	2	1
七下	1.《邓稼先》：副词 *3.《回忆鲁迅先生》：介词	6.《最后一课》：连词 *7.《土地的誓言》：排比	9.《阿长与〈山海经〉》：长妈妈其人 *11.《台阶》：叹词和拟声词	13.《叶圣陶先生二三事》：助词（一） 14.《驿路梨花》：助词（二）	17.《紫藤萝瀑布》：并列短语 *19.《外国诗两首》：偏正短语 20.《古代诗歌五首》：主谓短语	21.《伟大的悲剧》：动宾短语 23.《带上她的眼睛》：补充短语
总计 (13处)	2	2	2	2	3	2
八上	※1.《飞天凌空》：什么是新闻特写	6.《藤野先生》：许寿裳谈鲁迅"弃医从文" 7.《回忆我的母亲》：朱德回忆母亲的形象 *8.《列夫·托尔斯泰》：夸张	13.《唐诗五首》：关于律诗	14.《背影》：朱自清父亲读《背影》 15.《白杨礼赞》：题白杨图 *16.《散文两篇》：句子的成分 *17.《昆明的雨》：句子的主干	18.《中国石拱桥》：句子的语气（一） *21.《梦回繁华》：句子的语气（二）	*24.《周亚夫军细柳》：历代名家评《史记》
总计 (12处)	1	3	1	4	2	1

续表

册数	一单元	二单元	三单元	四单元	五单元	六单元
八下	2.《回延安》：语序要合理	5.《大自然的语言》：句子结构要完整 6.《阿西莫夫短文两篇》：句式不要杂糅	12.《〈诗经〉二首》：《诗经》简介		17.《壶口瀑布》：句子成分搭配要恰当	22.《〈礼记〉二则》：《礼记·檀弓》故事二则 24.《唐诗三首》：新乐府序
总计（7处）	1	2	1	0	1	2
九上（8处）	※4.《你是人间的四月天》：单句和复句 5.《我看》：递进复句·承接复句	6.《敬业与乐业》：并列复句·选择复句 7.《就英法联军远征中国致巴特勒上尉的信》：转折复句·因果复句	13.《诗词三首》：林庚《唐诗综论》节选、王水照《苏轼研究》节选	*16.《孤独之旅》：假设复句·条件复句		21.《智取生辰纲》：《水浒传》中有关杨志的回目 *24.《刘姥姥进大观园》：恰当使用关联词语
总计（8处）	2	2	1	1	0	2
九下（4处）	1.《祖国啊，我亲爱的祖国》：谢冕《通过想象理解诗》节选	6.《变色龙》：习近平《坚持实事求是的思想路线——在中央党校2012年春季学期第二批入学学员开学典礼上的讲话》节选	9.《鱼我所欲也》：夏丏尊《关于国文的学习》节选		17.《屈原》：《屈原》剧情梗概	
总计（4处）	1	1	1	0	1	0

注 *自读课文；※活动·探究单元课文。

总体来看，"统编本"教材"补白"有梯度，有广度的呈现方式和丰富多样的内容避免了知识因过于强调系统性而产生的沉闷、生涩和冷峻等与学习者认知不相适应的问题，符合从单一走向综合的认知规律，有助于学习者保持学习的积极性从而提高学习效率。

二、补白有什么用

"补白"是语文知识在教材中的显性体现,是教与学双方有效落实语文知识的引路人。实施新课标以来,为改变语文教学"题海战术和反复操练的问题,因此特别强调语法修辞和语文知识讲授不要体系化,要'随文学习'"。"教材受这种观念支配,也就都采用以人文性为中心的主题单元建构"。语文教材和教学中人文性增强了,"但又出现另一趋向,就是语文的知识体系被弱化,甚至被拆解了,使教材在知识体系的建构上,不敢理直气壮地讲语文知识,不敢放手设置基本能力的训练,知识点和能力训练点不突出,也不成系列。结果教学梯度被打乱,必要的语文知识学习和能力训练得不到落实"❶。因此,温儒敏先生明确提出:"中小学语文的知识教学不要过分追求体系化,不能满足于让学生去反复操练,但也要有教学的知识体系,要有训练,有'干货'。"为解决现实中语文教师对语文知识教学的困惑,改变语文教师"畏手畏脚"教语文知识的现状,引导语文教师有效落实语文知识,"统编本"语文教材这次编写时就注重了将语文知识渗透在各个助读板块当中,其中"补白"是师生获得知识的最重要、也最直接的板块,其呈现的语文知识最丰富、最有体系。那么,在课改背景下,"统编本"教材中的"补白"又起着怎样的作用呢?

(一) 增加知识积累,建构知识体系

知识获取的过程是学习者主动积累和建构的过程。学习者积累的尽管只是知识本身,但建构却需要对知识加以记忆、理解、同化或顺应。可以说,知识的积累是知识建构的基础,知识的建构是对所积累知识的内化,而知识体系是知识建构的成果。语文课程的特殊性决定了它所包含知识的宽泛与繁多,也决定了其知识建构的难度较其他学科更高。因此,看似简单的语文知识的点滴积累却决定着语文知识体系建构的层次与高度。在庞大的语文知识体系中,以及在已有一定知识积累的基础上,学生究竟需要积累哪些知

---

❶ 温儒敏."部编本"语文教材的编写理念、特色与使用建议[J]. 课程·教材·教法,2016, 36 (11): 3-11.

识来不断充实和建构知识体系呢?"统编本"语文教材中的"补白"通过多样的形式和丰富的内容落实了知识点,提供了知识积累和构建的素材,为学习者知识的积累和建构做了引导和示范。依据上文梳理的"补白"内容和分类可知,"补白"不仅循序渐进地提供了系统的语言知识供学习者积累,还提供了或有趣、或生动、或新鲜、或感人的文学知识,甚至还提供了具有总结和归纳意义的文体知识以及有深度的文学评论和鉴赏知识供学习者积累。需要关注的是"统编本"教材中的"补白"不是对知识的简单、教条、生硬的呈现,而是渗透着对学习者的引导和示范,润物无声地帮助学习者对"补白"中知识进行建构。例如,八年级上册《列夫·托尔斯泰》课后的"补白":

夸张

你听说过这样的话吧?

(1) 你看她,尾巴都翘到天上去了。

(2) 老虎一声大吼,震得群山都在发抖。

真的会这样吗? 肯定不会。这是故意言过其实,对人或事做扩大、缩小或超前的描述,以强调或突出某一方面的特点,这种修辞手法我们称为夸张。

夸张在文学作品尤其是诗歌中很常见,如李白的诗句"黄河之水天上来""白发三千丈""蜀道之难,难于上青天"等。有些成语其实也带有夸张的手法,如"惊天动地""气吞山河""千钧一发"等。

夸张可以是扩大的夸张,也就是把人或物故意往大、多、快、长、强等方面说,使它超出事物本身。例如:

(1) 托尔斯泰这对眼睛里有一百只眼珠。(茨威格《列夫·托尔斯泰》)

(2) 他每一天每一点钟都要换一套衣服。人们提到他,总是说:"皇上在更衣室里。"(安徒生《皇帝的新装》)

夸张也可以是缩小的夸张,就是把人或事物故意往小、少、慢、短、弱等方面说。例如:

一个浑身黑色的人,站在老栓面前,眼光正像两把刀,刺得老栓缩小了一半。(鲁迅《药》)

夸张还可以是超前夸张,就是把后出现的事物说成先出现的,或者是同时出现的。例如：

  他酒没沾唇，心早就热了。（郑直《激战无名川》）

  "补白"中关于"夸张"这一知识的呈现是很有特点的。语言知识的学习原本给大家的印象是枯燥、无趣的，以往一些教材中的"补白"中知识的呈现也比较直接，而"统编本"教材在呈现知识的时候设置了话语语境，以一个无声的叙述者的身份引导学习者逐步理解这个知识点并建构自己的知识体系。夸张是小学就接触的一种修辞手法，但学习者对夸张的认知相对模糊。学习者在小学阶段学会辨别什么是夸张，但对夸张这一修辞手法不一定能够有准确清晰的认知。学习者普遍对"扩大的夸张"感到熟悉并能加以运用，但对"缩小的夸张和超前的夸张"了解有限。因此，通过对话的方式将学习者引入语境，并在学习者已有的知识积累基础上结合具体示例，逐层介绍新的知识，使学习者在原有的认知基础上，逐步扩展自己的知识结构，建构自己的知识体系。

  （二）提供学习支架，拓展深化阅读

  学习支架源于维果茨基的社会文化学说中的"脚手架"。具体在学习中，学习支架就是学习者在学习新的或难度高的任务时，为了他们能够顺利完成学习任务而协同的帮助性材料。语文学习有别于其他课程的学习。语言的形式背后还蕴藏着更为丰富的、内隐的、潜在的内容。在具体的语文学习实践中，学习者除对文本进行字面意义上的理解和使用外，还更多涉及文本内在意义的理解以及创造性的加工和使用。而在深入挖掘文本内在的意义时，学习者又往往表现出认知结构与新的学习内容难以匹配的现状。有鉴于此，能够为学习者提供学习支架，即提供新旧知识间联系和引发深入思考的材料就显得非常重要。作为课文内容的相应补充，恰能为学习者提供建立新旧知识联系和引发深入思考的材料。"补白"一方面能够引发学习者的深入思考，加深对文本的理解，实现对学习内容深度的延伸；另一方面有助于激发学习者的自主阅读兴趣，从而拓展学习者的阅读层面。

  例如，七年级上册《散步》一文后的"补白"：

第一章 助读系统的新视点

词义和语境

语言中的每一个词都有一定的意义。有的词只有一个意义，称为单义词，如"鱼塘""桑树""公里""地球""三轮车"等。汉语中很多的词有两个以上的意义，称为多义词。例如"包袱"，原指"用布包起来的包儿"，后来引申指"某种负担"，如"思想包袱"。这个义项是通过比喻产生的，又称为"比喻义"。

在实际语言运用中，词总是出现在一定的上下文中，我们称其为语境。语境对于词的意义起限制作用，阅读时要根据上下文确定多义词在文中的具体意义。例如：

我的母亲虽然高大，然而很瘦，自然不算重……（莫怀戚《散步》）

"自然"是个多义词，有不止一个义项，在这句话中，用的是"理所当然"的义项。

需要注意的是，语境有时候会赋予一个词以临时的意义。例如：

夏天的雨也有夏天的性格，热烈而又粗犷。（刘湛秋《雨的四季》）

"热烈"常用于形容人的情绪或环境气氛，指"情绪高昂""兴奋激动"，在这个语境中则带上了"强烈""热情四溢"的意味。

"词义和语境"的"补白"不仅将二者的理论关系通过浅显易懂的例子表达了出来，还告诉学习者语境对词义有限制更有创造，从而让学习者认识到语境对准确理解词语的重要性和常规性。尤其是"补白"中的两个示例都来自课文原句，有利于学习者将这一知识渗透在日常学习中。如果教师在教学中能够结合上一单元所学的关于"比喻"和"比拟"的"补白"来理解语境中词义的准确意义，则对于学习者迅速提炼文字信息，深入理解文本思想和把握作者情绪情感会有更好的帮助。

当然，"补白"类型的多样和内容的丰富，除能提供深入阅读的支架外，文学常识类"补白"和文体知识类"补白"还扩展了学习者的阅读广度。"补白"中有许多与课文相得益彰的文学材料，新颖而有趣。它们不仅是教学内容的有益补充，能够引发学习者的思考，还能激发学习者的阅读兴趣，引导学习者进行课外延伸阅读，从而为更好地理解课文提供助力。

· 57 ·

（三）随文配合教学，落实一课一得

"统编本"教材中的"补白"作为助读系统中的重要组成部分，与课文联系紧密，不仅能够为学习者提供学习支架，还有助于教师把握重难点，是实现教学目标的依据。然而，教学中许多教师往往会忽视"补白"的存在。"补白"不被师生重视的原因有以下两个方面，一方面源于以往教材中的"补白"涉及的知识点较多，内容较为复杂，语言严肃刻板，许多教师将其作为额外的负担，认为耗时耗力还效果不佳；另一方面，"补白"存在的意义不明确，教师对淡化语法知识的观点有误解。而"统编本"语文教材中的"补白"用简洁的形式，亲切的语言，浅近的内容，熟悉的示例，以符合学习者身心发展规律的排列，能够实现随文配合教学并发挥提供课文学习方向和重点的作用。

例如，七年级上册《再塑生命的人》课文后的关于"动词"的"补白"示例。"补白"通过调动学习者的生活经验，用"润物细无声"的方式点明动词的作用，即动词可以表示动作行为、心理活动和事物的发展变化，并通过课本中学习者熟悉的句子作为示例提醒学习者注意特殊动词在具体语句中的运用。之所以将"动词"放在七年级上册早早呈现，是因为在词汇的海洋中，动词是最富有表现力的；在句子构成中，动词是主要成分，几乎所有的句子都离不开它。况且，动词在各类文章中所起的作用更是不容小觑。它不仅能帮助刻画出生动形象的人物、灵动逼真的事物，令人如临其境的场景，还能增加浓郁的生活气息，表达作者丰富的情感，深化作品的主题等。因此，认识动词并引导学习者在阅读中体会动词的表达效果是阅读教学基础，也是阅读学习的基础。《再塑生命的人》是一篇自读课文，也是一篇自传。海伦·凯勒用优美细腻的文笔叙述了她与莎莉文老师之间的故事，表达了对莎莉文老师的感恩、爱戴与崇敬。学习者作为体格健全的人想要把握海伦强烈而丰富的情感是有一定难度的，想要真正体会"再塑"的意义也是有难度的。作者在这篇文章中运用了很多动词来表达自己的内心世界和丰富细腻的情感。因此，教师引导学习者把握动词并体会其表达效果就成为突破难点的关键，同时可将其作为教学目标之一。教师通过引导学习者默读课文并

圈点勾画出动词，梳理出海伦的心路历程，为体会海伦内心从幽闭黑暗走向多彩光明铺路搭桥。例如，"当我最后能正确地拼写这个词时，我自豪极了，高兴得脸都涨红了，立即跑下楼去，找到母亲，拼写给她看。"这些动词展现了海伦第一次"拼写"出单词时的激动和兴奋，她为此感到"自豪"，她想把这样无以言表的幸福找到最亲近的人来分享，于是一个盲童是用"跑"的方式"下"楼的，这种不可遏制的喜悦感和自豪感已经让她全然不去顾及危险和障碍了。只有很好地体会这些动词，才能走进作者的内心世界，才能去真正感受作者内心无法抑制的成就感和丰富的情感。可见，"统编本"教材中的"补白"不再是可有可无的存在，它与其他助读要素一样随文参与教学，助力教学内容的确定以及重难点的确立和突破。

温儒敏教授在谈到"统编本"教材的"七个创新点"时提出"按照'课标'的学段目标要求来细化那些知识的掌握与能力的训练，落实到各个单元。有些必要的语法修辞知识，则配合课文教学，以补白形式出现。努力做到'一课一得'"❶。"补白"是落实知识点的载体，它与单元导语、预习、思考探究、积累拓展等助读要素一起配合课文教学实现"一课一得"，达成教学目标。"补白"中的知识点少而精，且与课文关联性强。但在教学中"补白"知识不求面面俱到，只求扎实到位真正落实"一课一得"。需要注意的是，"补白"独立但不孤立，它与其他教材助读系统中的要素共同承载着整本书的知识体系，且每一个"补白"还将指导教师并引导学习者在语文教学实践中建构知识体系。

三、补白怎么用

作为"统编本"教材的有机组成部分，"补白"自身价值及功能的有效发挥还有赖于教学中对其恰当的使用。事实上，"补白"在"统编本"教材中所处的位置并不显眼，可谓边缘，再加上短小浅近的内容和空间分布的不规律，极易被师生所轻视。因此，了解"补白"的使用现状，发现问题存在

---

❶ 温儒敏. "部编本"语文教材的编写理念、特色与使用建议［J］. 课程·教材·教法，2016，36（11）：3-11.

的根源并探寻"补白"使用的策略就显得尤为重要。那么,在一线教学中,教师们是如何认识"补白"的,又是如何使用"补白"的呢?怎样使用"补白"才能发挥其作用呢?

(一) 现状展示

在查阅文献资料和走访调查一线教师的基础上,"补白"教学之用中呈现出了以下一些较为突出的现象。

1. 使用困惑多,使用频率低

"补白"的存在既带来了可供利用的资源,也带来了许多实际使用的困惑。有少数教师视"补白"为无物,也不熟悉其内容,更谈不上了解其作用,教学中自然也不会去使用。有些教师在"补白"价值上存在困惑,认为"补白"的存在必要性不大,即使没有"补白",有些内容教师也会为学习者进行补充拓展,自由还不受教材的限制,因此,在教学中从不使用"补白"。有些教师认为"补白"和教材的关系也不怎么密切,价值不大,没有可结合教学的好办法,在教学中也往往弃用"补白"。有些教师认为"补白"这么多,未必都有用,但会基于自身经验和能力选择性地进行关注和使用。有些教师能够认识到"补白"有必要也很重要,但因其内容庞杂,使用时感到无从下手,不知该如何使用"补白"。有些老师认为"补白"提供的知识和材料都很好,对学习者的帮助也会很大,但"补白"不像其他元素如单元导语、预习、思考探究和积累拓展好融入教学。有些教师能够将文学类知识较好地融入教学,其他"补白"内容尚缺乏好的方法,不知道该怎样去使用。有些老师认为"语法知识"能够成体系,不至于"散沙一盘",还可使用。还有些老师在教学中也尝试着使用过,感觉学生兴趣不大,教学效果一般,使用次数有限。只有较少数的老师认为"补白"在教学中能发挥很好的作用,愿意将"补白"作为自己的备课资源,而且教学使用效果良好。综合来看,教师在具体教学中还存在种种困惑,例如使用"补白"的意愿较低,表现为多数老师对"补白"不关注,不重视,备课不用,上课不讲,导致"补白"使用的频率并不高。然而,教师对"补白"的关注和使用,又直接影响着学习者对"补白"的关注和使用。

2. 推荐阅读多，引导学习少

有些一线教师能够意识到"补白"也是教材组成的一部分，且设置的很多知识肯定有它独特的作用。但是他们又认为"补白"看起来浅显易懂，除了九年级涉及的句法有一些难度，其余年级的"补白"学生应该都能看懂的。有些老师认为文化常识和文体知识对学习者而言没有阅读的障碍，看看知道一些就可以了；初中涉及的四个修辞比喻、比拟、夸张、排比常用且简单，教材中说的也很清楚，且示例来自生活和课文，学习者完全可以自己阅读；至于语法知识，课标要求要淡化，在初中也不需要过多学习，考试也不会单独考，即使日常考试有内容也会很简单，因此不需要课堂上花时间去讲，有时间有机会稍带说说即可。有一些老师认为，"补白"是帮助学习者拓展阅读和深化理解的，是教材为解决学习者学习程度不一而采用的一种方式，学有余力的学习者可以自行阅读。有些老师认为，既然是"补白"，就可以理解为教学时间宽裕的时候可以适当补充一下"补白"知识，如果没时间的话就让学习者自己看看也可以的，需根据教学情况灵活处理。还有一些教师会选择性地讲解一些"补白"知识，认为学习者不好理解的较为抽象的语法知识可适当引导学习，其他内容让学习者自己看看即可。也有少数老师能够根据语文教学的需要采用推荐阅读和随文讲解的方式使用"补白"，让学习者在语境中体会知识的作用。由上可知，教师对"补白"的处理方式还是较为随意的，只让学习者阅读，却不做任何引导、引申、拓展的现象比比皆是。教师对"补白"的认识不同，处理方式也各有差异。总体来看，教师更倾向于推荐"补白"让学习者自行阅读，教师的主导性缺乏有效发挥，在引导"补白"的学习方面做得还远远不够。

3. 单独教学多，融合运用少

在使用"补白"的教师中，不少教师将"补白"看作和写作、综合性学习、名著导读、课外古诗词诵读一样的、独立的、成体系的教材板块，只不过"补白"是在形式和篇幅上无法与以上板块相提并论的特殊存在。他们认为"补白"作为教材的一部分，为教与学提供了丰富的知识，本身是有进行教学的价值和需要的。因此，这些教师对"补白"给予了足够的关注和重视，有的老师不仅会讲解"补白",而且会找机会对学习者的学习情况进行测试。教师对"补白"重要性的认识值得肯定,但需要注意的是,不少教师在使用"补白"时,普遍采用的教学方式是单独讲解或单独补充介绍,而缺乏将"补白"有效融入教学的意识和策略。有些教师会在课文讲解完成后,才将文后"补白"作为单独的教学内容进行讲解或围绕"补白"内容适当拓展。有的老师会把课后的文学常识类"补白"当作背景来使用,但未能结合文本进行深入探究,只是放在教学结束后引导学习者简单了解即可。还有的老师会带着学习者对"补白"内容进行圈点勾画,侧重对重点的了解和记忆,而缺乏结合文本的体悟和感受。只有少数部分教师能够依据学情和教学需求,结合单元要求和课后练习进行教学设计,灵活使用"补白"。总体来看,教师使用"补白"的教学中,将其单独教学的现象较多,而结合其他助读要素并将"补白"知识还原于语境中随文教学的占少数。"补白"作为教材中课程资源的一部分,以静态的方式呈现,因篇幅限制提供的内容有限。教师如果不能将"补白"合理地加以开发和利用,适时适度地进行随文教学,那么"补白"知识只能以静态知识储存在学习者的大脑中,而无法发挥其帮助学习者拓展和深化的作用。

(二) 原因分析

教材编写者在设计"补白"时,一方面落实课标理念,采用亲切的表达方式,拉近与学习者的距离;另一方面彰显"补白"功能,加强与课文的联系,以使"补白"与教材各要素相互作用。可以看出,"统编本"教材的"补白"较之以往教材中的"补白"在形式、内容以及编排体例等方面都有了很大的进步。然而,一线教师"补白"使用情况并不乐观。在与教师们的交流中发现,"补白"使用情况不佳的原因有如下几点。

1. 对"补白"的重视还不够

新教材培训中,多见专家学者们解读教材中的阅读、写作、综合性学习、名著导读、活动探究等内容,一线优秀教师的经验之谈也多涉及这些领域,而对"补白"则少有提及。目前可收集到的相关文献可见,"补白"的研究者甚少,且这些文献中所引用的权威论述多集中在温儒敏和王本华两位编者的文章。从专家学者到一线教师，自上而下对"补白"的重视程度十分有限。这应该也是教师对"补白"使用情况欠佳的原因之一。有些教师忽视"补白"的存在，不去钻研教材，也不去了解"补白"，自然也意识不到作为助读系统要素之一"补白"的作用，也就无法在实际的教学中将"补白"纳入教与学的内容中。当然，除去全然将"补白"弃之不顾的教师外，还有些教师对部分"补白"给予了关注和使用。同时可见，"补白"内容的多样性使教师对"补白"的重视程度也各有差异。有的教师偏爱文化常识类"补白"，会在教学中加以使用；有的教师看重修辞在文学文本中的重要作用，会将修辞的表达效果渗透在日常教学中；有的教师认为语法有利于听说读写各方面能力的提升，会注重在教学中渗透语法的学习。通过一定样本的对教师的调查可知，首先语法类知识受重视程度相对较高，其次是短语和句子类知识，最后是修辞和文学常识类知识。可见，教师对不同类型"补白"在重视程度上存在着较大的差异。在与教师访谈中得知，语法类知识"补白"之所以受重视程度相对较高，源于这类知识在教材中的分布较为规律有序，也还有认为语法知识对学习者的语文学习有较为重要的帮助作用。但这也只是教师依据个人对"补白"的认识来选择对"补白"的关注和使用，不够科学和系统。只能算得上对某一类型的"补白"给予了足够的重视，但对其他类型的"补白"表现的重视不足。总体来看，教师们对"补白"缺乏应有的重视，使用时难免顾此而失彼。

2. 对"补白"的认识有偏差

对一件事情的重视程度极大地影响着这件事情的发展结果。教师对"补白"的不够重视极大地影响了教师对"补白"的准确认识及其对"补白"使用的积极探索。上文中对教师不完全统计的各种困惑主要原因还在于对"补白"重视程度不够。有些教师认为"补白"只是教材的点缀，为版面不过于空白而已，对教学没什么用的。有些教师认为教材中的"补白"和自己的具体教学需求不一定匹配，自己教学多年完全有能力开发课程资源。有的老师认为教学时间这么紧张，课还讲不完呢，哪有时间讲"补白"……对"补白"认识上的偏差林林总总，不一而足。深究可见，这些教师一是没认识到

"补白"的功能和作用；二是不了解编辑意图；三是不熟悉"补白"分布；四是未能仔细研读"补白"内容。事实上，对"补白"准确的认识恰是教师积极探索并有效使用"补白"的前提和基础，也是"补白"作用得以发挥的保障。失去了这一前提，则"补白"使用效果欠佳也就在所难免。尽管有些教师已经意识到"补白"作为教材的组成部分，自然应该对教与学都有帮助，但这种认识是朦胧的、模糊的，对于怎么用更是令其摸不着头脑。由于缺乏对"补白"清晰正确的认识，教师使用时自然也会出现"东一榔头西一棒子"的现象，很难将"补白"用得得心应手。而这种知道"补白"有用却又不知如何用的笼统感觉和缺乏方向感的随意使用，反过来又会阻碍教师对"补白"的深入了解和探究。久而久之，关注"补白"的这部分教师也会对其失去兴趣。此外，还有一些教师认识上过于功利性，以考试作为认识"补白"的出发点，凡是考试会考的大讲特讲，凡是考试不考的置之不理。可见，教师只是将"补白"看作孤立存在的补充性文字，而忽略了"补白"与其他教材要素的密切联系，看不到知识间的连贯性和内在逻辑，不了解"补白"的作用，导致教师对"补白"产生认识上的各种偏差。对"补白"缺乏准确认识极大地阻碍了教师对"补白"的关注和有效开发，影响着"补白"作用的发挥。因此，在重视"补白"的基础上，准确认识"补白"的作用并了解"补白"的内容、分布及功能就成为有效使用"补白"的必然。

3. 对"补白"采用的教学方法不当

观念是行动的先导。"补白"采用的教学方法直接受到教师观念的影响。在许多关注并使用"补白"的教师教学中，未能采用恰当的教学方法有效使用"补白"的现象比比皆是。在和教师的访谈中得知，将"补白"教学与课文教学并列的教师不在少数。他们认为课文属于教材中的范文系统，"补白"属于教材中的知识系统，都需要认真对待。从态度上讲，认真对待"补白"是正确的。但是许多教师未能意识到"补白"与其他助读系统一起为课文的教与学助力，不能孤立地看待"补白"。认识上的不正确直接导致方法上的选择失当。具体表现在有些教师将"补白"看作盛放知识的容器，将学生看作接受知识的容器，很自然地选择讲授的方法来进行"补白"教学。有些教师貌似改变了"一讲到底"的教学方法，在"补白"教学中渗透了以学生为主的教学理念，事实上只是走向了另一个极端。教学中教师一边向学习者强调"补白"很重要，一边将"补白"甩给了学习者自学，缺乏针对学情的有效引导。有的教师为让学习者掌握"补白"中的知识，采用反复练习的方法。还有些教师尽管将"补白"设计到教学环节中，但也只是点到为止。教师引导的不足，导致"补白"与其他教学环节融合有限，作用未能很好发挥。这些教师在处理"补白"这一教材内容上缺乏钻研和探索，将"补白"孤立对待，使用的方法也往往单一、刻板，缺乏变通和创新。除去观念的影响外，教师自身的素养也在影响着教师教学方法的选择。许多教师对"补白"知识缺乏明晰的认知，于是在教学中只能无差别对待。有的教师尽管能够对"补白"进行类的分辨，也知道它们各有功能，但因实践能力有限，因此在具体教学中无法针对不同类型的"补白"采用与之匹配的教学方法。教学观念和教学能力制约着教师教学方法的选择，同时方法的失当又使"补白"的价值难以发挥。可喜的是，有一些教师已经具有随文教学"补白"的意识和较强的依据"补白"类型和内容灵活选用教学方法的能力；还有一些教师在尝试着运用多种方法使用"补白"，例如课前预习、背景介绍、讲练结合、随文穿插等。尽管这些教师的"补白"教学还存在种种不足，但相信他们在不断地总结和提升中势必会在方法的使用上越来越得心应手。

（三）使用建议

"统编本"初中语文教材中的"补白"与其他教材要素一样，除具有完善教材体系的表层意义外，还要有符合学习者的认知发展规律、提升学习者阅读能力和语文素养的潜在价值。因此，如何才能实现"补白"教学价值的最大化，发挥其助读功能应成为每一位教师都不断思考的问题。然而从前文分析可见，"补白"使用情况不容乐观，重视的教师有限，使用的教师不多，而有效使用的教师更是凤毛麟角。尽管如此，通过对研究者理论的梳理和一线教师的教学情况探讨依然可以获得很多有益的启示，进而提出"补白"教学的使用建议。

1. 树立正确的"补白"使用观

知识对语文学习的重要性是毋庸置疑的。"统编本"语文教材中的"补白"是课标规定范围内知识的具体体现。但因教师未能领会教材的编辑意图,导致了"补白"被教师弃用和乱用现象的产生。因此,树立正确的"补白"使用观成为有效使用"补白"的前提和基础。

《义务教育语文课程标准(2022年版)》在第四学段的阅读目标中要求"随文学习基本的词汇、语法知识……了解常用的修辞方法……"[1]。从课标表述可见,语文知识不存在要不要教的争议,只有必须要教的要求。课标不仅对知识是否要教给出了肯定的回答,并且规定了语文知识的范围和难度,提出了随文教学的途径,要求教师引导学习者在语言的品味和语文的实践中学习知识。

教材是课标的落实和具体化。温儒敏主编提出教材编写要"按照'课标'的学段目标要求来细化那些知识的掌握与能力的训练,落实到各个单元。有些必要的语法修辞知识,则配合课文教学,以补白形式出现。努力做到'一课一得'"。可见,教材编写理念和编辑意图与课标一脉相承,随文教学是知识得以真正落实的基本途径,"一课一得"是目标。"统编本"教材"补白"的设置方式和内容呈现体例有其历史背景。"在一二十年前,语文教学的知识体系是比较清楚的,听说读写的能力点、知识点,也都比较成体系。但在教学中出现的普遍现象,是考什么,就学什么、训练什么,语文教学的知识体系实际已被应试教育的题海战术和反复操练所绑架。"[2] 事实上,知识的体系化忽略了学习者认知能力和接受程度。再加上教师对知识的掌握也有限,因而难免出现照本宣科的现象。这种过深过细的体系化的知识讲解,教师既讲不透彻,学生也学得半懂不懂,了无生趣,耗时耗力还效果不佳。但课改以来,又出现了另一个趋向,"就是语文的知识体系被弱化,甚至被拆解了,教材在知识体系的建构上,不敢理直气壮地讲语文知识,不敢放手设置基本能力的训练,知识点和能力训练点不突出,也不成系列。结果教学梯

---

[1] 中华人民共和国教育部. 义务教育语文课程标准(2022年版)[S]. 北京:北京师范大学出版社,2022:15.

[2] 温儒敏. "部编本"语文教材的编写理念、特色与使用建议[J]. 课程·教材·教法,2016,36(11):3-11.

度被打乱，必要的语文知识学习和能力训练得不到落实"。❶ 基于对以往教学和课程改革中存在问题的不断反思，"统编本"教材践行了课标理念，在六册初中语文教材中依照学习者的认知规律和语文知识体系分布了各类"补白"并在"补白"中体现了随文教学，实践学习的编辑理念。

因此，只有在理解课标编辑理念和领会教材编辑意图的基础上，教师才能明"补白"存在的价值，树立正确的"补白"使用观，加强对"补白"的重视，产生主动使用"补白"的意识。

2. 合理适度地开发"补白"

"补白"是课标关于语文知识要求的具体化，是教师知识教学和学习者知识学习的资料库，为知识的教与学提供方向和范围。同时，"补白"作为教材中不可或缺的一部分，也是教材课程资源的重要内容。需要注意的是，教师不仅是"补白"的使用者，更是开发者。教材中的"补白"所提供的知识内容是以静态的方式呈现，如何将其动态地融入语文教学还需教师对其进行加工和处理。以往的教学中，教师或照搬"补白"呈现内容简单、囫囵吞枣的讲解，或将"补白"内容甩给学习者自学，或盲目过度地补充知识内容等种种问题的出现，其原因在于教师未能对"补白"这一课程资源进行合理适度地开发和利用。

教材中的"补白"对语文教学起到明确知识教学范围，指导知识教学方向，提示知识教学方法的作用，其本身是教学资源而不是教学内容。作为教学资源的"补白"并不能直接拿来使用，或直接让学习者自学。这就需要教师在教学设计时，重视"补白"知识，厘清"补白"知识与课文教学的关系，明确"补白"对课文学习有怎样的支撑作用，并将其与课文教学进行有机融合，即要对"补白"进行合理适度的开发。教师也只有真正遵循了随文教学原则和整体性的原则，对"补白"进行合理的开发，才能使"补白"的价值得以彰显。尤其对语法类"补白"而言，教材中通常只提供示例及相应的语法知识，并没有指出这些语法知识对学习者而言有什么作用。这样的内

---

❶ 温儒敏．"部编本"语文教材的编写理念、特色与使用建议 [J]．课程·教材·教法，2016，36（11）：3-11．

容呈现，一方面给教师提供了资源开发的空间，另一方面也对教师的基本素养提出了挑战。如果教学停留在对陈述性知识的传递层面，而缺乏将语法知识融入教学的能力，那么"补白"将会失去在教材中存在的意义，同时枯燥、无趣就会成为学习者语法学习的最初感觉。因此，对"补白"这一资源进行开发已成必然。教师在开发"补白"资源时，还要清楚地知道，学习者对语法知识本身的学习并不是其学习的目的，而感受、体悟语法知识在语境中的作用并学会理性运用语言才是目的。教材中的"补白"是知识的"补给站"，当学习者在课文学习中出现理解困难或思维受到阻滞时，"补白"就可以发挥它的支架作用。当然，作为教师首先要了解语法有助于准确地理解语意、准确地表情达意，有助于规范语言运用等，才能依据教学目标，结合课文内容进行"补白"的开发和使用，并引导学习者在语境体会这些作用，从而帮助学习者提高语文素养。

3. 选择恰当的"补白"使用时机

"补白"是教材知识体系建设和完善的重要板块，也是师生获取有效知识的"补给站"。教材中"补白"的内容丰富，类型多样，这就要求教师在已具备正确"补白"使用观的基础上开发"补白"知识资源时，能够灵活地、有针对性地选择恰当的使用时机，以确保"补白"价值的有效发挥。

对于文本材料类"补白"，教师随文教学时需要在了解学情的基础上，配合其他教材要素，结合课文学习的目标和重难点，确定"补白"在本课中的作用，把握教学时机，恰当融入"补白"内容。一般而言，文本材料类"补白"多用做教学支架，以完善学习者的知识体系，为学习者深入理解文本提供帮助。文本材料类"补白"包括文学常识和文体知识两类，两类"补白"之下又涉及若干小类，因此在使用时更需不拘一格，灵活处理。"补白"可以结合以往所学和教材各要素在课前、课中、课后等不同时间点出示，或作为预习内容，或作为支撑材料，或作为拓展阅读内容等。

4. 处理好"补白"与其他教材要素的关系

"补白"作为助读系统要素之一，其单独使用的价值有限。教师只有将"补白"与其他助读要素以及教材中的其他系统要素配合使用，才能使"补白"物尽其用。因此，教师在"补白"的开发使用中不仅要遵循随文教学的原则，还要遵循整体性原则，以使"补白"切实发挥完善知识体系、深化阅读理解、提高语文素养的作用。

"补白"是教材中语文知识的显性体现，也为课文的学习提供知识支架。一方面，"补白"中选取的帮助学习者理解知识的示例来自所学课文中的原句，而课文原句拉近了知识与学习者的距离，消解了知识与学习者之间的陌生感；另一方面，课文为"补白"中的知识提供了具体的语言环境。于是，"补白"知识在为学习者理解文本提供帮助时，学习者也通过语境加强和深化了对"补白"的认知。因此，范文系统与"补白"有着密切的关系，二者互相作用，共同助力学习者的语文学习。例如，七年级上册第四单元《纪念白求恩》课后的"补白"出示了"词语的感情色彩"这一知识点：

词语的感情色彩

（1）一个人能力有大小，但只要有这点精神，就是一个高尚的人，一个纯粹的人……（毛泽东《纪念白求恩》）

（2）这就是我们用以反对狭隘民族主义和狭隘爱国主义的国际主义。（毛泽东《纪念白求恩》）

这两个句子，给我们的感觉完全不同；句（1）的"高尚""纯粹"充满赞美、喜爱、肯定的情感；句（2）的"狭隘"充满贬抑、厌恶、否定的情感。

汉语中有不少像上面那样带有或褒或贬的感情色彩的词语，如"伟大""温柔""慈爱""纯真""奋不顾身""大公无私""见义勇为"等，称为褒义词；"愚蠢""卑鄙""丑陋""贪生怕死""损人利己""见利忘义"等，称为贬义词。

汉语中大量的词是不带褒贬色彩的中性词，可以用在好的方面，也可以用在不好的方面，如"大、小""高、低""远、近""粗、细"和"发动""参观""挖掘""结果"等。

"词语的感情色彩"从三种分类知识来看不难掌握，同时理解起来并没有太大难度。关键在于词语的感情色彩在语境中对于情感的表达起到怎样的作用。再加上，词语的感情色彩并不是一成不变的，是会随着语境的变化而发生改变的。"补白"以课文中的原句作为示例，引出了"词语的感情色彩"的知识并用课文中的词语帮助学习者辨析三类词语。对"词语的感情色彩"的掌握不能仅仅停留在识记和简单辨析的层面，还需将词语还原到课文语境中深化以使准确理解和应用。《纪念白求恩》中有许多对白求恩同志表示肯定、赞许和敬意的褒义词，也有许多对自私、狭隘、见异思迁的人的贬抑、厌恶和否定的贬义词。教师通过引导学习者对这些带有感情色彩的词语的学习，一方面可以加强对知识点的理解；另一方面有利于深入认识白求恩同志高贵的品质。

当然，"补白"不仅需要和课文紧密联系，也需要和单元导语、预习、思考探究、积累拓展等教材要素形成合力，共同服务于教与学。前文已有相关表述，此处不再一一赘述。

第二章 阅读课型的新视点

阅读课型通常指的是在教学过程中，针对不同教学目的和内容所采用的不同类型的阅读教学活动。"统编本"教材构建了"教读—自读—课外阅读""三位一体"的教学结构，相应地出现了教读、自读、课外阅读多种课型，其中自读和课外阅读作为阅读课型的新视点，被寄予了新的教育价值。

第一节 概论：教读—自读—课外阅读的整体设计

"三位一体"即"统编本"教材构建的"教读—自读—课外阅读""三位一体"的教学结构。在"统编本"教材之前，市面同时存在各种版本的教材，其中都有"精读"和"略读"两种课型，从理论上来说，"精读"和"略读"在阅读教学中承担着不同的功能，但在实际教学中，却因为各种原因两种课型经常被混淆。为了加大这两种课型的区分度，"统编本"初中语文教材将"精读"和"略读"改为"教读"和"自读"。新教材还特别注重将阅读向课外延伸，将课外阅读纳入教材体制，初中语文教材加强了"名著导读"，在多数课文的练习系统中都设计了课外阅读的引导提示。这就把教读、自读和课外阅读结合起来，在教材设计方面实现了语文教学从课内到课外的延伸，形成了"教读—自读—课外阅读""三位一体"的阅读教学体制。❶

——温儒敏

---

❶ 温儒敏."部编本"语文教材的编写理念、特色与使用建议[J].课程·教材·教法，2016，36（11）：3-11.

一、精读—略读—课外阅读关系的构建：丰满的理想

"三位一体"的阅读体系，是对精读、略读、课外阅读三者关系的正确认识和践行。

叶圣陶先生认为："课本里所收的，选文中入选的，都是单篇短什，没有长篇巨著。这并不是说学生读了一些单篇短什就足够了。只因单篇短什分量不多，要做细磨细琢的研读功夫，正宜从此入手，一篇读毕，又读一篇，涉及的方面既不嫌偏颇，阅读的兴趣也不致单调；所以取作'精读'的教材。学生从精读方面得到种种经验，应用这些经验，自己去读长篇巨著以及其他的单篇短什，不再需要教师的详细指导，这就是'略读'。……略读的'略'字，一半系就教师的指导而言：还是要指导，但是只需提纲挈领，不必纤屑不遗，所以叫作'略'。一半系就学生的功夫而言：还是要像精读那样仔细咀嚼，但是精读时候出于努力钻研，从困勉达到解悟，略读时候却已熟能生巧，不需要多用心力，自会随机肆应，所以叫作'略'。无论教师与学生，都须认清楚这个意思，在实践方面又须各如其分，做得到家，略读一事才会收到它预期的效果。"❶

叶圣陶先生的这段论述一直被奉为经典，但是在具体的运用中，精读、略读的概念逐渐被简单化、单一化，久而久之，精读、略读、课外阅读的联系逐渐松懈。所以，很有必要从这段文字出发，追溯历史，正本清源。

（一）目标、教材、课型、指导的一体化设计

1923 年及之后的中小学语文课程标准阅读教学目标都分为精读和略读两类，中学的语文教材按精读和略读两个体系分编，精读教材又按专书精读和选文精读分编。后来精读教材选用短篇，目的在于使学生对于用字、用词、语法、文章作法等项可以反复深究，使学生作文练习时有所助益。精读教材还有若干条选择的原则，就文体而言，还有一个大致的比例。中学的语文教学课型分为精读、略读、习作三类，精读每周安排三小时或四小时，占每周

---

❶ 叶圣陶，朱自清．《略读指导举隅》[M]．北京：商务印书馆，1942：2-3．

总课时的五分之三或者三分之二。

如1929年的《初级中学国文暂行课程标准》对精读和略读的设计。要求精读:"由教员选定适当的材料,指导各种研究的方法,使学生对于所读的材料,关于内容方面,有明白的认识,关于形式方面,有详细的了解。"规定每周精读的时间为三个小时,还规定了精读选用教材的标准,并且"精读课文二篇以上为一个单位,须性质互相联络,或可互相比较的",要求熟悉课文至少一百篇,尤其是对精读指导的过程和要点进行了阐发。

①令学生自备工具书籍,如字典、辞源、词诠、人名大词典等,并指导其使用方法。

②教员讲解前,应先令学生参考工具书籍,预习生字、难句及关于人、地、时种种之查考。

③课室讲解,只须略述课文的背景及大意,重在引起自习的动机,作扼要的、有趣味的介绍和问答,不逐字逐句的讲解。

④教师应就选文中,可借文字之形音义之说明者略为指示。

⑤教师讲述大意后,应指导学生作分析、综合、比较的研究,务使透彻了解,或提出问题,令学生课外自行研究。

⑥应令学生于不妨碍他人用功学习的范围内,低声讽诵,以养成欣赏文艺的兴趣。

⑦教师所指导的要点和自习时参考研究所得,都要记录于笔记簿上,以备考查。

⑧每习毕一单位,须考查成绩一次。考查方法举例如下:复讲;示题(口答或笔答);测验;默写;轮流报告及讨论;检阅笔记。

要求略读:"略读由教员选定整部的名著,或节选整部的名著,指导读法,使学生对于所读的内容旨趣,有概括的了解和欣赏。"选读的名著,类型每学期至少二种,三年至少十二种,使学生能了解大意,并记忆其主要部分,略读指导每星期一小时。还规定了略读指导的具体程序和方法:

①先设法引起学生读书的动机,然后指示各种阅读的方法。

②在所读书内提出问题,令学生作有系统的研究。

③供给所读书的参考材料。

④随时解答学生的疑难。

⑤学生须将教员所指导的阅读方法,问题解答,和自习时摘出要点或问题讨论,都记录在笔记簿上,以备考查。

⑥阅读时注重速率与了解。

⑦应定期或临时举行考查成绩,考查方法与考查精读成绩方法相同(复讲除外)。

在叶圣陶先生的设计中,精读、略读是一种教育思想,而不是一种阅读方法。他把语文教材分为精读本和略读本两种,与此相适应,也将课型分为精读课型和略读课型,与此相配套的阅读方法分别是精读指导和略读指导。这样就形成阅读目标、阅读教材、阅读课型、阅读方法指导的一体化设计。

(二)精读、略读、课外阅读的关系

叶圣陶先生写了《精读指导举隅》《略读指导举隅》前言部分,另外还有《论国文精读指导不只是逐句讲解》等文,是他语文教学思想的重要文献,他从精读和略读划分的立足点入手,从精读和略读的联系入手,为精读、略读定位。

"就教学而言,精读是主体,略读只是补充;但就效果而言,精读是准备,略读才是应用。"❶ 叶老认为,阅读教学的目标,是要养成文学欣赏的能力和阅读的习惯。这个目标需要精读和略读共同完成。精读是主体,是就其在阅读教学中的地位而言的,精读所占课时多,教师要做详细的指导,学生要从精读中获得种种阅读经验。精读是准备,是就精读的目的而言的,从精读中获得种种阅读经验,其目的是应用这些经验,然后自己去阅读其他文章或者著作,这就是略读。

由这两段论述可以得到如下的认识:

1. 略读不是粗略的阅读

略读是运用在精读学习中获得的经验和方法,去阅读精读选文以外的长

---

❶ 叶圣陶,朱自清.《略读指导举隅》[M].北京:商务印书馆,1942:1.

篇短章，并非粗略地、不求甚解地去阅读。叶老在《略读指导举隅》中曾多次强调，略读不是粗略的阅读，就一般说，总得像精读时候的阅读那样，就其中的一篇或一章一节，逐句循通，摘出不了解的处所；然后应用平时阅读的经验，试把那些不了解的处所自求解答；得到了解答，再看注释或参考书，以检验解答对不对；如果实在无法解答，那就径看注释或参考书。不了解的处所都弄清楚了，又复读一遍，明了全篇或全章全节的大意。最后细读一遍，把应当记忆的记忆起来，把应当体会的体会出来，把应当研究的研究出来。全书的各篇或各章各节，都应该照此办法。略读原是用来训练阅读的优良习惯，必须脚踏实地，毫不苟且，才有效益；决不能让学生胡乱读过一遍就算了。

就过程而言，略读是细致的，也要经过初读疏通—复读理解大意—细读研究的过程，这也正体现了略读和精读的紧密关系。当然，略读又不能等同于精读。在一段时间内，略读的读物和精读的读物是相近或相关的，相近之处"不需要多用心力，自会随机肆应"，略读重点必然就落在该读物的特色上，而且因为有了精读的经验，也不会内心感到茫然而无从下手，因而也不像精读那样"出于努力钻研，从困勉达到解悟"。自然，略读就有了一定的速度，"能精细正确了，是否敏捷迅速却是判定成绩应该注意的。"❶

2. 略读不同于课外阅读

略读也仍需得到教师的指导，只不过与精读学习的指导有所不同，只需提纲挈领，不必纤屑不遗。在叶老的设计中，略读是独立的课程形态，有专门选用的统一教材，还有固定的课时作保证，有教师的专门指导，有学生的集体交流，虽然它也必须利用课外的学习时间，但是与一般意义上的课外阅读是不同的。这一思想在1923年由叶老所拟订的《初级中学课程纲要》中较好地体现出来。

"学生在校的时候，为了需要与兴趣，须在课本或选文以外阅读其他的书籍文章，他日出校之后，为了需要与兴趣，一辈子须阅读各种书籍文

---

❶ 叶圣陶，朱自清.《略读指导举隅》[M]. 北京：商务印书馆，1942：20.

章，这种阅读都是所谓应用。"❶ 对略读教材，一定要要求学生在规定时间之内把指定的教材读完，而且把应做的工作都做到家，绝不草率从事，借此养成阅读的优良习惯。他不提倡在校期间阅读的量太大，他认为学生有两个假期，可以自由阅读很多的书。如果略读时候养成了优良习惯，到暑假、寒假期间，各就自己的需要与兴趣去多多阅读，那一定比不经过略读的训练有实效的多。

按照叶老的这段论述，精读、略读和课外阅读的不同在于：精读和略读都是学校教育中的课程，只是精读以第一课堂为主，而略读是第一课堂与第二课堂相结合，在有相配套的短篇文章的情况下，也可以第一课堂为主，当有课堂教学作保证，势必要有统一的安排和教师的指导；课外阅读属于个人的自由阅读，是语文教学的补充和延伸，是以第二课堂为主，教师虽然可以对读物的选择提出建议，但是仅仅是作为建议而已。

综上所述，精读、略读和课外阅读存在如下的关系：

①精读是略读的准备，略读是课外阅读的准备。经过教师精心的指导，又经过较长时间的学习揣摩，学生从精读中获得了许多的经验与方法，这些为略读做好了准备。在略读中，教师的指导提纲挈领，逐步放手让学生自读自悟，"学生从精读到略读，譬如小孩子学走路，起初由大人扶着牵着，渐渐的大人把手放了，只在旁边遮拦着，替他规定路向，防他偶或跌交。大人在旁边遮拦着，正与扶着牵着一样的需要当心；其目的唯在孩子步履纯熟，能够自由走路。"❷ 由扶着学生走路变成看着学生走路，为他们确定方向，使学生逐步培养了独立行走的能力，为寒暑假乃至一生的课外阅读作好了准备。"略读与精读一样，选定一些教材来读，无非是'举一隅'的性质，都希望学生从此学得方法，养成习惯，自己去'以三隅反'"。❸

②略读是精读的应用，课外阅读是略读的应用。如果说精读课文是教材的主体和进行语文基本功训练的主要凭借，重在教给方法，那么略读读

---

❶ 叶圣陶，朱自清.《略读指导举隅》[M]. 北京：商务印书馆，1942：1-2.
❷ 任苏民. 教育与人生——叶圣陶教育论著选读 [M]. 上海：上海教育出版社，2004：277.
❸ 任苏民. 教育与人生——叶圣陶教育论著选读 [M]. 上海：上海教育出版社，2004：278.

物，则提供了实践的舞台。在略读的自读自悟中，将从精读中得到的共性的方法与自我进一步结合，进行多角度、多层次的且具有个性风格的阅读，逐步形成适合自己的阅读方式。课外阅读又为个性化的阅读方式提供了实践、验证和完善的舞台。

精读、略读和课外阅读关系密切，"三位一体"阅读体系正是基于此而形成。

二、教读—自读—课外阅读"三位一体"：走在现实的路上

（一）"统编版"语文教材"三位一体"阅读体系的内涵

在"统编本"语文教材中，编者以"三位一体"来指阅读和阅读教学体系，"三位一体"的说法其实在各个领域都出现过，这里的"体"与"位"类似中国古典哲学的"体"与"用"，"位"是"体"的外在表现，"体"是"位"的内在规律。简单来说，"三位"即"教读""自读"和"课外阅读"这三种课型，这三者之间，层层是相互联系、相互渗透的，而"体"即联系"教读""自读"和"课外阅读"的共通法则和内在规律。"三位一体"即是融合"教读""自读"和"课外阅读"这三种课型的内在联系，以寻找它们的共通法则，促进阅读教学的有效实施，扩大学生的阅读量，提高学生的阅读素养。

"统编本"语文教材"三位一体"的阅读体系，是指以各单元课文学习（分教读课文和自读课文）为主，辅之以课后"积累拓展"中的课外阅读、名著导读和课外古诗词诵读，共同构建了一个从"教读"到"自读"再到"课外阅读"的"三位一体"的阅读体系。

关于"三位一体"的阅读体系，"统编本"初中语文教材主编王本华解释道："'教读'是由教师带着学生，通过运用一定的阅读策略或阅读方案，完成相应的阅读任务，达成相应的阅读目标，目的是学'法'。'自读'是指学生运用在'教读'中获得的阅读经验，自主阅读，进一步强化阅读方法，沉淀为自

主阅读的阅读能力,目的是用'法'。'课外阅读'则是课堂学习的延伸和拓展。"❶

因此,"统编版"教材"三位一体"的阅读体系便可视为以"教读"为基础、"自读"为应用、"课外阅读"为延伸的阅读教学的有机序列。

(二) 以课型为抓手的整体化设计

"统编本"语文教材以"教读"和"自读"取代"精读"和"略读"的提法,是为了加大两类课型的区分度。

早在20世纪20年代,叶圣陶先生将"精读"和"略读"视作教育思想,进行阅读目标、教材、课型和指导的一体化设计,但是广大教师并未对一体化思想产生深刻认识,只是将"精读"和"略读"窄化为单纯的阅读方法,从对读物的理解程度对二者进行区分。在教学实践中,"精读"和"略读"更是作为基本的阅读方法得到广泛的使用,并形成了各自的方法系统。但对课型的定位来说是不够准确的,在实际的教学中,教师对"精读"课文和"略读"课文的区分体现在教学课时上:精读课精讲精练导致用的课时多,略读课用的课时少,甚至不讲。

将"精读"和"略读"改为"教读"和"自读","教读"有指导阅读之意,"自读"有自主阅读之意,是在教学结构层面而言,有利于突破阅读方法的固化认识,树立课型意识。以课型为抓手,更有利于实现教材、课型、阅读目标和指导的整体化设计。"统编版"语文教材把每个单元的课文分为教读和自读两类,并且在编写上作出明显区分,即教读课文包含单元导语、预习、思考探究、积累拓展、读读写写等多个模块,侧重作业系统设计,而自读课文包含旁批和阅读提示的助读系统设计,旨在引导学生自主阅读。课型依教材而定,不同的课型有不同的阅读目标,"教读"课学"法","自读"课用"法"。在两种课型中,教师发挥的指导作用自然也不同,从由扶着学生走路变成看着学生走路。两种课型各司其职又相互联系、协调合作,共同完成统改单元的整体任务。

---

❶ 王本华. 构建以核心素养为基础的阅读体系——谈统编语文教材的阅读教学理念和设计思路[J]. 课程·教材·教法, 2017, 37 (10): 39.

"统编本"语文教材十分注重"课外阅读"的设计，强调由课内到课外的拓展阅读、整本书阅读、课外古诗词诵读等，是课堂教学的延伸和补充。在课外阅读的编排设计中，创造性地构建"1+X"阅读模式，主要设置在教读课文的"积累拓展"和自读课文的"阅读提示"中，也有些在"课前预习"中，即由课内某篇文章向一组同主题、同体裁、同作家或与之关联的整本书的拓展。"名著导读"板块的编写体例也有了较大的变化，并且设计更为丰富，包括读书方法指导、专题探究、精彩选篇和自主推荐阅读等内容。"课外古诗词诵读"板块，除介绍作品作者以及解释重难点字词外，还增加了诗歌鉴赏，便于学生自主阅读。以教材为依托，将"课外阅读"指导课纳入教学计划，成为亟待研究的新型课型。

课型是抓手，尤其是落实精读、略读和课外阅读三者关系的抓手。

三、"三位一体"阅读体系的价值诉求：提升阅读素养

三位一体"阅读体系建构的根本目的是提升学生的阅读素养。

课标强调："倡导少做题，多读书，好读书，读好书，读整本的书。注重阅读引导，培养读书兴趣，提高阅读品味。"❶ 温儒敏反复阐述他"读书为要"的思想："'读书为要'，千方百计把读书兴趣的培养放到头等位置，有这方面的自觉，语文教学才能祛病健体，提高效能。"❷

读书，最终形成和提升的是学生的阅读素养。

素养"指人通过修习所形成的能力和品质"❸，"是人的各种能力或力量的聚合，以使人可以恰当应对情境"❹。阅读素养作为一种特殊的素养，"指的就是阅读主体根据实际阅读情境的需要，与文本有效互动、主动建构意义的复杂心智力量的聚合"。"阅读素养形成、发展于阅读活动中，并凝结为一

---

❶ 中华人民共和国教育部. 义务教育语文课程标准：2022年版[S]. 北京：北京师范大学出版社，2022：3.
❷ 温儒敏. 培养读书兴趣是语文教学的"牛鼻子"——从"吕叔湘之问"说起[J]. 课程·教材·教法，2016，36（6）.
❸ 王云峰. 试析语文学科核心素养[J]. 语文建设，2018（4）：4-8.
❹ Doll, W. E. Developing Competence[M]//Doll, W. E., Donna Trueit. Pragmatism, Post-Modernism, and Complexity Theory. New York: Routledge, 2012: 67-76.

个阅读活动经验系统。在阅读活动展开过程中,主体所调用的心智力量是多元的、复杂的。因此,阅读素养也是一个多因素、复杂的、多向联系互动的结构体系,主要包括认知经验、情感态度经验和对象经验三个子系统。每个子系统又由多个相互关联、影响的要素构成。其中,认知经验系统指的是支配主体与文本互动过程的心智技能因素,包括阅读思维、阅读策略、阅读方式方法等;情感态度经验系统指的是调节主体与情境中各因素(文本、他人、社会文化等)关系的情感态度与价值观因素,包括阅读兴趣、阅读动机、阅读意志品质、阅读习惯等;对象经验系统指的是主体自身建构的有关阅读的知识,主要用于识别阅读情境,包括语言文字知识、文本经验、文化理解等。"❶

阅读素养作为复杂心智力量的聚合体,是在阅读活动中形成和发展的,它的水平取决于阅读经验的丰富程度和结构化程度。只有在长久的、大量的、有效的阅读训练中,阅读素养才能有效提升,这正是"统编本"语文教材所追求的。

(一)形成整体设计,提升学生自主阅读能力

"读书为本,读书为要",就是抓住读书这个核心,引导学生多读书,好读书,读好书,读整本的书,这是"统编本"初中语文教材阅读体系构建的指导思想。温儒敏曾分析了目前中小学生的阅读状况,指出:"整体而言,中小学生的读书状况是不好的,年级越高,情况越糟。很多学生除了教科书和教辅书,几乎不怎么读书,不喜欢也不会读书,更不会读完整的书……试想,不读书,或者读书少,怎么可能学好语文?怎么可以又要马儿跑,又要马儿不吃草?但事情往往就是如此悖谬……少读书、不读书就是当下'语文病'的主要症状,同时是语文教学效果始终低下的病根。"❷

导致中学生少读书、不读书问题的原因是多方面的,而不会读书是其中的一个重要原因。"三位一体"阅读体系的建立,从"教读"到"自读"再

---

❶ 李英杰. 触及教学本质的阅读素养研究 [J]. 语文建设,2020(23):16-20.
❷ 温儒敏. 培养读书兴趣是语文教学的"牛鼻子"——从"吕叔湘之问"说起 [J]. 课程·教材·教法,2016,36(6):3-11.

到"课外阅读"的过程，是由学"法"到用"法"再到更广泛的化"法"的过程，就是学生学会阅读、形成自主阅读能力的过程。会读书，才能多读书，乐读书，善读书，才谈得上读书效果。

（二）加大课型区分力度，提高阅读和阅读教学效果

加大课型区分力度，形成"教读""自读""课外阅读"三种课型，坚持"三位一体"，终会提高阅读教学效果。

三种课型的划分有利于阅读课教学目标的倾向分明，各司其职，各尽其能，"教读"课学"法"，"自读"课用"法"，"课外阅读"课化"法"，避免了以往的教学目标重复制定，避免了因学"法"而不用"法"、化"法"导致最终没有学会"法"，使阅读教学劳而无功，低效运作。

三种课型处于一个阅读体系之下，又是"一体"的，学"法"、用"法"、化"法"的教学目标相互配合、照应，形成序列，避免以往的各自为政、单打独斗的低效，寻找三者的共通法则，相互融通，螺旋上升，共同达到培养阅读策略和自主阅读能力，养成阅读习惯的目的，最终沉淀为学生的阅读素养。

（三）促进单篇阅读到群文阅读和整本书阅读的拓展，扩大阅读量和阅读视野

将课外阅读纳入教材的阅读体系，主要针对以单篇教学为主的情况：一方面课内阅读量有限，通过二三十篇文章以提升学生的阅读素养是不现实的；另一方面，阅读视野和阅读境界不够，单篇短章容易让学生始终处在一个狭小、局促的阅读空间中。正如叶圣陶先生所说"读了某一体文章，而某一体文章很多，手法未必一样，大同之中不能没有小异；必须多多比较，才能进一步领会优劣得失的所以然"。[1]

"统编本"语文教材设置的"1+X"模式和"名著导读"模块，有助于改变过于强调单篇阅读的状况，能更好地促进单篇阅读向群文阅读或整本书阅读的拓展，能更好地起到举一反三的作用，以此扩大学生阅读量和阅读视

---

[1] 叶圣陶. 叶圣陶语文教育论集［M］. 教育科学出版社，2017：110.

野。"积累拓展"推荐课外阅读的一组文章，可以形成群文阅读，比如教读课文《紫藤萝瀑布》是七年级上册第五单元的一篇写景状物的散文，"积累拓展"推荐学生课外阅读宗璞的《丁香结》《燕园树寻》《好一朵木槿花》等其他写景状物的散文，将学生的阅读视野从课内拓展到课外，求同存异，更深刻地认识写景状物散文。向整本书的拓展，有每个年级安排的四次"名著导读"，有"1+X"模式下的，比如自读课文《再塑生命的人》的"阅读提示"中推荐了《假如给我三天光明》整本书阅读。如果局限单篇短章，课标中260万字的阅读总量达不到，那么阅读视野即阅读面也狭窄，总是局促在小规模的范围之中，缺少魄力，加上阅读经验有限，从而难以适应较大规模的或者较复杂阅读情境的阅读。

第二节　自读课："学以致用"的"中转站"

自读"强调的是，学生运用在教读中获得的"渔"——阅读经验、阅读方法和策略等，自主阅读，进一步强化阅读方法，沉淀为自主阅读能力，目的是用"法"得"鱼"，实现独立阅读、自主阅读、个性化阅读等能力的获得和提升。❶

——王本华

一、自读课是什么

（一）基于设计定位

概论部分立足阅读体系的建构，探讨教读、自读、课外阅读的功能和定位。本部分基于教材设计、编写，分析自读课文教学所带来的独特价值。

所谓自读，顾名思义就是自己阅读；所谓自读课文，是学生进行自主阅读的文本；所谓自读课是相对于"教读课"而言的一种课型，是学生通过积极主动地阅读，自主独立地将教读课上所学到的知识、经验运用于自读课从

---

❶ 王本华. 统编初中语文教材的阅读设计与教学实践［J］. 语文建设，2018（16）：4-10.

而获得阅读能力的过程。以上几个相关概念的界定，都突出了学生的独立阅读、自主阅读能力，但是这只是相对于教读而言。从阅读体系和实际情况来看，自读是教读和课外阅读之间的"中转站"，是由"扶着走路"到"独立走路"之间的过渡，自读课还需要教师的指导，只是不再需要教师给予特别细致而具体的阅读指导。因此，自读课具有比较明显的半独立阅读的性质，所谓自读课即指以学生的自主阅读为主，教师的指导为辅，致力于培养学生自主阅读能力的课型。

自读课型依自读课文出现，自读课文依其功能定位而设计编写。

"统编版"初中语文教材自读课文占比近三分之一。教材总共有六本，课文总数一共是141篇，其中自读课文一共有45篇，教读课文一共有96篇，具体分布如表2-1所示。

表2-1 教读课文、自读课文年级分布表

年级	课文总数（篇）	教读课文总数（篇）	自读课文总数（篇）
七年级	46	33	13
八年级	48	32	16
九年级	47	31	16
合　计	141	96	45

自读课文数量占比为32%，教读课文数量占比为68%，自读课文占比达到近三分之一，而且随着年级的升高，占比在加大。自读课文的比重设计，是由自读课文在阅读体系中的定位决定的，运用自读课文进行训练迁移，可以更好地内化所学的阅读经验，培养自主阅读能力，发挥自读课文"学以致用"的"中转站"的作用，但这前提需要自读课文达到一定的数量。随年级递增的安排，是依着学生经验的累积，使"独立走路"训练会更加顺畅。

自读课文的编排处于单元整体结构之中，与教读课文、课外阅读密切配合。和"人教版"语文教材相比，"统编版"课文总量和自读课文的总量都有所减少，但是单元编排的整体性有所强化。如七年级下册第三单元选择当代小说《台阶》作为自读课文，是为了契合单元传达的"普通人也能活得精彩，抵达某种人生境界"的人文主题，引导读者向善、务实、求美，在内容上和教读课文、名著导读相呼应。本单元的教读课文（《阿长与山海经》《卖油翁》）讲的都是关于小人物的故事，名著导读板块的《骆驼祥子》同样成功塑造了许多小人物，以淳朴农民为主人公的自读课文《台阶》处于中间位置，由此成为引导学生从课内阅读走向课外阅读的一座桥梁。自读课文与教读课文、名著导读交相辉映，丰富了本单元人文主题内涵。同时自读课文又有其独特之处，主要体现在与教读课文在语言风格、写作手法、文学体裁及国别与时代等方面有所区别，这不一致之处又使自读课文在一定程度上充实填补着教读课文内容的深度和广度。在语文素养训练方面，本单元注重熟读精思，具体的阅读方法是从标题、详略安排、叙事角度等方面把握重点，从开头、结尾及其他特别的关键语句感受意蕴，四篇课文和名著《骆驼祥子》在以上方面都有典型特证，也有各自特点，对学生形成丰富而非单一的阅读经验是极为有利的。

自读课文的编排呈现出助力自读的特点。在自读课文的编排上，"统编版"语文教材也焕然一新，主要体现在助读系统和练习系统。在"人教版"教材中，精读课文与略读课文都采用一样的编排方式，即由"课前导语""注释和插图""研讨与练习""读一读、写一写"四个版块组成，前两个版块为助读系统，后两个版块为练习系统，相同的编排方式在一定程度上导致很多教师将略读课文当成教读课文去教学。而"统编版"语文教材为了加大自读课文与教读课文的区分度，采用了不同的编排方式，使它们的课型及功能更加清晰明了。自读课文突出了助读系统，丰富了助读系统的内容，助读系统由"旁批""阅读提示""注释""插图""知识补白"几个部分组成。同时弱化了练习系统，取消了"人教版"教材中"研讨与练习"的内容，只保留"读读写写"版块内容（表2-2、表2-3）。

表2-2 统编版教读、自读课文编排结构比较

教读课文	自读课文
预习提示Z	
课文	课文
	旁批Z

续表

教读课文	自读课文
注释 Z	注释 Z
插图 Z	插图 Z
	阅读提示 Z
积累拓展 L	
	读读写写 L
	补白 Z

注 助读系统 Z；练习系统 L。

表 2-3 人教版、统编版自读课文编排结构比较

人教版	统编版
预习 Z	
课文	课文
	旁批 Z
注释 Z	注释 Z
插图 Z	插图 Z
	阅读提示 Z
研讨与练习 L	
读一读写一写 L	读读写写 L
	补白 Z

注 助读系统 Z；练习系统 L。

助读系统多达 5 个种类，旁批、阅读提示和知识补白是助读系统设计的创新之处，或者提供阅读路径，或者搭建知识支架，或者予以内容提示，其在一定程度上扫除学生在自主阅读时遇到的阅读障碍，启发学生的灵感，帮助学生顺利自主阅读。

从"统编版"自读课文的编排特点，我们也可以清楚地看到自读课文的教学定位和价值。①自读课文属于课内阅读教学板块，它的编排既契合单元人文主题的要求又包含有单元所需训练落实的语文要素，它在整个教学单元中不是可有可无的点缀，而是贯彻落实单元教学训练点的主要组成部分。②自读课文在阅读教学体系中一方面起着填补、夯实教读课文教学内容的作用，另一方面又起着引向课外阅读教学内容的作用，是阅读教学

体系中的衔接环节，它既关联单元内的教读课文，又关联着课外阅读，居于双向联系的地位。③自读课文承担了迁移运用已学知识的任务，在不断地训练中，使学生的已学知识能够得到巩固和内化。④落实自读课文的教学，就是助力学生完成由课内不独立到半独立的阅读再到完全独立的课外阅读的转向。

（二）基于现状调研

"统编版"语文教材从2017年投入使用，针对教师教材使用的调研也开展起来。

李敏在湖南的调查结果显示，对于自读课文在"三位一体"阅读教学中的地位十分了解的教师只有5.26%，还有28.95%的教师对"三位一体"阅读体系概念不清楚，65.79%的教师不是很了解。26.32%的教师会挑选课文当中的部分自读课文进行精讲，意味着这一部分教师会直接忽略部分自读课文。13.16%的教师完全交由学生自读，也即意味着在自读课文教学过程中，教师没有转变教学观念，仍然存在紧抓和全放两种情况，44.74%的教师主要带领学生简单梳理文章内容，也即表示部分教师将自读等同于略读，只有15.79%的教师表示在教学过程中会让学生自学，教师只在学生有需要的时候进行适时指导。❶

施蕉蕉对杭州6名初中语文教师进行访谈，他们都表示知道"统编版"语文教材划分为教读课文与自读课文两种课文类型以及清楚自读课文与略读课文之间是有区别的。当问及困惑时，有教师表示，一下子难以适应课型的变化，不清楚如何转变相应的教学模式，还停留在略读课文教学的阶段。很多教师认识到，自读课文在"三位一体"阅读体系中起到了承上启下的作用，但对于自读课文如何"承接"教读课文，又是如何"链接"课外阅读，是不怎么明晰的。❷

牛兴菊对学生进行了调查，对于"你了解自读课文吗"和"你能明显感受到老师在自读课文和教读课文教学方面的区别吗"这两个问题，有

---

❶ 李敏．"统编本"初中语文自读课文阅读教学困惑及对策研究［D］．长沙：湖南师范大学，2020．
❷ 施蕉蕉．统编版初中语文教材自读课文教学策略探究［D］．杭州：杭州师范大学，2019．

16.67%的学生表示不了解自读课文，也没有感受到老师在自读课文和教读课文教学方面的区别，有46.05%的学生明显感受到了老师在两类课文教学方面的区别，也有37.28%的学生已经隐约从老师的教学中感受到了自读课文和教读课文的区别。由这两个问题的调查结果可以看出，教师在日常教学中已经有意识地对两类课文进行了区分，并且教师对待自读课文的态度会直接影响学生对这类课文的认识。❶

叶诗敏在福建省厦门市、漳州市通过调查可知，64.7%的教师将自读课文教学课时设置为1课时，18.8%的教师设置的自读课文教学课时少于1课时。76.3%的教师会因为一些原因占用自读课文教学课时。说明在实际教学过程中，自读课文教学课时数被占用的现象普遍存在，使自读课文教学的效果得不到有效保障。86.1%的教师会在自读课文教学过程中结合旁批启发学生进行思考，说明大部分教师认识到"统编版"教材助读系统的作用并能加以利用。55.4%的教师会引导学生将自读课文与教读课文作比较，50.7%的教师会在课上强调要将教读课文所学的方法应用到自读课文中，说明已有部分教师认识到教读课文与自读课文的关系。❷

经过几年的运行，大部分教师开始有了课型意识，但是还缺少透彻的了解，尚且不能从"三位一体"的阅读体系的高度来理解自读课文的价值，仅限于对教读和自读的区别有所认识。在实施层面问题更多一些，忽略自读课、自读略读化、自读教读化、自读无指导的情况都存在，对自读课如何发挥承上（教读）启下（课外阅读）的作用，还缺少可循的路径。从以上调研也可以反映出，不同地区、不同学历、不同职称的教师对自读课文的理解和处理存在一定差异。多数农村初中教师依然认为自读课文的教学就是梳理文章大意，落实课文字词，不需要教师的精教细讲，做到面面俱到；对于新手教师而言，他们普遍认为自读课就是学生自己阅读的课，不需要教师的过多干预；对于老教师而言，自读课和略读课无异，少数经常外出学习、参加教研的教师，对自读课文的定位与教材编者靠近。

教材实施者对自读课的理解和处理与教材编者自读课文的编写理念、定

---

❶ 牛兴菊. 初中语文自读课文阅读策略及教学实践［D］. 济南：山东师范大学，2020.
❷ 叶诗敏. 统编版初中语文教材自读课文教学研究［D］. 武汉：华中师范大学，2020.

位和设计之间存在较大差距。这种差距是不可或缺和可有可无的差距,是迁移内化与另起炉灶的差距。差距的原因是多方面的,但缺少持续的学习、深入的探讨是主要原因。随着新教材的实施,各地都开展了新教材培训,对新教材的编写理念有所了解,但是在实施过程中的专题探讨式的活动缺乏,尤其是普及面较大的教研活动中,鲜少有关于教读、自读课型的专题活动。关于课型的落地问题,基本上处于自觉自悟状态,从清晰或者不太清晰的编写理念直接进入实施层面,这对广大教师来说,是很茫然的。

二、自读课评什么、怎么评

为什么把自读课评价的问题放在前面呢?长久以来,略读课也好、自读课也罢,都面对着太多的争议,其实就是缺少一个评价标准。"三位一体"阅读体系的建构、教材编排意图的落实,虽然在理论层面为自读课定了位,但是还需要在操作层面为其定位。面对自读课,应该从哪些方面评价?标准是什么?有了具体的尺子,就便于引导广大教师实施自读课教学了。

(一)评教学目标

自读课的定位,首先体现在它的教学目标上,通过观察、分析自读课的教学目标,可以看到教者对自读课的定位情况,定位准确与否是评判自读课的首要标准。

1. 建立自读课文教学目标的分析框架

"统编本"教材采用双线结构编排语文教学单元,既有显在的人文主题,也有隐在的语文素养,更突出强调了语文学科人文性与工具性兼具的特点。语文素养包括基本的语文知识、语文能力、学习策略和习惯,分成若干个语文知识和语文能力训练点,按照由浅入深的顺序分布在各个单元。人文主题中包含了对人文、人生的思考、体悟等。所以,每个单元的教学目标,总体上分为人文素养和语文素养两大方面。教读课文和自读课文在单元结构中,都承担着单元目标任务,它们的编排都是既契合单元人文主题,又包含有单元所需训练落实的语文素养。可以由此确定自读课教学目标评价量表的一级维度,即为语文素养目标和人文素养目标。

吴红耘、皮连生根据布鲁姆教育目标分类和加涅学习结果分类,将语文教学目标分为语文能力和价值标准两类。即学生通过语文学习获得语文能力和社会期望的价值标准。语文能力分为语文知识与语文技能。这里的语文知识包括生活经验与课文内容知识以及语文专门知识。语文技能分为基本技能和高级技能。❶ 在吴红耘、皮连生的分类中,"社会期望的价值标准"实为人文素养,体现了人文素养的教化作用。这样就可获得自读课教学目标评价量表的二级维度,并借用该文的论述并结合实际,对各个指标进行描述(表2-4)。

表2-4 自读课文教学目标二级指标的操作性定义

指标	操作性定义
生活经验与课文内容知识	生活经验是学生在日常生活中观察世界,体验生活逐渐累积的知识;课文内容知识指关于课文中的文章文学知识
语文专门知识	指规律性知识,如词性、句法概念与规则
语文基本技能	与课文中的字、词、句子和标点符号的阅读和写作有关的技能
语文高级技能	与篇章的阅读和写作有关的技能
社会期望的价值标准	包括学习兴趣和态度、人生态度以及个人价值与社会价值的统一等

自读课与教读课的关系密切,作为同一单元的教读课文和自读课文,关联性更强、更直接、更具体。所以,对自读课文教学目标的评判,要与教读课文的教学目标建立直接的联系,而不能孤立地分析自读课文的教学目标,这是建立自读课教学目标分析框架的独特视角。分析框架的三级维度正是基于教读课和自读课教学目标的关系建立的。

"精读是准备,略读才是应用"是对教读课文和自读课文关系的最简洁的概括。在教读课文中,学生在教师的精细指导下,获得单元"语文素养"和"人文素养"方面的种种经验,在自读课文中,学生有了教读课文学习的积累,可以用在教读课文获得的种种经验,在教师的提纲挈领的指导下,实现自主阅读,并在阅读中检验和巩固这些经验,深化和丰富这些经验。这是

---

❶ 吴红耘,皮连生.试论语文教学设计中的目标分类及其教学含义 [J]. 教育研究与实验,2011(3):14-18.

自读课文和教读课文在"种种经验"上关系的应然状态,统称为"教读的迁移化学习"。还有多种实然状态,实然状态下自读课文的教学目标除此之外,主要有两种情况,一是把自读课文当作教读课文处理,即"教读化学习",二是忽略自读课文的学习,或者以字词学习、了解大意为主,出现"无学习"情况(表2-5)。

表2-5 自读课文和教读课文教学目标关系的操作性定义

变量	操作性定义
教读化学习	与教读课文教学目标一致
教读的迁移内化、迁移巩固、丰富深化	迁移教读课文的种种经验到自读课文,并丰富之
无学习	没有制定学习目标,或者是以了解大意为主的学习目标

综上所述,可以获得"自读课文教学目标的分析框架",如表2-6所示。

表2-6 自读课文教学目标的分析框架

一级维度	二级维度	三级维度
语文素养目标	生活经验与课文内容	教读的迁移内化
		教读化学习
		无学习
	语文专门知识	教读的迁移内化
		教读化学习
		无学习
	基本技能	教读的迁移巩固
		教读化学习
		无学习
	高级技能	教读的迁移巩固
		教读化学习
		无学习
人文素养目标	社会期望的价值标准	教读的丰富深化
		教读化学习
		无学习

(一级维度整体为:自读课文教学目标的分析框架)

2. 教学目标评价的实施

运用"自读课文教学目标的分析框架"对自读课的教学目标进行评价，需要遵循以下原则：

从单元整体目标出发，以整体观照部分。"三位一体"阅读教学应"将单元阅读教学作为一个整体，将课外阅读纳入教学计划，将单元阅读教学内容进行统整、再开发，将单元的学习目标、教学内容等形成结构体系"。❶ 单元整体目标是该单元学习最终要达到的效果，教读教学目标+自读教学目标+课外阅读教学目标，相互配合，旨在达成单元阅读教学的整体目标。所以心中要有单元教学目标，在单元整体目标之下，观照自读课文教学目标。

与教读课的教学目标比照，以对二者教学目标关系的判断为核心。如前所述，自读课教学目标对不对，主要看它定位准不准，是否承接教读课，迁移、内化、巩固、丰富教读课经验；自读课教学目标好不好，主要看它迁移、内化、巩固、丰富教读课经验的程度。所以，不能单就自读课教学目标进行评价，要一并收集本单元教读课教学目标，以求对二者教学目标的关系做出判断。

运用课堂观察或者文本收集的方法收集材料。课堂观察可以在教学情境中，观察到"实际上教了什么"，可信度更高，还能观察到教学目标的达成情况，更利于进一步研究。但是不足之处在于课堂观察耗时长，收集一个单元的一组教读课、自读课教学目标，至少需要观察3—4节课。文本收集如果能得到授课者的积极配合，相对来说省时省力。

"自读课文教学目标的分析框架"作为工具可以用于研究、评课和自评。用于自评旨在促进教师的自我反思。

（二）评学习过程

1. 建立自读课学习过程评价表

所谓学习过程就是学习者内部的状态和外显的行为变化的过程。一般的学习过程是由学习者、学习环境（学习对象）和学习结果（学习者经验

---

❶ 范练娥．"三位一体"单元整体构设的阅读教学［J］．语文教学通讯·D刊（学术刊），2019（3）：1.

积累和行为倾向变化）三个基本要素构成的，其中学习者是学习的主体，学习环境是学习的客体，学习结果是学习的主体与客体相互作用所引起的变化。❶

学习者内部状态和外显行为经历怎样的变化过程呢？怀特海过程教育哲学中的教育节奏论和知识论，认为学习过程由"浪漫阶段""精确阶段"和"综合运用阶段"三个螺旋式上升的阶段组成，且三个阶段的构成要素与知识论中的经验、知识、深层经验一一对应。❷ 这个论断适用于人的所有认识过程和学习过程，据此，可以把自读课学习过程分为经验丰富阶段、知识精确阶段和经验深度提升阶段。

"学生从精读方面得到种种经验，应用这些经验，自己去读长篇巨著以及其他的单篇短什。"自读课致力于将教读课中获得的人文素养和语文素养方面的种种经验迁移过来，使之内化、巩固、丰富、深化，在三个阶段中，学生的外显行为和内在经验都在发生着变化。

经验丰富阶段。在该阶段，学习者通过回顾、复习等方式，再现教读课中获得的经验，作为起始阶段的个人经验。在独自学习的阅读、梳理等活动中，在小组合作中的讨论等活动中，迁移、运用旧有经验，完成当前阅读任务，进一步丰富自身经验，为后续经验的提取与精致化打下良好的基础。这个阶段评价的主要任务是激活学习者的旧有经验，以促进学习者新旧知识的联结，同时完成学习者认知起点的诊断。

知识精确阶段。上一个阶段丰富了的个性经验还属于主观认知，这些经验虽然也能在一定程度上指导实践，但是既不系统，也难以广泛迁移和具有普适性，因此，学习者需要通过班级展示交流中的更大范围的交流碰撞、教师点拨点评等形式，通过之后达标训练中整理、重组等活动，形成相对系统化的认知。本阶段评价的主要任务是促进学习者对学科知识的精致化、系统化建构。

---

❶ 叶瑞祥. 学习学概论 [M]. 广州：广东省高等教育出版社，1997：50.
❷ 曲跃厚，王治河. 走向一种后现代教育哲学——怀特海的过程教育哲学 [J]. 哲学研究，2004（5）：85-91.

经验深度提升阶段。经过前两个阶段，学习者已经形成了精确的、系统化的知识，而这些知识的应用必然会改变学习者看待事物的方式，所以，需要通过拓展提升性作业的形式，促进学习者从新的视角反思曾经的经验和正在经历的活动，将已经精确化的知识与曾经的经验相整合，形成新的、更为深入的经验。而这些经验将成为下一个循环中的最初的经验。本阶段评价的主要任务是通过评价量表的引导，增强学生知识的应用水平，提升学生经验的深度。

现代评价理念更加关注促进学生学习的评价，评价不仅要促进学习的发生，还应促进学习层次的提升，实际上就是关注学生在学习过程中的变化，促进其正向变化。所以，把自读课中学生人文素养和语文素养的经验变化作为评价指标，对经验变化的程度进行描述，以建立自读课学习过程评价量表，如表2-7所示。

表2-7 自读课学习过程评价量表

学习过程	经验变化	经验变化的程度描述
经验丰富阶段	1. 调动教读课中形成的经验	A. 完整调动 B. 部分调动 C. 无调动
	2. 运用旧经验解决自读课阅读问题	A. 用旧经验解决了阅读问题 B. 用旧经验没解决阅读问题 C. 没用旧经验
	3. 丰富原有经验	A. 丰富了原有经验 B. 重复了原有经验
知识精确阶段	4. 知识精确化	A. 个人经验提升为精确的知识 B. 仍是个人经验
	5. 认知系统化	A. 认知得以系统化 B. 认知依然零散、分散

续表

学习过程	经验变化	经验变化的程度描述
经验深度提升阶段	6. 在新任务中应用系统化的知识	A. 应用了系统化知识 B. 没应用系统化知识
	7. 提升经验	A. 提升形成新经验 B. 未提升为新经验

2. 学习过程评价的实施

"自读课学习过程评价量表"作为工具可以用于研究、评课、教师自评、学生评价。用于教师自评旨在促进教师的自我反思和改进：学生的经验变化未达到预期的原因何在？相应学习任务的设计是否有偏离、偏难、偏易等情况？指导是否到位？学生评价旨在向学生反馈过程性的学习效果，以促进学生的自我反思和调控。

（三）评教师指导行为

1. 建立教师指导行为的观察量表

"略读的'略'字，一半系就教师的指导而言：还是要指导，但是只须提纲挈领，不必纤屑不遗，所以叫作'略'。"何谓"提纲挈领"？《韩非子·外储说右下》："善张网者引其纲，不一一摄万目而后得。"《荀子·劝学》："若挈裘领，诎五指而顿之，顺者不可胜数也。"《宋史·职官志八》："提纲而众目张，振领而群毛理。""提纲挈领"即抓住网的总绳，提住衣的领子，比喻抓住要领，简明扼要。叶圣陶先生的这句话就是评价教师指导行为的总的标准，需要把这个标准落实在具体的指导行为中。

教师指导行为是指在学习情境中，为了促进学生学习行为的改善，教师针对学习情景中的问题，有意识地以语言、动作等方式对学习主体施加影响的行为总称。❶ 具体可从五个方面进行理解：①场景是学习过程中；②原因是学习过程出现或生成了问题；③目的是以改善学生学习为触发点；④方式是语言、动作或情绪等多方式；⑤结果是学生学习行为改变与否。

根据张孔义的定义，邢倩倩以教师发现学生问题、指导时机、指导行为

---

❶ 张孔义. 语文课堂教学观察与诊断［M］. 杭州：浙江大学出版社，2014：109.

（方式与内容）和指导结果四个方面建立小组合作学习中教师指导行为的观察指标。❶ 吴吉将访谈结果按照指导频率、指导时机、指导方式、指导重点和指导效果进行分类和整理。❷ 借鉴以上研究成果，根据"提纲挈领"的总标准，确定了自读课教师指导的评价重点是指导时机、指导重点和指导效果。

指导时机。教师指导时机是影响指导是否适宜的基本因素，华爱华曾将教师指导时机归纳为六种，考虑了教师期待与学生提问两个因素，即不投入情景、难以沟通互动、一再重复行为、缺少材料、发生困难、负面行为。自读课是以学生自主阅读为主、教师辅导为辅的课型。作为助力，何时出手，自然要依学生在课堂学习过程中的需要而定。基于华爱华理论，结合自读课学习过程中学生经验变化的流程，需要关注如下四个教师指导时机，如表 2-8 所示。

表 2-8　自读课教师指导时机的观察指标

一级指标	二级指标	指标描述
指导时机	学生应用旧经验而未能进一步丰富旧经验时	学生应用教读课经验未能圆满解决当前阅读问题，一味搬用旧经验不能进一步充实丰富之
	个人经验难以提升为精确的知识时	不能在相关知识中确认个人感性经验
	认知零散、分散时	教读、自读课中种种经验分散，需要结构化整合
	提升为新经验不利时	应用系统化知识完成新任务时，经验没有提升

指导重点。张博伟（2015）提出："指导策略是指为了达到指导目的，指导者采用的手段和谋略。是在不同的教育指导条件下，指导教师根据已定的教学任务，有针对性地选择、设计相关指导内容、指导组织形式、指导方法和手段，而形成的综合、有效的指导方案。"❸ 顾泠沅（1994）对教学指导策略做出划分，分别为：内容型策略、方法型策略、形式型策略和综合指导策略四个维度。❹ 从这些论述中发现，教师指导内容包括学习内容、学习方法、

---

❶ 邢倩倩. 小学小组合作学习教师指导行为研究［D］. 武汉：华中师范大学，2018.
❷ 吴吉. 大班创造性游戏中教师的指导行为研究［D］. 武汉：华中师范大学，2020.
❸ 张博伟. 实践课程指导教师的角色与指导策略［M］. 长春：吉林大学出版社，2015：16.
❹ 顾泠沅. 教学实验论——青浦实验的方法学与教学原理研究［M］. 北京：教育科学出版社，1994：27.

学习的组织形式等。自读课以学生自主阅读为主，比起教师扶着走路的教读课，其容易出现偏离目标等问题，所以凝聚目标的内容型指导策略是必要的。自读课重视经验的应用和新经验的形成，所以方法型指导策略十分显著（表2-9）。

表2-9　自读课教师指导重点的观察指标

一级指标	二级指标	指标描述
指导重点	内容型指导	对教读课和自读课联系、阅读目标凝聚的方面，进行监控、提醒，保持阅读方向的正确性
	方法型指导	助力于学生经验的生成、提升，于适当时机纠正、提供帮助

指导效果。对教师指导行为的结果，通常根据学生受教师指导影响的不同，把指导效果分为正向效果、无效果、负向效果。正向效果是指教师的指导行为支持了学生意愿，使学生顺利达到了学习目的，推动了学生学习的发展；负向效果是指教师的指导行为对学生学习的顺利进行具有干扰、转移作用，阻碍了学生学习的开展；无效果是指学生未受教师指导行为的影响，继续自己的无关活动或未能解决问题。❶ 基于此，将自读课教师指导效果分为正向效果、无效果、负向效果三方面，如表2-10所示。

表2-10　自读课教师指导效果的观察指标

一级指标	二级指标	效果描述
指导效果	正向效果	学生接受了指导，更正了行为，解决了问题，获得新经验、新知识等
	无效果	学生不理睬指导，继续自己的状态
	负向效果	学生不明白指导，学习反而受到干扰，进度变得更慢，思路更乱

综上所述，建立"自读课教师指导行为观察量表"如表2-11所示。

---

❶ 任露. 小学语文新手教师与专家型教师教学回应行为的对比研究[D]. 武汉：华中师范大学，2016.

表 2-11　自读课教师指导行为观察量表

一级指标	二级指标	指标描述
指导时机	学生应用旧经验而未能进一步丰富旧经验时	学生应用教读课经验未能圆满解决当前阅读问题，一味搬用旧经验不能进一步充实丰富之
	个人经验难以提升为精确的知识时	不能在相关知识中确认个人感性经验
	认知零散、分散时	教读、自读课中种种经验分散，需要结构化整合
	提升为新经验不利时	应用系统化知识完成新任务时，经验没有提升
指导重点	内容型指导	对教读课和自读课联系、阅读目标凝聚的方面，进行监控、提醒，保持阅读方向的正确性
	方法型指导	助力于学生经验的生成、提升，于适当时机纠正、提供帮助
指导效果	正向效果	学生接受了指导，更正了行为，解决了问题，获得新经验、新知识等
	无效果	学生不理睬指导，继续自己的状态
	负向效果	学生不明白指导，学习反而受到干扰，进度变得更慢，思路更乱

2. 教师指导行为评价的实施

①突出自读课的特点。关于教师指导行为，不少学者和实践者从不同角度进行了研究，给后人的研究提供了可供借鉴的思路。但是自读课的评价不能用一般课的评价标准来衡量，丧失自读课的特点，就等于失去了评价的意义。借鉴相关研究成果，紧密结合自读课的定位，突出自读课的评价点，建立自读课自身的评价量表，旗帜鲜明地基于自读课的定位进行评价，才能推进自读课课型的健康发展。

②"自读课教师指导行为观察量表"可用于研究、教研、教师自评。尤其是教研活动中研课、评课是推动自读课课型建设的重要阵地，可以在量表的引导下，组织教师备课、研课，然后再运用量表对教师指导行为进行点评。

③对教师指导行为的观察和材料收集，应以现场观察为主。指导时机是否适宜，指导效果是否达成，对这两方面的判断，需要现场提供更丰富、完整、细节性的信息，所以，以现场观察为主，必要时可结合对师生的访谈。

三、自读课教什么

(一) 问题讨论

1. 自读课文教学目标设计的"教读化学习"和"无学习"倾向严重

一是教读化学习倾向。所谓教读化，就是把自读课文作为教读课文来教，精讲精练，无视二者的区别。在30个自读课文教学目标设计中，这种情况最多，各项教学目标"教读化学习"占比在34%—40%之间。由此可看出，有些教师不理解教材的编排意图，不能正确认识到教读课文和自读课文的关系，而将自读课文教学等同于教读课文教学，耗费了同样的精力和时间，内容面面俱到，且多为新知识、新方法，和教读课文教学目标的关联不大，二者没有形成有序的迁移深化关系。自读课文教学目标的教读化学习倾向，会占用更多的教学时间，这在教学中是不切实际的，同时，将自读课文教读化，还会阻碍学生的自我阅读能力的形成。

《走一步，再走一步》教学目标设计示例

1. 画出登山过程图，概述故事情节
2. 默读全文，标好段落并划分文章层次
3. 找出遇险前后"我"的行为及"我"的心理，感悟我的成长
4. 找出父亲的言语指导，评价父亲

二是"无学习"倾向。所谓"无学习"，就是教师没有设计相关的教学目标。在30个自读课文教学目标设计中，"无学习"情况会出现，意味着教师对自读课文的处理是直接"略过"，没有相应的教学目标，在教学中一笔带过，教学目标的不完整导致了教学效果的低效，影响了学生对自读课文的学习，进而影响学生自我阅读能力的持续培养。

2. 教师课型理念陈旧，以自我经验为主

大部分教师都不太重视自读课文的教学，而将重点放在教读课，认为教读课文和学生成绩关系紧密，所以在自读课文上投入的精力和思考较少。教师为什么会认为教读课文和学生成绩关系紧密呢？多数教师认为，教读课文是经典名篇，内容更有深度，而自读课文多是当代的小文章，旨在拉近与学

生的距离，内涵不足。这些情况说明，不少教师的教材观还是"教教材"，以学习文本自身的思想内容和艺术特色为主。这种思想可以说根深蒂固，"用教材教"的意识依旧不强，看不到自读课文在阅读素养培养中的价值，并且从骨子里没有认可"统编版"教材的课型理念。

对于自读课文教学目标设计依据，大部分教师都是按照自己的理解和意愿进行设计，之后展开教学。有的教师侧重从考试的角度，挖掘课文中的文体知识、字词知识，确定自读课文教学目标，重视知识的传授，轻视阅读能力的培养；有的教师怕经典文本讲少了会出问题，自读课文中的经典篇目自然而然又当成了教读课文；有的教师认为自读课文没应试价值而直接放弃；有的教师因为熟悉经典课文，有了多年积累，轻车熟路能讲好，所以多讲，而自读课文是新课文，不熟悉，备课麻烦；有的教师因为教学时间不够，所以丢卒保帅。

以上情况说明，不少教师沉浸在自我对教材教学的理解中，而自动屏蔽了新教材编写理念，一副见多了改革的样子，认为改革换汤不换药（考试），因此更相信自我经验。

3. 推进课型落地的动力不足

对于自读课文教学目标设计的思路，个别教师会考虑从单元整体、教读课文或者助读系统出发选择自读课文教学目标，而大部分教师会把自读课文当作单篇文章处理，没有将这篇文章与本单元的教学目标相联系，不能将其与本单元已学过的教读课文进行对比勾连，也没有将其与本单元的课外阅读、名著导读相联系，脱离了阅读教学体系的整体。其原因，主要是忙于应对眼前，而对这种从理论上成立的理念，对这种立足学生成长的长远考虑无暇顾及。

以上问题的存在提醒我们，改革不仅需要理念，更需要一批沉下来去探索、去琢磨、肯较劲的教师，唯有这样，我们才能真正看到自读课该有的样子，看到这种样子逐渐常态化。

（二）教学目标设计

1. 树立单元整体安排的意识

"统编本"初中语文教材是按照单元组织的，每个单元都呈现了比较明确的单元教学目标。单元教学目标通过"单元提示"予以明确,"单元提示"一般分为两个段落,第一段提示"人文主题"的内容,提示"社会期望的价值标准";第二段提示阅读策略、阅读方法方式,提示文学文章知识等。这两个总提示贯穿于本单元的多篇文章、著作、写作中,通过预习提示、思考探究、积累拓展、旁批、阅读提示、短文写作知识和实践等体现出来。根据教材编排特点,设计自读课文教学目标,要以单元教学目标为导向,树立单元整体安排的意识。

明晰单元教学目标。单元教学目标是每个单元在知识掌握、阅读能力培养以及思想丰富方面达到的一定标准,是课程标准中课程目标的具体化。教师可以基于教材"双线组元"的结构,结合"单元提示"内容,予以明确。按照第一段中提示的人文主题内容和"社会期望的价值标准",可以确定人文素养目标,按照第二段中提示的语文知识、阅读方法、阅读策略等语文要素,可以确定语文素养的教学目标。

例如"统编本"教材七年级上册第四单元,包括《纪念白求恩》《植树的牧羊人》《走一步,再走一步》《诫子书》四篇课文,以"人生之舟"为单元主题。"单元提示"第一段提示本单元课文的内容主题,"从不同方面诠释了人生的意义和价值,有对人物美好品行的礼赞、有对人生经验的总结和思考,还有关于修身养德的谆谆教诲"。强调"社会期望的价值标准"——感动于"其中彰显的理想光辉和人格力量"。据此可以确定本单元人文素养目标——感受并汲取文中折射的理想光辉和人格力量。"单元提示"第二段提示本单元语文素养训练的重点是继续学习默读。第三单元默读的训练重点是技术层面的训练(不出声、不动唇、不指读、不回看,一口气读完全文,以保证阅读感知的完整性和一定的阅读速度),以及默读的基础方法(把握基本内容,了解文章大意的方法)。第四单元继续学习默读策略,训练的具体方法是:勾圈点画法、批注法、厘清作者思路的方法。据此可以确定本单元语文素养目标——默读过程中,会使用不同的符号勾画关键语句;尝试在喜欢或者有疑惑的地方做批注;会通过划分段落层次、抓关键语句等方法,厘清作者思路。

分解单元教学目标。分解单元教学目标，就是把单元教学目标有序地分解到本单元的单篇课文教学中。一方面，单元教学目标和单篇课文教学目标之间是概括与具体的关系，体现了单元教学目标的落实路径；另一方面，教读课文和自读课文的教学目标之间，存在承接关系，体现出了单元教学目标逐步达成的过程。

以七年级上册第四单元为例，教学目标的单元整体设计和分解如表2-12所示。以目标1为例，单元目标是"会使用不同的标识勾画关键语句"，教读课文《纪念白求恩》对应的目标是"用不同颜色分别勾画出……"；教读课文《植树的牧羊人》对应的目标是"用不同线型分别勾画出……"；自读课文《走一步，再走一步》对应的目标是"用不同颜色或者不同线型分别熟练地勾画出……"。

表2-12　单元教学目标、教读课文和自读课文教学目标设计示例

	七年级上册第四单元	第12课《纪念白求恩》	第13课《植树的牧羊人》	第14课《走一步，再走一步》
教学目标	1. 默读过程中，会使用不同的标识勾画关键语句，尝试在喜欢或者有疑惑的地方做批注 （语文素养目标） 2. 会通过划分段落层次、抓关键语句等方法，厘清作者思路 （语文素养目标） 3. 感受并吸取文中折射的理想光辉和人格力量 （人文素养目标）	1. 默读第2、3段，用不同颜色分别勾画出白求恩和"不少人"态度，进行比较；勾画出标志段落观点和上下关系的句子 （语文素养目标） 2. 基于勾画的句子，概括归纳各段内容要点，把握段落间的关联，厘清文章思路 （语文素养目标） 3. 能说出白求恩不同于"不少人"的高贵品质，感受白求恩的精神 （人文素养目标）	1. 默读课文，用不同线型分别勾画出标志情节发展的语句、牧羊人情况和高原的变化 （语文素养目标） 2. 基于勾画的关键词，概括叙事思路 （语文素养目标） 3. 结合作者的描写和评价，说出自己对牧羊人的认识和评价 （人文素养目标）	1. 默读课文，用不同颜色或者不同线型分别**熟练**地勾画出标志事件发展和"我"不同阶段心理活动的语句，复述故事 （语文素养目标） 2. 基于勾画的关键词，概括事件过程和心路历程，厘清文章思路 （语文素养目标） 3. 体会标题的含义，联系自己的生活体验，思考如何面对遇到的困难、挫折和相关的人生问题 （人文素养目标）

2. 抓住文本之间的内在联系

语文教学目标的确定，是基于教学内容而选择的。选文"包含着种种甚至不能言明的要素,任何人任何时候学习一篇特定的选文只能关注其中的某些特定的方面、特定的点,而具体到哪些方面、哪些点、在什么水平上去关注,选文本身是不会给出批示的,得由教它或者学它的人摸索着取舍、摸索着定夺"。❶ 关注选文的哪些方面、哪些点呢?在树立单元整体意识的过程中,自读课文与教读课文已经形成一个有机整体,在教学内容的选择上,二者也要相互勾连,有意识地发现两类课文文本之间的联系,并有效利用这些联系,引导学生多角度地去阅读,以完善学生的认知结构。

①抓主题上的联系。一般情况下,一个单元内的几篇课文都可以归纳到一个生活主题中,如"统编本"教材七年级上册第四单元的四篇课文,以"人生之舟"为主题,传达了做人做事的道理。白求恩的国际主义精神、毫不利己专门利人的精神、对技术精益求精的精神,牧羊人的默默无闻、坚持不懈、慷慨无私,"我"获得的战胜困难的信心和经验,古人静以修身、俭以养德的做人治学之道。七年级下册第三单元自读课文《台阶》,和其他三篇讲读课文组成单元,以"凡人小事"为主题,平凡而不失光彩的人物和作者寄予其中的态度,引导着人们向善、务实、求美。长妈妈的普通与善良,令"我"深切地感激与怀念;老王的淳朴善良,让作者对不幸者充满同情和关怀;父亲的艰苦和为改变现状不懈努力的精神,让作者怜惜和崇敬。生活主题体现了语文的人文性,多篇课文组元体现了人文的丰富性。

在教学目标设计中,主题上的联系,体现在如下两个方面:第一,统一为单元目标,如七上第四单元人文素养目标——感受并汲取文中折射的理想光辉和人格力量。七下第三单元人文素养目标——认识小人物的平凡与光辉,培养向善、务实、求美的品格,都是在理解作品的同时思考自己和人生,体现了对人文的整体追求。第二,体现为学生精神世界的持续积累与丰富。教读课文多为经典文本,侧重于对人文精神的理解和共鸣,自读课文反映的生活世界和学生更靠近,在理解的基础上,更侧重与学生精神世界的对接,是精神世界的持续积累、丰富和迁移深化。

如七上第四单元讲读课文《纪念白求恩》的人文素养目标为"能说出白

---

❶ 王荣生. 评我国近百年来对语文教材问题的思考路向 [J]. 教育研究, 2002 (3): 54-57, 77.

求恩不同于'不少人'的高贵品质，感受白求恩的精神"，《植树的牧羊人》的目标为"结合作者的描写和评价，说出自己对牧羊人的认识和评价"，自读课文《走一步，再走一步》的人文素养目标为"体会标题的含义，联系自己的生活体验，思考如何面对遇到的困难、挫折和相关的人生问题"。七下第三单元讲读课文《老王》的教学目标为"理解我对老王的'愧怍'"，自读课文《台阶》的教学目标为"说出父亲'造台阶梦'最触动人的地方"。

②抓形式上的联系。文章形式包括文章章法和语言，这是构成文章的共同要素。和主题相比较，学生在文章形式上的积累更为单调和贫乏，并缺少相对完整的建构，这和教学内容的琐碎、教学目标的单篇独斗不无关系。文章章法和语言作为单元课文共同的文章要素，在不同文章中的表现样式却多不相同，这就构成了"变式"。在教学内容的选择上，要抓教读课文和自读课文的共同要素，又要同中求异，丰富"变式"，学生获得的是关于该要素的丰富而非单一的文章文学知识。丰富"变式"，势必要求阅读方法要灵活变通，因为阅读方法是为了有效完成阅读任务而运用的方法、方式和途径，阅读对象不同，阅读方法也要适当调整，这样学生灵活运用阅读方法的经验也会丰富起来。

如"统编本"教材七年级上册第四单元课文，在文章思路上特点鲜明，《纪念白求恩》每部分叙议结合，先叙后议，以叙为基础，以议点明精神实质，总体上是分总结构，先分几个方面赞扬其精神，再整体号召；《植树的牧羊人》以与牧羊人三次见面的情形为叙事思路；《走一步，再走一步》以事件发展过程为序，以人物的心路历程为线索。把文章思路作为教学内容，在教学目标设计上，形成"会通过划分段落层次、抓关键语句等方法，厘清作者思路"的单元整体目标，又要同中求异，《纪念白求恩》是论述思路，另两篇是叙事思路，一个是三个时间断点的叙事，依赖"见面"串联起来，另一个是事件发展和心路发展双线结构。所以，与《纪念白求恩》匹配的方法是"概括归纳各段落内容要点，把握段落间的关联"，另两篇匹配的方法是"基于勾画的关键词"。

又如七年级上册自读课文《再塑生命的人》，和同单元教读课文《从百草园到三味书屋》都是写人叙事的散文，可以把情感表达作为共同的教学内容。《从百草园到三味书屋》通过精妙的关键性词语，表达出不易察觉的感情，抒情极为含蓄、隐蔽、耐人寻味。《再塑生命的人》将叙事和抒情相结合，在充满感情的叙事中自然而然地表达出热烈真挚的情感。围绕"情感表达"的教学内容，同中求异，设计《从百草园到三味书屋》的教学目标为"抓住精妙的字词，仔细体味含蓄的情感"，《再塑生命的人》的教学目标为"勾画出充满感情的句子，并有感情地朗读"。

3. 关注阅读方法的梯度提升

"统编版"语文教材双线组元，语文要素这条线突出了阅读策略、阅读方法，在"单元提示"中有明确要求，这是课程目标在教材中的具体体现。

阅读方法、阅读策略属于程序性知识，它的学习要经历陈述性阶段—联合阶段—自动化阶段，才能达到熟练、灵活运用的程度。从教读课文到自读课文再到课外阅读的阅读教学体系，正有助于阅读方法、阅读策略的持续学习和掌握。教读课文重在"教方法"，学生学习和理解阅读方法的陈述性表征的命题及操作步骤，并且要逐条记住规则，并通过阅读练习和阅读中接收到的反馈信息，将各个步骤有意识地联系起来，即将小的产生式形成一个产生式系统，成为一个技能组块。自读课文重在"用方法"，即将教读课文学到的阅读方法用在自读课文的阅读中，实现阅读方法和技能的迁移巩固，准确性和速度有所提高。课外阅读重在反复"用方法"，达到熟练、灵活运用的程度。这个过程实际是阅读方法的梯度提升，由学"法"到用"法"的上升。

自读课文的阅读方法目标应体现为两个特点，一是与教读课文阅读方法的一脉相承，减少出现全新方法学习和无方法学习的情况，二是对教读课文阅读方法目标的提升。七年级第四单元阅读方法目标为"继续学习默读，学会圈点勾画关键语句；学会通过划分层次和抓关键语句的方法，厘清作者思路"，这个目标从讲读课文到自读课文一以贯之，从学习到熟练运用呈现出梯度提升的特点。

总之，自读课文教学目标的设计，要立足"统编版"教材教读课文—自读课文—课外阅读的"三位一体"阅读教学体系,立足自读课文与教读课文以及课外阅读的关系,强化单元整体意识,积极寻求两类课文文本内容上的联系,保持两类课文在阅读方法上的一致与提升关系,最终使自读课文的教学目标成为教读的内化、迁移、巩固、丰富、深化,成为学生自读能力形成的"中转站",切实发挥自读课文在阅读体系中的作用。

四、自读课怎么教

（一）问题讨论

近几年,出现不少自读课文教学现状的调查研究,针对助读系统的使用、阅读方法的运用和指导、教读课经验的迁移意识、小组合作参与程度、学习兴趣、教学方式等方面,以调查访谈为主,课堂观察为辅进行研究,获得了自读课文教学现状的相关情况。叶诗敏的研究表明,在自读课文学习中,学生课前缺乏具体目标,无圈点批注的习惯,课堂缺乏迁移意识,参与程度有待提高,课后缺乏自我反思,忽视课外阅读延伸；教师的教学观念和教学方法有误,限制了学生思维能力的发展,影响了实际的教学效果。❶ 林秀坤的研究表明,有 12.3%的教师从不检测学生的学习效果,在会对学生进行检测的教师当中,超过一半的教师选择使用随堂提问的传统方式,小部分教师选择让学生去做教辅资料的习题。❷ 施蕉蕉的研究表明,部分教师直接将阅读方法告知学生,引导不够到位,导致学生难以正确把握；教学方式上还是以教师讲解为主,精讲精练,或者放任不导,或者边读课文边解决旁批问题。对助读系统,最为关注注释这个助学要素,旁批次之,而关注最少的则是教材中的单元导语和阅读提示。❸

以上研究从不同角度比较全面地反映了自读课文教学中的种种问题,在此基础上,太原师范学院研究生聚焦学生学习过程中的经验变化和教师指导行为,发现教读课经验在自读课中的运用效果有待提升,阅读经验结构化程

---

❶ 叶诗敏. 统编版初中语文教材自读课文教学研究[D]. 武汉：华中师范大学, 2020.
❷ 林秀坤. 部编版初中语文教材"自读课文"教学研究[D]. 武汉：华中师范大学, 2020.
❸ 施蕉蕉. 统编版初中语文教材自读课文教学策略探究[D]. 杭州：杭州师范大学, 2019.

度不高，进一步的阅读经验的提升缺乏，教师指导效果有限。

1. 缺少促进经验生成的学习活动

从教读课到自读课，学生大脑中注入了一些经验性的知识、技能，但是个人经验中有比较模糊的、不太确切的部分，有主观、感性的成分，这些还不能都在自读课上成为明确的知识，并前后勾连进行整合。之后学生很少通过继续应用相关阅读经验在自我反思中进一步提升和深化阅读经验。

以上情况和教师教学方式有直接关系。在自读课的教学中，教师的教学方式主要有三种：教师精讲为主，预设性强，继续扶着学生走；简单安排自学，放任不管；按照阅读提示和旁批阅读，以解决其中的问题为旨归。如九年级《与朱元思书》的教学片段：

师：文中哪一句话最能概括课文所写景色的特征？

生："奇山异水，天下独绝。"

师：没错，这句话是本文所写景色的总体特征，全文都围绕着"奇"和"异"这两个字在写。那再思考一下，文章的三个自然段分别写了什么？这三段之间是什么关系？

生：先总说富春江的景色"奇山异水，天下独绝"，再描写异水和奇山，结构上属于总分关系。

师：下面让我们一起来看看第一段写了什么。"风烟俱净，天山共色"描绘出怎样的一幅画面？

生：清澈透明、浑然一体、气象开阔。

师：是的，作者不仅为我们描绘出天朗气清，明快秀丽的图景，而且将富春江放在"天"这个壮阔的背景下来描写，勾勒出一个广阔的空间境界。你们又能从"从流飘荡，任意东西"这句话得到些什么信息呢？

这样的教学方式中，教师以问题设计为主，学生以回答问题为主。而且这些问题来自教师主观预设，或者来自旁批，预设性强，同时简单问题多，而情境性的、复杂的问题少。听讲、记诵、研讨仍然是学生在课堂中的主要任务类型，若任务操作性不强，缺少情境，活动方式单一，则不利于学生深度思考和经验生成。

2. 教师指导不能因需而动

教师指导主要体现在教师的教学预设，包括问题设计、任务安排等，学习过程中的教师指导，在指导内容上集中在三个方面，一是阅读方法的指导，二是文章文学知识的明确，三是主题的明确。但是这三方面的内容指导在课堂教学中的正向效果不大，主要原因是旧经验的重复多于旧经验的完善、提升，或者在不断生成与旧经验各自为政的新经验，新旧经验之间出现交叉、重复，关系不明，缺少结构化、序列化的整合。而这些恰恰是学生自身难以完成，需要教师指导的地方。在指导时机上，还难以实现依学而导、依势而导。从调查来看，学习之初，70%以上的学生可以依据一句提示，自己顺利调动教读课原有经验，但是不少教师依旧习惯在这个环节过多介入。不少教师对阅读方法进行指导时，习惯直接告知学生，然后由学生运用，但是对运用过程中的困惑缺少解答，直接进入成果汇报，评定对错的过程中，又很少反思阅读方法的使用问题。

综上所述，自读课教学时间紧，要想让学生聚焦学习重点，有效迁移经验、提升经验，就需要有指向明确的、具体可操作的学习任务，需要设计利于学生深度参与的学习活动，需要教师认真观察学生情况，跟进指导。

（二）学习活动设计

杨开城认为学习活动是指为了达到特定的学习目标，学习者完成的学习任务及其所有操作的总和。❶ 他认为学习活动的设计是教学设计的核心内容，学习活动的设计内容比较广泛，包括活动任务或主题的设计、活动基本流程和步骤的设计、活动监管规则的设计、活动评价规则的设计。

严莉认为学习活动是指学习者以各种特定的学习结果为导向，以各种教育信息资源为基础，使用各种专门的技术工具和手段，与教师或同伴以及其他相关人士进行的专门交互。它的表现形式多种多样，可以是个体自主的，也可以是团体协作的，最终成果主要表现为一个由一系列学习任务所构成的活动序列，这个活动序列通过以描述性的方式规定学习者所要完成的各

---

❶ 杨开城. 学生模型与学习活动的设计［J］. 中国电化教育，2002（12）：16-20.

种任务目标、成果形式、活动内容、活动策略以及活动方法来激发和保持学习者内部的认知加工和思维活动，从而达到推动学习者发展的教育目标。❶

乔晖提出学习活动中活动目的、学习动机与学习活动的意义作为活动的主观性构成要素并成为学习活动的充分条件，而对象、内容、一定的过程与成果构成了学习活动的必要条件，成为学习活动不可缺少的客观性构成要素。❷

综上所述，学习活动的要素主要由活动内容、活动方式、活动规则构成。活动任务是指学生应该完成的具体问题或事务，一般是由教师设计，针对特定知识、能力和情感目标所安排的学习内容和学习条件。活动方式是指学生完成活动任务所采取的学习方式和学习步骤，包括内化的个体学习过程和外显的群体协作过程，突出学生学习的主动性和合作性。活动方式包括活动流程、活动形式、活动成果。活动流程是活动任务的基本流程。一个活动任务的完成需要经历若干步骤，在教师提供的支架支持下，学生得以"一步一步"完成任务，而活动流程的出现发挥了"脚手架"的作用。活动形式是活动任务实施方式，是活动任务完成采用的具体形式，如阅读、观察、演讲、游戏、表演等。活动成果指学生在活动任务完成过程中建构的知识和经验，以某种恰当的方式呈现出来，可以是口头语言、思维导图、数据、报告、实物模型等。❸活动规则包括监管规则和评价规则，监管规则包括规定教师向学生提供的学习支架的内容和类型、规定干预和反馈的时机、规定时间进度的安排、规定调整活动目标和任务的时机、规定应奖励和惩罚的行为等。评价规则主要包括评价主体、评价标准、评价方法等。❹监管应该是随机性的，随着学习活动开展的需要，教师对活动情况予以反馈，对活动任务予以调整，判定时机予以干预，但是监管也是需要设计的，并且活动时间进度的安排，学习支架的准备，都需要提前设计。评价规则也需要在学习活动之前

---

❶ 严莉. 信息技术环境下的学习活动设计研究 [D]. 武汉：华中师范大学，2011.
❷ 乔晖. 语文教科书中学习活动的设计 [D]. 上海：华东师范大学，2010.
❸ 王薇. 指向问题解决能力发展的学习活动模型研究——基于情境学习理论的分析框架 [J]. 教育学术月刊，2020（6）：88-95.
❹ 杨开城. 学生模型与学习活动的设计 [J]. 中国电化教育，2002（12）：16-20.

设计好，学—评是一体化的，评价须融入学生学习活动中。

自读课学习活动的设计是为了促进学生阅读经验的变化，所以要基于阅读经验变化的过程而进行设计，由此确定自读课学习活动模型如图 2-1 所示。

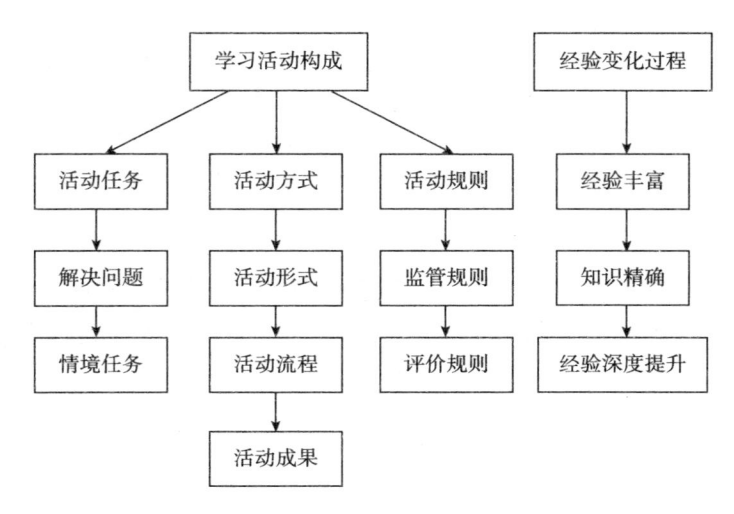

图 2-1 指向阅读经验变化的自读课学习活动模型

1. 阅读经验丰富阶段的学习活动设计

（1）活动任务设计

该阶段要应用教读课中获得的种种经验，包括生活经验、语文知识（课文中的文章文学知识和语文专门知识）、语文技能（阅读和写作技能）和人文素养方面的，以完成自读课的阅读任务，并在阅读中丰富原有经验。

调动原有经验解决当下问题，是这个阶段的主要任务，但是笼统、机械式地搬用原有经验，是不利于圆满完成当下问题的，如以下设计：

《走一步，再走一步》阅读经验丰富阶段的活动任务设计 1

任务一：复习《纪念白求恩》《植树的牧羊人》中的默读方法——找关键词并勾圈点画、划分层次；

任务二：运用所学方法，厘清《走一步，再走一步》的思路。

安排在同一单元的文本，承载着很多共同的教学目标，所以上节强调它们在文章主题和形式上的联系，但同时它们又是独特的存在。统一主题之下的人文角度的不同，共同的语言章法要素之下又各有特色，阅读技能本就是须根据阅读内容灵活运用。吴莲英、曹军认为在语文知识的学习中，激活相应的语文技能，这中间需要共同要素，共同要素越多，则发生的作用就越大。但是学生也可能因为共同要素而简单归类或等同，就会发生混淆的不良后果，而这样可能是因为学生没有仔细分辨它们的差别，只注意到了它们表面的相似，就把它们画上了等号。所以这就需要对之前已经掌握的技能反复练习，只有经过足够的练习才能在以后学习新知时自然而然地使用❶。所以，运用阶段的活动任务在于鼓励学生多角度思考问题，多途径解决问题，教师不宜有明确的解决途径，也不一定有唯一的标准答案。

《走一步，再走一步》阅读经验丰富阶段的活动任务设计2

任务一：复习《纪念白求恩》《植树的牧羊人》中所获得的语文经验，列出两篇文章的不同思路和梳理思路的不同的默读方法（找关键词勾圈点画、划分层次等）；

任务二：选择合适的默读方法，并适当调整，厘清《走一步，再走一步》的思路；

任务三：总结本课学习中在文章思路和默读技能上的经验。

（2）活动方式设计

活动方式包括活动流程、活动形式、活动成果。

活动流程有时会被忽略，但是杨开城认为"活动的基本流程和步骤设计是一种对活动的宏观控制"。❷ 和教读课相比，自读课强调学生的自主阅读，但是还属于半自主阅读阶段，虽然不需要像教读课那样精细规范学生的活动流程，对活动和操作顺序进行精心设计，但是收集信息—加工分析信息—得出结论的基本思维流程还是应该体现的。

活动形式十分多样，收集信息的活动包括阅读、观察、记笔记等；加工信息的活动包括画概念图、论证、列表格等；发布成果的活动包括演讲、演示、写作、答辩等。对语文阅读课第一阶段的学习来说，最基础的也是最主

---

❶ 吴莲英，曹军. 中学语文教学中的迁移问题［J］. 语文建设，2007（10）：30-31.
❷ 杨开城. 学生模型与学习活动的设计［J］. 中国电化教育，2002（12）：16-20.

要的还是阅读，阅读的具体形式也是多种多样的，从组织形式上，有个人阅读和小组交互阅读；从阅读内容上，有制定书目和不限定内容的开放式阅读；从方法运用上，有精读、略读、默读、朗读等。

就当前的语文课堂而言，活动成果的呈现相对要单调一些，以口头语言为主，而且缺少演讲、答辩等情境性活动成果，简单的、回答问题式的口头表达居多，不但呈现单调，而且成果显得随意、粗糙。应该增加书面表达、限制性表达、情境性表达的分量，让成果的呈现增加学生的兴趣，助力思考的精确化和交际的有效性。对本阶段而言，学习活动中形成的是学生个人经验，所以成果呈现形式可为学生留下一定的个性化空间。

《走一步，再走一步》阅读经验丰富阶段的活动方式设计

任务一：复习《纪念白求恩》《植树的牧羊人》中所获得的语文经验，列出两篇文章的不同思路和梳理思路的不同的默读方法（勾圈点画、找关键词等）。

活动1：快速梳理，列表呈现出两个讲读课中文章思路和默读方法的相同和不同之处。

任务二：选择合适的默读方法，并适当调整，厘清《走一步，再走一步》的思路。

活动2：先快速通读课文，对文章思路类型做出初步的预判；选择合适的勾圈点画方法、找关键词的方法、划分层次的方法，默读课文，并在默读中适当调整方法；概括课文的叙事思路，用喜欢的形式（表格、坐标轴等）呈现出来。

（3）活动规则设计

监管规则实则是学习活动中教师提供的支持和干预。本阶段教师的监管体现在两个方面，一是常规性的，如把握时间进度、调整任务；二是重点监管，为丰富旧经验形成新经验提供支架。

本阶段主要对学生原有经验调动、解决新问题、丰富原有经验等方面的情况作出全面评价，关注思路的可行性、策略的优劣性、反思的深刻性等维度。可以参照上一节中"自读课学习过程评价量表"予以设计。

《走一步，再走一步》阅读经验丰富阶段的活动规则设计

任务三：总结本课学习中在文章思路和默读技能上的经验。

支架1：同为叙事文章，本课文章思路和《植树的牧羊人》有何相同？有何不同？关键词的指向有何不同？

2. 知识精确阶段的学习活动设计

该阶段需要把上阶段获得的主观经验，经过去粗取精、去伪存真的思维过程，明确为文章文学知识、语文专门知识、阅读技能、人文内涵。不但如此，还要追求知识的结构化。

知识的结构化是基于一定的结构元，即某个系统的核心要素，对知识进行统整，形成承接结构式、并列结构式、总分结构式、概括具体结构式、点面结构式、对比结构式等，对知识进行同质化结构和异质化结构的建构。结构化实现知识的再建构，使学生对于知识的掌握不再是单纯的记忆再现，而是可迁移的。蔚馨指出"大概念"具有本质性、聚合性、可迁移性的特征，以"大概念"为"整合"的抓手，将"大概念"作为一个统摄性的知识内核，将其他的碎片化的知识按照一定的关系结构联结在其外围，知识聚合呈现网络状结构，按照结构化的形式进行整合。❶

（1）活动任务设计

本阶段的任务有明确的需要完成的目标，即形成精确的知识，建构结构化知识。和上个阶段不同，学习任务呈现出一定的抽象性和封闭性，任务的呈现形式主要表现为抽象、简化的问题，问题的答案常具有唯一性，即固定答案，学生在完成任务的同时获得知识的理解和巩固。

《走一步，再走一步》知识精确阶段的活动任务设计

任务四：文章有几种思路？如何找到文章的关键词？

（2）活动方式设计

本阶段活动流程依然要遵循收集信息—加工分析信息—得出结论的基本思路流程。

---

❶ 蔚馨. 指向深度学习的课堂教学变革［J］. 山西教育（教学），2019（10），45-46.

活动形式因为目标和任务的不同，有较大变化。收集的信息不局限于当下的文本，查阅笔记、回忆复述都是可能的活动形式。本阶段由主观经验到精确的知识，任务有抽象性，比较、归类、分析、概括等形式的思维活动比较多，列表格、记笔记在本阶段使用频率会较高。

成果的呈现形式应该倾向于条理化、逻辑化表达，如框架图、表格等。

《走一步，再走一步》知识精确阶段的活动方式设计

任务四：文章有几种思路？如何找到文章的关键词？

活动3：回忆5个以上不同的文章思路，按照下面的表达式填充框架图。

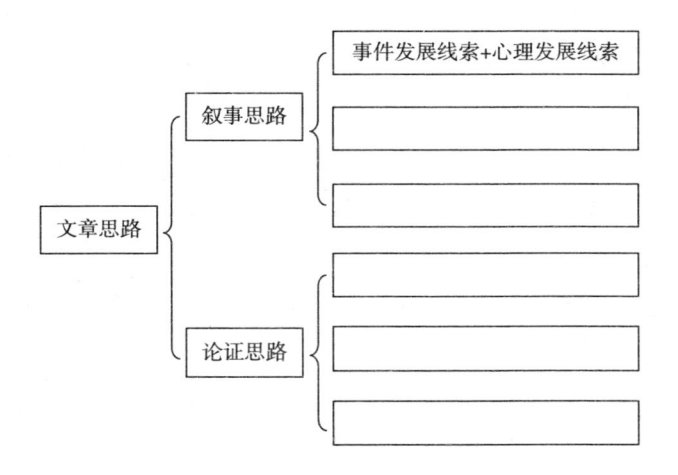

```
                    ┌── 事件发展线索+心理发展线索
         ┌── 叙事思路 ──┼──
         │            └──
文章思路 ──┤
         │            ┌──
         └── 论证思路 ──┼──
                      └──
```

活动4：按照文章体裁，列出标志性的关键语句的位置和标识。

（3）活动规则设计

从前面调研可知，本阶段学生学习存在较多问题，尤其是知识的结构化方面，困难较大。所以教师提前做好监管设计，围绕"结构元""大概念"，搭建支架，以推进知识结构化。

《走一步，再走一步》知识精确阶段的活动规则设计

支架2：叶圣陶说：善看文章的人一定要把作者的思路摸清楚。思路指的是作者写作时思维发展的线索，在文章中体现为各部分之间的逻辑关系。不同体裁的文章，遵循着不同的结构规律，在阅读时，可以依据不同文体特点厘清思路。

3. 经验提升阶段的学习活动设计

经过经验丰富阶段、知识精确阶段的学习，学生由主观的、个别的经验上升为明确的、结构化的知识，这时结构化知识才更具有普适性，才能够迁移。但是迁移和运用，从来都是一个实践问题，只有在实际运用中，结构化知识才能得到检验，结构化知识的价值才能被发现，阅读经验才能再次得以提升。

"统编版"教材自读课文课后的"阅读提示"中都安排了课下阅读，这些课下阅读都是与自读课文直接相关，或者以自读课文为节选，建议阅读原文全文，或者以自读课文为文集之一，建议阅读文集。内容上的延续、不陌生使阅读轻松省时，是运用结构化知识进行阅读训练的最佳材料，最容易与前两个阶段的经验一脉相承，稳步提升阅读经验。

"阅读提示"可以安排课下完成，如果时间允许，也可以课上完成。

《走一步，再走一步》经验提升阶段的活动设计

作业：本文为节选，课下阅读《悬崖上的一课》原文全文。原文具体写了"悬崖上的一课"对我的影响，按照笔记默记"文章思路""找关键词"框架图或者表格，默读删掉的部分，快速找到关键词并勾画出来，说出这部分思路。

加强自读课文学习活动设计，是为了改变教师精讲为主或放任不管的状况，落实学生阅读为主的同时保证阅读的目标、方向和有效性。以上设计研究中，还有两点需要说明，一是关于旁批的使用，旁批虽助力阅读，但不是阅读的航标，应以教学目标为航标，而在学习活动设计中选择、借鉴旁批。二是关于评价规则，可以借鉴"自读课评什么"一节中的评价量表，在教学中根据需要灵活使用。

第三节　课外阅读：多姿多彩的新样态

连类而及，建立课内与课外、语文与生活之间连接的通道……统编教材单元教学内容的安排是给学生提供阅读的"基本口粮"，希望通过这些"基本口粮"，经过三年的积累、建构，能够有效提升学生的语文基本素养。在这些以外，统编教材还为师生提供了更大的弹性把握的空间，目的在于尽可能依托

"基本口粮"给学生提供更广泛、更丰富的阅读内容,提供更多的阅读方法引领,使学生获得更好的阅读效益,这就是"三位一体"中的课外阅读。

——王本华

一、课外阅读的新样态

顾明远(1999)提出,课外阅读活动是相对于课堂阅读活动而言的,它是语文课外活动的组成部分。具体是指学生课外通过阅读书报、影视、网络等进行学习的一种方式。课外阅读活动的作用是课堂教学和学科活动所不能替代的,它不仅能够扩大、巩固和加深课内所学知识,增强求知欲望,丰富精神生活,培养高尚情操,还能帮助学生形成自主学习能力,形成良好的学习习惯。❶

课外阅读的价值历来被认可和重视,但是对课内阅读与课外阅读关系的认识和教材教学层面的处理,却经历了一个漫长的过程。长期以来,课外阅读都被视作非语文教材性的阅读活动,视作在非正式上课时间、非教学场所的阅读活动。机械的定位束缚了课外阅读的发展,所以有必要从学术史和实践史入手,深入理解"统编本"教材纳入课程计划的内涵和意义。

(一)课外阅读的教材化之路

20世纪前期对课内外阅读的关系就有论述,孙本文(1919)指出:"课内教授仅为指导课外自读之预备;国文之主课,宜于课外自读求之,不当斤斤于课内求之也。国文教学的希望在废课本,而代之以课外阅读,课内任务,仅为指示订正而已。"❷ 孙本文有废教材兴课外阅读之思。林轶西(1924)提出:"国文读书关于修身养性的材料是不可忽略的。"❸ 他主张在教材中增添一些课外阅读材料,以便加深课内所学记忆,补充他科所不逮。阮真(1928)提出两点主张:"归纳课外阅读于课内;补充校内阅读于校外。"课内要指导课外,课外要补充课内。

---

❶ 顾明远. 教育大辞典 [M]. 上海:上海教育出版社,1999:286.
❷ 顾黄初,李杏保. 二十世纪前期中国语文教育论集 [M]. 成都:四川教育出版社,1991:81.
❸ 顾黄初,李杏保. 二十世纪前期中国语文教育论集 [M]. 成都:四川教育出版社,1991:341.

20世纪中后期，许多教育家对课外阅读教材化的研究围绕理论和实践两个层面进行。语文特级教师张孝纯提出"大语文教育观"，在教材使用上，她认为，将语文教材中推荐的课外读物当作教材来认识和使用。随着"大语文"教育研究的不断深入，对课外阅读活动的要求也越来越高，张孝纯把课外阅读的材料变成教材，供学生阅读，使其阅读效果更加显著。我国著名的教育家叶圣陶提倡学生多看书，越多越好，他于50年代提出了著名的"例子观"，即"语文教材是个例子"，凭教材延伸到课外阅读活动，从而熟练掌握阅读技能。他重视教材中课外阅读的利用，体现出让学生依托教材来进行课外阅读的观念。朱绍禹（1983）提倡教师胆大心细，对教材进行富有创意的重组和解读，整合各类课程资源，将教材作为例子，将学生的目光由课堂引向生活和课外。❶

　　21世纪以来，对课外阅读与教材关系的研究目标更明确，视野更开阔。陈丽云（2005）指出针对课外阅读的图书数量多、内容杂，学生的就学时期短暂而繁忙这一特点。课外阅读活动就应以教材中知识点为阅读基点，有指向性地向有关方面延伸和扩展，使课外阅读活动更具针对性和实操性。❷窦桂梅（2009）提出了"主题教学"，认为教师要以教材为本，提炼"主题词"，在此基础上，引导学生进行主题阅读的拓展，拓宽学生的视野，丰富学生的积累，从而达到实现"超越文本、超越课内、超越老师"的目的。❸王本华（2012）认为"语文教材对学生的课外阅读活动要给予必要的支撑和引导，因此课外阅读活动应更多地指向获得型阅读"。❹明确提出语文教材对课外阅读的支撑作用。

　　近几年，学者们对课外阅读走进教材从不同角度进行了研究。陈怡婧（2013）提出在初中语文课外阅读活动中要充分挖掘教科书文本的"剩余价值"，以此作为课外阅读活动文本的继续利用。她认为，在课外阅读中开发教材文本的"剩余价值"可以很好地利用课程资源，以拓宽学生知识视

---

❶ 朱绍禹.中学语文教育概说［M］.呼和浩特：内蒙古人民出版社，1983：21.
❷ 陈丽云.中学语文延伸阅读教学的理论与实践［D］.福州：福建师范大学，2005.
❸ 窦桂梅.窦桂梅的阅读课堂［M］.长春：长春出版社，2009：2.
❹ 王本华.多读书，好读书，读好书——谈中小学生课外阅读［J］.课程·教材·教法，2012（1）：5.

野、丰富其背景知识，促进其知识与技能的迁移，帮助他们构建课堂之外教材文本新的意义，使之提高语文素养。❶ 刘高太、李翊（2014）对教材中的课外阅读文本的选择方式进行了探索，他们提出：随文体选例子，以此达到举一反三、触类旁通；随作者选例子，以此达到按图索骥、见微知著；随人物选例子，以此达到顺藤摸瓜、收获惊喜；随地名选例子，以此达到穿越古今、挖掘内涵；随情感选例子，以此达到以爱育爱、熏陶渐染。另外还可随事件、理趣、出处、物象、能力等组织课外阅读文本，但必须明确的是要依据教材文本。❷ 胡莺莺（2017）对语文教材与课外阅读活动的整合提出了以下四条路径：以节选课文为基点，向整本书阅读延伸；以作者为基点，向作者的其他作品或传记延伸；以课文为基点，向同类或相关类作品延伸，实现作品与文学评论双向延伸阅读路径。❸

对课外阅读教材化的深入研究，为课外阅读进教材提供了理论参考。"统编本"初中语文教材借鉴上述研究成果，把课外阅读纳入教材体制，进行统筹考虑、系统规划，使课外阅读成为教材的有机组成部分，更成为阅读体系中最有特点的一个板块。温儒敏（2016）提出："部编版教材把课外阅读纳入教材体制，新教材格外注重往课外阅读延伸，多数课后思考题或拓展题，也都有课外阅读的提示引导。这就建构了'教读—自读—课外阅读''三位一体'的教学结构。这可能是一个突破，语文课怎样才算成功？一定要延伸到课外阅读，让学生养成读书的生活方式。"❹

（二）"统编版"语文教材课外阅读设计

王本华（2018）提出：在"统编本"教材中的课外自读活动主要是强调由课内到课外的拓展阅读、古诗词积累等，是课堂教学的有机延伸和有效补充。❺ 注重课内外的联系，形成"教读—自读—课外阅读"是"统编本"教

---

❶ 陈怡婧. 论初中语文课外阅读活动文本开发的重要意义 [D]. 苏州：苏州大学，2013：26.
❷ 刘高太，李翊. 语文高效课堂拓展阅读选例"五随" [J]. 语文知识，2014（5）：2.
❸ 胡莺莺. 语文教材与课外阅读整合的路径和教学策略研究——以人教版高中语文必修教材为例 [D]. 上海：上海师范大学，2017：14.
❹ 温儒敏. "部编本"语文教材的编写理念、特色与使用建议 [J]. 课程·教材·教法，2016，36（11）：3-11.
❺ 王本华. 构建以核心素养为基础的阅读教学体系——谈统编语文教材的阅读教学理念和设计思路 [J]. 课程·教材·教法，2017，37（10）：39.

材课外阅读建构的突出特点,具体的落实路径有三个,一是以单元课文为支撑的"1+X"拓展阅读,二是"课外古诗词诵读",三是"名著导读"。"名著导读"将在第三章专门论述,下面主要梳理前两个课外阅读的编排。

1. 以单元课文为支撑的"1+X"拓展阅读

"1+X"拓展阅读是"统编本"教材着力打造的课外阅读新路径。"1"就是单元中的教读或自读课文的"这一篇","X"就是围绕"这一篇"涉及的"那一组",或同一作家,或同一主题,或同一题材,或同一体裁,甚至是与"这一篇"相关联的整部作品的阅读。"1+X",就是从课内阅读延伸到课外阅读,以课内阅读带动课外阅读,立足课内阅读拓展课外阅读。

"1+X"拓展阅读主要编排在教读课文的"积累拓展"和自读课文的"阅读提示"中,初中语文教材(七、八年级)共有17篇教读课文的"积累拓展"和25篇自读课文的"阅读提示"中安排了课外阅读。表2-13、表2-14是"积累拓展"中课外阅读一览表和七年级"阅读提示"中课外阅读一览表。

表2-13 "统编本"初中语文教材"积累拓展"中课外阅读一览表(七、八年级)

书册	教读课文	积累拓展	单元
七年级上册	纪念白求恩	许多老一辈革命家都写过纪念白求恩的文章。课外阅读这些文章,小组交流:白求恩大夫身上有哪些品质?哪一点对你触动很大	第四单元
	猫	猫是与人类关系最亲密的一种动物,人们常通过写猫,表达丰富的人生体验。课外阅读夏丏尊的《猫》、靳以的《猫》和王鲁彦的《父亲的玳瑁》,与课文相比较,体会这些文章中作者表达的思想感情	第五单元
七年级下册	说和做	课外阅读闻一多的《太阳吟》《死水》《静夜》等诗作,欣赏其艺术特色,感受其中的艺术追求	第一单元
	黄河颂	课外阅读《黄河大合唱》第三部分《黄河之水天上来》	第二单元
	阿长与山海经	课外翻阅绘图版《山海经》,试着查找关于"九头的蛇""三脚的鸟""一脚的牛"等文字或配图,看看这些"怪物"究竟是什么。同时大体了解这本书的主要内容,感受其神奇色彩	第三单元

第二章　阅读课型的新视点

续表

书册	教读课文	积累拓展	单元
七年级下册	叶圣陶先生二三事	课外阅读吕叔湘的《怀念圣陶先生》，想一想：文中写了哪些事？从中你还看出叶陶先生哪些精神品质	第四单元
	紫藤萝瀑布	宗璞有不少写景状物的散文，如《丁香结》《燕园树寻》《好一朵木槿花》等，课外找来读一读并进行比较，看看这些作品有什么共同的特点	第五单元
	伟大的悲剧	茨威格的《人类群星闪耀时》一书中还有不少精彩的传记作品，如《滑铁卢的一分钟》《黄金国的发现》《越过大洋的第一次通话》等，课外可以找来阅读，进一步品味作家笔下的历史图景	第六单元
八年级上册	藤野先生	"弃医从文"是鲁迅一生中的大事，除了课文，还有一些文章对此也有记述，如《〈呐喊〉自序》。课后查找相关资料，读一读，加深对鲁迅这一人生选择的理解。联系实际，说说鲁迅的人生选择给了你哪些启示	第二单元
	回忆我的母亲	很多作家都写过回忆母亲的文章，比如邹韬奋《我的母亲》、老舍《我的母亲》等。找来进行比较阅读，看看不同作者笔下的母亲形象、文章的写作手法、作品的语言风格等方面各有什么不同	第二单元
	三峡	《水经注》在古代游记散文的发展中有着重要的地位，明末清初文学家张岱认为"古来记山水手，太上郦道元"。课外可以阅读《水经注》中描写孟门山、拒马河、黄牛滩、西陵峡等的段落，体会其写景文字的精彩	第三单元
	与朱元思书	吴均的《与施从事书》《与顾章书》和《与朱元思书》并称"吴均三书"，都是描写山水的名篇，学者钱钟书认为其成就可与《水经注》中的写景段落相提并论。阅读课文以外的两"书"，进一步体会吴均写景文章的特点	第三单元
	苏州园林	曹雪芹笔下的大观园被认为"是一个南北名园的综合"（陈从周语）。读一读《红楼梦》的第十七回，注意其中描写楼台轩榭、假山池沼和花草树木的内容，看看大观园有哪些特点，与课文所写的苏州园林有什么异同	第五单元

· 119 ·

◆ 语文阅读新视点

续表

书册	教读课文	积累拓展	单元
八年级下册	社戏	《社戏》原文开头部分写的是"我"成年后在剧场看中国戏的两段经历。课后阅读这些文字，体会一下，作者通过写不同的看戏经历，表达了一种怎样的情思	第一单元
	回延安	对照这首诗，延伸阅读莫耶《延安颂》、齐念曾《延安，我把你追寻》、曹靖华《小米的回忆》、吴伯萧《记一辆纺车》等，看看这些诗文体现了怎样的"延安精神"	第一单元
	小石潭记	课外阅读"永州八记"中的其他作品，如《始得西山宴游记》《钴鉧潭西小丘记》等，体会柳宗元山水游记的特色。也可以阅读后世的游记作品，如袁宏道《满井游记》、袁枚《峡江寺飞泉亭记》、姚鼐《登泰山记》等，体会其与柳宗元文章风格的不同之处	第三单元
	壶口瀑布	课外阅读郁达夫《西溪的晴雨》、徐迟《黄山记》、王充闾《读三峡》等，体会它们在选材、构思、语言等方面的特点	第五单元

表2-14 "统编本"初中语文教材"阅读提示"中课外阅读一览表（七年级）

书册	自读课文	阅读提示	单元
七年级上册	散文诗二首	冰心的创作曾受到泰戈尔的影响，其作品风格与泰戈尔有相似之处。比如，他们的作品都简洁、清新、细腻，善于从日常生活中撷取细小的物象，捕捉刹那间的灵感，抒发内心丰富的感情，蕴含着深深的哲思。课外阅读《泰戈尔诗选》和冰心的《繁星》《春水》，感受他们作品风格的相似之处	第二单元
	再塑生命的人	如果有兴趣，可以课外阅读《假如给我三天光明》一书，感受海伦·凯勒在逆境中奋进的精神和意志。假如我们在生活中遇到挫折和困难，想到海伦·凯勒，是不是会产生更多的勇气和力量呢	第三单元
	走一步，再走一步	生活中，常常有人遇事因胆怯而畏缩不前，就像文章的"我"那样。你有过类似的经历吗？是怎样克服的？文中爸爸帮"我"脱险的做法对你有什么启发？限于篇幅，课文选入的时候做了删节。不妨课下阅读全文，看看这悬崖上的一课对作者的人生又怎样的影响	第四单元

· 120 ·

续表

书册	自读课文	阅读提示	单元
七年级上册	动物笑谈	透过课文风趣的文字，我们还可以感受到科学工作者专注忘我的精神和极高的专业素养。科学研究不全是为了实用，追求真理本身就充满了乐趣。课文是从《所罗门王的指环》一书中节选的，课下不妨把这本书找来读一读	第五单元
七年级上册	女娲造人	很多民族都有关于人类起源的神话传说，找来读一读，看看先民们的想象有什么相同和不同之处。中国古代还有一些优秀的神话故事，如《夸父逐日》《共工怒触不周山》等，课外读一读	第六单元
七年级下册	一棵小桃树	读完课文，想一想：本文与《紫藤萝瀑布》在写法上有什么相同和不同之处	第五单元
七年级下册	带上她的眼睛	科幻小说将科学与幻想结合起来，创造出一片奇妙而又合理的想象天地。课文也体现了这一特点。你还读过其他科幻小说吗？课外可以阅读一些科幻小说名作，比如刘慈欣的《朝闻道》、阿瑟·克拉克的《星》、费诺·文奇的《真名实姓》等	第六单元

从表中所列，可以看出"统编本"初中语文教材"1+X"拓展阅读具有如下特点。❶

（1）具有鲜明的贯通性

"积累拓展"和"阅读提示"中课外阅读的要求，更好地实现了学生课内阅读经验与课外阅读二者之间的贯通，从课堂教学延伸到课外阅读，让课堂教学与课外阅读一脉相承，层层递进。如七年级下册，课内学习了《叶圣陶先生二三事》，课后推荐阅读吕叔湘的《怀念圣陶先生》，从而对叶圣陶先生的事件有了更多了解，更深刻体会到叶圣陶先生的精神品质，从而深化了价值观念，丰富了人文素养。如七年级上册，课内学了《散文诗二首》，包括泰戈尔的《金色花》和冰心的《荷叶》《母亲》，课外阅读《泰戈尔诗选》和冰心的《繁星》《春水》，课内感受了二者风格的相似，课外扩大阅读视野，继续体会。"1+X"拓展阅读，由课内"1"的阅读经验到课外一组阅

---

❶ 赵玉辉，乔桂英．统编初中语文教材"积累拓展"中课外阅读编写理念研究［J］．中学教学参考，2019（4）：10-11.

读，自然衔接、贯通一气，使学生阅读能力得到整体的提升。

（2）注重文本的适切性

写作强调文体思维，阅读自然也要遵循文体思维。课文文本要与"积累拓展"和"阅读提示"中的课外阅读相适切，共同装进文体的笼子，并指向文体阅读。"统编本"教材"积累拓展"中课外阅读采用"内容主题"模式的同时，也选择与课堂教学的文本同类的文体，以便于依体阅读。比如，七年级上册第十六课《猫》课后"积累拓展"的要求：课外阅读夏丏尊的《猫》、靳以的《猫》和王鲁彦的《父亲的玳瑁》。这些都是以猫为主题的散文，文本的主题和文体与课文适切，促使学生阅读后能更深刻体会到文章中作者表达的思想感情。再如，学习了《带上她的眼睛》，"阅读提示"的课外阅读要求阅读刘慈欣的《朝闻道》、阿瑟·克拉克的《星》、费诺·文奇的《真名实姓》，这些都属于科幻名作，相互照应、比较，能够更全面深入地体会科幻作品中科学与幻想相结合的特点。课堂学习与课外阅读指向同一文体，文本的适切性利于文体思维的发展，便于文体知识和文体阅读技能等阅读经验的建构。

（3）展现样态的多样性

"积累拓展"和"阅读提示"中的课外阅读包容了多种样态。王本华说："拓展阅读与单元教学相配合，是由某篇文章向一组同主题、同题材、同作家或与之关联的整本书的拓展。"[1]"统编本"语文教材在编写中实际呈现的样态更为丰富，依据文体、作者、人物、地名、情感、事件、风格、理趣和出处等多种要素，选择课外阅读的文本。比如，八年级上册《与朱元思书》，是精美的写景短文，"阅读提示"要求课外阅读吴均的《与施从事书》《与顾章书》，通过同一作者的多个代表作的阅读，进一步体会吴均写景散文的特点，认识吴均的艺术追求。再如，八年级下册第二课《回延安》，课后"积累拓展"要求延伸阅读莫耶《延安颂》、齐念曾《延安，我把你追寻》、曹靖华《小米的回忆》、吴伯箫《记一辆纺车》，这些作品深刻体现出了延安精神，是同一主题和情感的不同作家的作品阅读。如前所列，七年级下册

---

[1] 王本华. 构建以核心素养为基础的阅读教学体系——谈统编语文教材的阅读教学理念和设计思路 [J]. 课程·教材·教法，2017，37（10）：35-42.

《叶圣陶先生二三事》和《怀念圣陶先生》是依据同一人物"叶圣陶"组织的阅读。课外阅读展现形态的多样性，是对文本的深度开发和整合，同时为教学的多样性提供资源。

（4）强调阅读的方法性

"统编本"教材非常注重阅读方法的学习，而且单元提示中都有明确要求。教读—自读—课外阅读的阅读板块之间的联系之一，就是阅读方法，从"学法"到"用法"，将自读课文作为"中转站"，它的"用法"，体现了在教读课所学的阅读技能基础上的丰富，课外阅读的"用法"，是阅读方法的深入、综合、灵活运用。比如，八年级上册第六课《回忆我的母亲》，课后比较阅读邹韬奋《我的母亲》、老舍《我的母亲》，从而看到不同作者笔下的母亲形象、文章的写作手法、作品的语言风格等方面的不同。比较阅读是更充分、更深刻理解文本的方法，可以开阔学生眼界，活跃学生思想，同中求异，把握作品特点，从而提高学生的鉴赏能力。除比较阅读外，以某个要素组织文本，就初步具备了专题阅读、群文阅读的特点，可以根据实际加以利用，以及在课外阅读中提升阅读方法的综合性和灵活性，培养学生的阅读素养。

2. 课外古诗词诵读

"课外古诗词诵读"板块，每册安排2次，每次安排4首，每学期有8首，6册书共48首，具体见表2-15。"所选诗词除课程标准推荐的诵读篇目外，另外还增加若干经典名篇，要求学生能够熟读背诵，以培育对传统文化及汉语美感的体认，加强文化积累"❶。这是对教材中课外古诗词的数量和质量的总要求。

表 2-15　"课外古诗词诵读"编排一览表（七年级上册、八年级上册）

书册	位置	篇目标题	作者	朝代	诗词体例
七年级上册	第三单元后	峨眉山月歌	李白	唐	绝句
		江南逢李龟年	杜甫	唐	
		行军九日思长安故园	岑参	唐	
		夜上受降城闻笛	李益	唐	

---

❶ 北京教育科学研究院.《义务教育教科书教师用书》[M]. 北京：人民教育出版社，2018：5.

续表

书册	位置	篇目标题	作者	朝代	诗词体例
七年级上册	第六单元后	秋词（其一）	刘禹锡	唐	绝句
		夜雨寄北	李商隐	唐	
		十一月四日风雨大作（其二）	陆游	宋	
		潼关	谭嗣同	清	
八年级上册	第三单元后	庭中有奇树	《古诗十九首》	汉	汉乐府
		龟虽寿	曹操	汉末三国	
		赠从弟（其二）	刘桢	三国	
		梁甫行	曹植	三国	
	第六单元后	浣溪沙（一曲新词酒一杯）	晏殊	宋	词
		采桑子（轻舟短棹西湖好）	欧阳修	宋	
		相见欢（金陵城上西楼）	朱敦儒	宋	
		如梦令（常记溪亭日暮）	李清照	宋	

和"人教版"教材"课外古诗词诵读"板块相比，"统编版"教材有几个创新之处，需要关注和认识。

（1）按诗体分类编排

诗歌体式是诗歌的创作形式，有古体诗和近体诗之分，古体诗有乐府、古风、歌行等类，形式自由，长短不拘。近体诗分为律诗和绝句，表现为五言诗或者七言诗，讲究平仄押韵，对仗工整。不同体式的诗歌外部结构不同，句式长短、句数多少、押韵方式的不同会给人带来不同的美感体验，所谓"长篇以叙事，短篇以写意；七言以浩歌，五言以穆诵"。不同体式的诗歌有着不同的美学特征，也有着不同的创作规律和写作技巧。

与"人教版"教材"古诗词背诵"各种诗体混合编排不同，"统编版"教材12个"课外古诗词诵读"，整体上体现出按体编排、集中呈现的特色。七年级上下两册选文诗体都是绝句。八年级上册第一次"课外古诗词诵读"选文均为汉魏古体诗，第二次则全为宋词；九年级上册第一次"课外古诗词诵读"均为唐代律诗，九年级下册第一次"课外古诗词诵读"均为词。这样的编排利于学生把握不同诗体的形式、风格，鉴赏不同诗体的美学特征。

诗歌体式的编排顺序由易到难。从学生最为熟悉的绝句开始，依次是汉乐府、词、诗经、律诗、曲。诗词绝句，从五言绝句到七言绝句，也是体现了由易到难。

（2）配合教读课文编排

"统编版"初中语文教材 6 册书的单元课文中共有 36 首古代诗歌，分别安排在 9 个主题单元中。所在单元位置都是第三单元或者第六单元，全部为教读课文，而"课外古诗词诵读"全部安排在第三单元或者第六单元，用意十分明显。

从诗体上看，教读课文中的古诗词和"课外古诗词诵读"的古诗词也是紧密配合的。教读课文中的古诗词是在单元主题下设置的，每篇课文二到五首诗，体现了共同的主题，在诗体上追求各体兼备和一体专攻相结合。各体兼备的有五个，七年级上册的四首分别是汉乐府、绝句、律诗、曲；七年级下册五首分别是歌行体、律诗和绝句；八年级上册五首分别是古体、律诗、绝句和词；九年级上册三首分别是古体、律诗、词；九年级下册第二篇五首分别是古乐府、歌行、词、律诗、曲。一体专攻的有四个，八年级上册唐诗五首都是律诗，八年级下册诗经两首、唐代古体诗三首，九年级下册词四首。可以看出，除了学生最熟悉的绝句和较小众的曲，其他诗体在教读课文中都设置了一体专攻的篇目组合。

七年级教读都是各体兼备，"课外古诗词诵读"都是学生已经熟悉的绝句；到八年级，学生在教读中多次接触各类诗体，在此基础上，"课外古诗词诵读"中陆续安排乐府、词等诗体诵读，课外阅读和教读课文是紧密配合的。八年级下册的《诗经二首》与"课外古诗词诵读"中《式微》与《子衿》更是直接对应，扩展阅读。

二、"1+X"拓展阅读的指导

义务教育语文课程标准（2022 年版）要求义务教育阶段课外阅读总量达到 405 万字，其中七到九年级学生课外阅读总目标的要求明确："学会制订自己的阅读计划，广泛阅读各种类型的读物，课外阅读总量不少于 260 万字,每学年阅读两三部名著。"❶ 但是课外阅读教学长期以来并不被重视,"统编本"初中语文教材将课外阅读正式纳入教学体制,成为教学内容必须完成的目标。这个新变是突出的、鲜明的,将给教学带来某种"冲击力"。我们要树立目标意识,实现课外阅读纳入教学计划的软着陆。

如何实现软着陆呢?课外阅读是"统编本"教材的重要组成部分,但课外阅读毕竟主要依赖课外,以学生自读为主,课内主要发挥教师的指导作用。如何做好"1+X"拓展阅读的指导呢?目前对"统编本"教材拓展阅读指导的研究尤其是实践研究几乎没有,需要在借鉴历史研究的基础上,面对"统编本"教材拓展阅读实际情况进行探索和尝试。

(一)课外阅读指导的相关研究

近十年相关论文近 700 篇,内容大致分为两类:指导原则和阶段指导,阶段指导又分为三类,分别是读前指导、读中指导和读后指导。

指导原则集中于课内指导与课外阅读的关系、教师指导与学生阅读的关系。徐碧玲(2015)认为,要以课外阅读和课内学习同步协调和课外阅读分目标、分文体渐进作为课外阅读课内化的策略与方法。❷ 杨丽铭(2013)提出:"课外阅读课内指导应该指向于学生、教师通过课堂教学互动,构建课外阅读方法结构并运用结构,同时形成一种普适化的课外阅读课内指导的策略,用于指导教学。"❸ 王宇清(2007)指出:教师要为学生提供示范,让学生从模仿中质疑而渐渐转向独立的质疑。使学生在这个过程之中渐学渐会,教师进行示范的作用在这个过程中尤为重要。❹

读前指导主要从读物推荐、激发学生兴趣、明确阅读目标、提示阅读方法四个方面进行。沈远铭(2015)认为,读前阅读材料推荐要将课堂"内"和"外"对接起来。从课内文本出发,以课内文本为基点,有效完成课内外

---

❶ 中华人民共和国教育部. 全日制义务教育语文课程标准(2022版)[S]. 北京:北京师范大学出版社,2022(4):15.
❷ 徐碧玲. 小学高段课外阅读课内化策略研究[D]. 杭州:杭州师范大学,2015:38.
❸ 杨丽铭. "课外阅读课内指导"课型的构建与实践研究[D]. 南京:南京师范大学,2013:18.
❹ 王宇清. 中学生课外阅读策略指导模式研究[D]. 上海:华东师范大学,2007:52.

阅读活动的连接，以此来防止教师在推荐课外阅读文本的杂乱和盲从。❶"统编版"教材已经完成了这样的读物推荐。陈万勇、黄志铃（2007）认为读前指导应注重设置明晰的阅读目标。他们提出，在进行课外阅读活动之前，教师应该努力启发并指引学生净化阅读的目的，过滤、剔除那些杂乱、分散的阅读目的，而树立正确、高雅的阅读目的，以此来强化科学的阅读指向。❷田凤云（2013）认为初中生阅读模式分别是：比较阅读、批注式阅读、个性化阅读和主题式阅读。

读中指导强调"大处着眼，小处入手"，立足阅读习惯的养成。沈远铭（2015）作出了全面的阐述。他认为，在课外阅读活动过程中，教师要处理好"大"和"小"这一关键问题。所谓"大"具体来说是指课外阅读活动的指导要立足学生丰厚的语文素养，为学生精神的成长奠定基础；所谓"小"具体是指，教师在课外阅读活动中要做到"低起点、高落点"，第一关注学生阅读小习惯的培养；第二重视阅读小技巧的练习；第三依据学生能力进行分层指导。最终使每位学生都学有所获。❸石弘芬（2017）提出："指导学生进行课外阅读活动务必坚持听、说、读、写的强化训练。"❹

读后指导从识记背诵和积累、强化阅读效果和总结读书方法三个方面进行。陈万勇、黄志铃（2007）认为：学生进行大量课外阅读活动之后，必须要强化阅读的理念，使学生学会选择、思考、吸收和运用。❺郭敏（2018）认为："课外阅读活动完毕之后进行分享交流。可以将感性认识与理性认识结合起来，消除学生在大量阅读后的疲惫，能够有效推动阅读效果。"❻

（二）"1+X"拓展阅读的指导规划

作为指导规划，要立足初中语文教材六册书，进行整体安排和设计。"积累拓展"和"阅读提示"中的拓展阅读共42个，从课时的实际情况

---

❶ 沈远铭. 小学生课外阅读指导要处理好四个辩证关系 [J]. 教学与管理, 2015（11）：3.
❷ 陈万勇, 黄志铃. 破解课外阅读指导的死结 [J]. 教学与管理, 2007（10）：65.
❸ 沈远铭. 小学生课外阅读指导要处理好四个辩证关系 [J]. 教学与管理, 2015（11）：3.
❹ 石弘芬. 小学生探究性课外阅读"三化"指导原则初探 [J]. 吉首大学学报（社会科学版），2017, 38（S1）.
❺ 陈万勇, 黄志铃. 破解课外阅读指导的死结 [J]. 教学与管理, 2007（10）：66.
❻ 郭敏. 语文核心素养下的初中课外阅读指导策略研究 [J]. 课程教育研究, 2018（37）：79.

看，仅用于教读、自读课已经出现不足，"1+X"拓展阅读、课外古诗词诵读、名著导读都需要课内指导，课时严重不足。对42个拓展阅读的读前、读中、读后都进行指导是不现实的，但是草草几句就算指导是低效甚至无效的。所以要做好指导规划，有目的、有取舍、有步骤地进行指导，以提高课内指导的有效性，发挥课内指导的作用。

1. 指导目的

指导目的在于打造课内样本课，在学生阅读、交流、教师指导中，展示和构建典型的阅读思路、阅读方法、思维方法等，为学生课下阅读，更为以后同类拓展阅读提供路径。换言之，通过具有典型性的多个不同类型的"1+X"拓展阅读的指导课，建构起可以迁移的典型的阅读经验，便于学生举一反三，顺利完成同类阅读。

2. 指导内容

从文献中可以得知，三个指导阶段各自有各自的指导内容和重点，按照顾泠沅内容型、方法型、形式型的框架建构，对三个指导阶段的指导内容进行梳理，建立指导内容的二级维度。结合"积累拓展"和"阅读提示"的编排（见上节），对二级维度进行描述（表2-16）。

表2-16 "1+X"拓展阅读指导内容

一级维度	二级维度	描述
内容型	挖掘课内外文本联系	从单篇发散到作品全貌、同作家对接、同题材连接、同主题联系、同体裁照应等
	凝聚阅读目标	体会语言风格、品味写作手法、分析人物形象、感受精神品质、深化思想感情
方法型	比较阅读	把内容或形式相近的或相对的一组文章放在一起，对比着进行阅读。在阅读过程中将其有关内容不断进行比较、对照和鉴别
	批注式阅读	直接在书上做记号（圈点或划线）和写上简单的心得、体会、评语或疑问等，用阅读笔记进行特殊的文本细读
	主题阅读	围绕给定主题，以一篇带多篇进行阅读，通过大量主题阅读和学习，获得关于该主题的丰富感悟和积累
	个性化阅读	激发学生的参与热情，找到分析的最佳角度，倡导独立思考

续表

一级维度	二级维度	描述
形式型	个别形式	尊重学生学习经验风格、学习能力、学习兴趣等独特的个性化特点，依据需要学习的内容作出个性的选择
	小组形式	以小组学习形式完成收集、处理信息等任务
	集体形式	集体对文本进行系统学习，学生直接经验较少，教师面向集体传播信息

在一次指导课中，内容型、方法型、形式型的指导都会涉及，指导型多是综合型的，但是方法型的指导具有核心价值。徐文军（2013）认为，课外阅读活动指导的重点是教给学生阅读方法。阅读方法的指导一定要契合学生年龄、认知特点和心理特征，而且阅读方法指导要求必须体现循序渐进原则。❶ 李家栋（2013）指出阅读活动指导是以方法型指导为核心任务，"课内习得方法，课外求得发展"。❷ 如前所述，读前、读中、读后三个阶段的指导都把阅读方法作为重要内容。

所以，在做整体规划时，要把阅读方法作为指导的核心内容，从而带动内容和形式的指导。精读、浏览、默读、朗读是基础方法，而沿袭教读课、自读课形成的经验，在课外阅读中依然有广泛的使用。比较阅读、批注式阅读、主题阅读、个性化阅读是针对性比较强的方法，是针对课外阅读编排特点的阅读方法，是"积累拓展"和"阅读提示"重点要学习和掌握的。四种阅读方法可以各准备2—3次指导课，从指导阶段考虑，根据需要安排在读前、读中或读后。从指导内容组合考虑，方法型和内容型的指导内容有计划地搭配起来，如比较阅读可以分别和体会语言风格、深化思想感情的目标组合，形成风格比较阅读、感情比较阅读两类样本课。主题阅读可以分别和同作家对接、同题材连接两类拓展阅读组合，形成作家主题阅读、题材主题阅读两类样本课；批注式阅读可以和多个同体裁拓展阅读组合，形成写景散文批注阅读、叙事散文批注阅读、游记散文批注阅读样本课。

---

❶ 徐文军. 基于儿童本位的课外阅读指导［J］. 上海教育科研，2013（10）：2.
❷ 李家栋. 阅读课型研究［M］. 济南：山东教育出版社，2013：15.

(三)"1+X"拓展阅读的指导策略

以阅读方法为指导重点,探索普适化的课外阅读课内指导的策略,用于教学,是拓展阅读研究的重点。

1. 内容型指导策略

(1) 唤醒课内经验策略

阅读的核心是理解,而关于读者的理解需要借助两种经验。即生活经验和语文经验,读者正是通过这两种经验与正在读的文章内容发生作用来理解文章的❶。课内文本与课外文本内容之间的贯通性是"积累拓展"中课外阅读活动的显著特点。"统编版"教材的编排将课内文本与课外文本内容之间相贯通,便于实现学生课内阅读经验与课外阅读经验两者之间的衔接,使课堂教学延伸到"积累拓展"中的课外阅读,让课内与课外阅读一脉相承。

教师在进行课外阅读活动的指导时,要指导学生学会借助课内习得的语文经验和生活经验,立足课内,唤醒学生与之相关的课内经验知识,唤醒策略因课内经验类型而不同。在《回忆我的母亲》"积累拓展"的课外阅读活动中,在课内学习的基础上,指导学生对朱德心中母亲的形象、文章的写作手法和作家的语言风格进行简单的整理。当学生唤醒自己课内所习得的知识和经验时,教师顺水推舟指导学生对邹韬奋《我的母亲》和老舍《我的母亲》中母亲形象、写作手法和语言风格进行对比分析。学生回顾课内所习得的语文知识,迁移运用到"积累拓展"中推荐的两篇课外阅读文本中。借用课内所学来展开"积累拓展"中的课外阅读活动是基础、有效的一条途径。

(2) 凝聚目标

陈万勇、黄志铃(2007)认为课外阅读活动的指导应注重树立明晰的阅读目标。❷ 王卫华(2018)提出,课外阅读不像课堂教学有明晰的学习目标。在开展课外阅读活动之前,应指导学生确定阅读目标,以便提高课外阅读指导的针对性。❸

---

❶ 王荣生. 阅读教学教什么[M]. 上海:华东师范大学出版社,2016.
❷ 陈万勇,黄志铃. 破解课外阅读指导的死结[J]. 教学与管理,2007(10):65-66.
❸ 王卫华. 课外阅读教学指导策略谈[J]. 小学教学参考,2018(34):31-32.

"积累拓展"和"阅读提示"中的课外阅读活动是由课堂教学的课内文本对接到课外文本的阅读活动，在内容上看似纷繁复杂，实则文本之间自然衔接、贯通一气，有着明确、清晰的阅读目标。通过梳理"积累拓展""阅读提示"中课外阅读活动内容的提示和要求，归纳出以下阅读内容：语言风格、写作手法、人物风采、精神品质和思想感情，基于此，将课外阅读目标细化为体会语言风格、品味写作手法、鉴赏人物风采、感受精神品质和表达思想感情五个方面。

课外阅读活动的指导，应该始终围绕课外阅读活动的目标进行，聚焦某一方面拓展阅读，深化指导。避免全面展开指导，陷入课内教读课阅读指导的习惯中。如《三峡》"积累拓展"中的课外阅读，要求课外阅读《水经注》的其他段落，体会文中写景文字的精彩。教师指导课的重心要放在指导学生品味写景文字的魅力，并在冗长的文本中，锁定写景文字进行品味。课外阅读以学生课下阅读为主，学生思想容易跑偏或者分散关注点，课内指导课要"定向"、聚焦某一点，引领课下阅读的方向，以帮助学生顺利完成阅读任务。

2. 方法型指导策略

方法型指导策略是课外阅读指导的重点，所谓"课内求方法，课外求发展"，就是通过指导课获得课下拓展阅读的策略和路径。"积累拓展"和"阅读提示"中的课外阅读活动注重不同篇目之间的同、异与连接，具有系统化、思辨性明显等特点，除精读、略读、浏览等基础方法的迁移运用外，还需要重点指导比较阅读、主题阅读等针对性的方法。

（1）基础方法指导：略读与精读相结合

精读指向细腻的感受、透彻的理解和广泛的联想；略读则是主动的舍弃，有意的忽略，以求更高的效率。课外阅读旨在提高阅读量，扩大阅读视野，所以，略读是主要方法，而精读是次要方法，但在同一课外阅读活动中可以交替结合使用。整体理解文本的阅读、与阅读目标无关的阅读、写作手法雷同片段的阅读，可以粗读、泛读、跳读，指向阅读目标的阅读需要对课内文本与课后文本细读、精思，通过提要、比较、评价各种方式对文本内容开展剖析化阅读,将课文内容归纳总结,形成知识网络,把新学知识纳入学生原有知识结构中去,并在此基础上做到知识的迁移。

在开展课外阅读活动中,通过让学生运用精读和略读相结合的策略,可以提高阅读的速度与质量。最终使学生能够学以致用,久而久之自觉地将精读与略读交替运用,提升阅读能力。

(2)重点方法指导:思维方式与程序技巧相结合

"1+X"拓展阅读从单篇到多篇,从单篇到全书,阅读视野扩大了,篇目之间相互比对,内容之间相互照应,思辨性明显增强。方法指导更多要关注学生思维品质的提升,将程序性知识和思维方式的指导运用结合起来。下面以比较阅读的指导为例予以论述。

比较阅读在"积累拓展"和"阅读提示"中的课外阅读中运用较多。比较阅读策略包括比较目的的确定、比较文本的选择、比较点的设置和比较方式。"积累拓展"和"阅读提示"中已经提供了比较文本和比较点,所以教师只需要在其他两个方面实施指导。

确定比较目的。教材已经提示了目标,包括体会语言风格、品味写作手法、鉴赏人物风采、感受精神品质和表达思想感情五个方面。但针对"比较阅读",还要分为以下三种情况。一是旨在丰富阅读体验。和单篇阅读相比,比较阅读将两个或多个文本联系起来,扩充阅读量的同时,也丰富了阅读体验,如《散文诗二首》已经让学生看到了冰心和泰戈尔诗歌的相似之处,拓展阅读《泰戈尔诗选》和冰心的《繁星》《春水》,是进一步丰富这种体验。二是旨在深化对文本的理解。比较阅读中使用的思维方式是比较,比较是认识事物的一种方法,是确定研究对象之间异同的逻辑方法,通过比较提高思维品质,可以更本质和全面地认识文本,从而深化对文本的理解,如《社戏》拓展阅读原文开头部分——"我"成年后在剧场看中国戏的两段经历,通过多个看戏经历比较,深化理解作者在社戏中的情感。三是明确作家作品的特性和共性。在阅读关注点方面,比较阅读中关注点多维化,更全面深入地探析了作品内涵和风格,因而能够更加明确作家作品的特性和共性,如《女娲造人》"阅读提示"中的课外阅读,拓展阅读《夸父逐日》《共工怒触不周山》等神话，旨在认识神话这类作品中"想象"这一特点。

引导比较方式。教材中的比较方式有两种：同中求异、异中求同，两种方式经常结合使用，用来比较多文本的相同之处和不同之处。两种方式都要经历阅读、分析比较、联系联想三个阶段。阅读是比较的前提，通过阅读收集信息，阅读指导重点是要指导学生反复阅读。第一次阅读收集到的信息，往往不能深入理解，需要经过比较有了认识后，才能更细致、更深入地阅读，所以要指导学生经历阅读、比较、再阅读、再比较的过程。分析就是解剖，把阅读对象解析为细节，把各个细节区别开来，很细致、很系统。如《回忆我的母亲》课后要求阅读邹韬奋和老舍的《我的母亲》，以比较不同作者笔下的母亲形象，在分析阶段，将母亲形象分解为日常行为和对待孩子两类细节，对待孩子又分解为对孩子的态度和教育方法两类细节，然后通过细节来比较。除了系统比较，还要关注典型细节和重点细节的比较，如教育孩子的细节，邹母一边哭一边说"打得好"的野蛮教育，而舒母性格的言传身教，是完全不同的两种教育方法；邹母要给儿子请先生，所以节衣缩食，舒母筹款支持了儿子升学的愿望，一个主动，一个遇到事扛事，见识和性格有区别。联系、联想是在分析和比较的基础上把已经被分解的成分连接起来综合成规律性的认识，从不同规定中找出统一的本质。经过分解、比较、再综合，可以看出，邹韬奋心中的母亲坚强、慈爱、重视对孩子的培养教育，而老舍心中的母亲勤劳、隐忍但不软弱。

3. 形式型指导

形式型指导属于教学组织形式的指导，它包含集体形式指导、个别形式指导和小组形式指导。

一般情况下，教师会将集体阅读指导和个体个性化阅读指导相结合。郭敏（2018）提出将课外阅读活动的集中阅读与个性化阅读相结合。而且课外阅读可依据班级的整体情况以及个人的情况进行个性化"定制"。❶ 集中阅读指导要面向全体学生，指导的内容是基础的、不可或缺的知识信息和共性问

---

❶ 郭敏.语文核心素养下的初中课外阅读指导策略研究［J］.课程教育研究，2018（37）：78.

题。《三峡》课后要求课外阅读《水经注》相关段落，体会写景文字的精彩，对初中学生来说，《水经注》是语言非常简练的文言文，重点文字的疏通是需要集体指导的。另外，学生对写景类的文言文阅读兴趣不浓厚，教师可指导学生共读孟门山和拒马河段落，发挥诵读优势以激发学生的阅读兴趣。

个性化阅读指导要面向学生个体，关注的是学生个体不同的阅读兴趣、阅读能力和阅读体验。《水经注》相关段落的阅读，学生对写景文字体验差异较大。对体验感受较为深入的学生，指导其从具体的语言文字入手，继续研读达到高峰体验；对体验较浅的学生，指导其在阅读文本、探究精彩文字的过程中，激起更多更大的期待体验。教师要尊重学生的独特性，并针对性地加强对学生个性化的指导。个性化阅读指导可以通过作业检查批阅的方式进行。

"统编本"初中语文教材"1+X"拓展阅读设计，解决了课外阅读随意化、边缘化的问题，在课内外阅读有机结合成为现实的路上迈进了一大步。目前，"积累拓展"和"阅读提示"中课外阅读的实践还没有展开，需要真正重视起来，开展研究，推出课内指导的样本课，样本课在精不在多，以课堂为出发点，将影响力延伸到课外，让课外阅读有序、有效、持续地进行下去。

三、课外古诗词诵读指导

古诗词是我国传统文化的经典，学习古诗词有利于继承和发展中国的传统优秀文化，课标和教材都很重视古诗词，初中阶段要求背诵优秀诗文80篇（段）。诵读是我国传统的教学方法和学习方法，在语文学习中对培养学生语感、激发学生兴趣、提高学生审美水平等方面具有重要的作用。课标和教材历来都很重视古诗词诵读，课标指出："诵读古代诗词、阅读浅易文言文，能借助注释和工具书理解基本内容，注重积累、感悟和运用，提高自己的欣赏品味。"[1] 各个版本的教材除了教读课文中的古诗词，都安排了专门的古诗词诵读板块，如"苏教版"的"诵读欣赏"，"人教版"的"课外古诗词背诵"

---

[1] 中华人民共和国教育部. 全日制义务教育语文课程标准（2022年版）[S]. 北京：北京师范大学出版社，2022：15.

等，"统编版"的"课外古诗词诵读"更是在编排体系、内容、形式上都十分用心。但是，该板块的教学一直处于一个尴尬的境地，作为课外诵读，学什么？教与不教？怎么教？都很令人困惑，需要做出明确的回答。

（一）"课外古诗词诵读"学什么

1. 学诵读方法

《义务教育语文课程标准》要求：应加强对阅读方法的指导，让学生逐步学会精读、略读和浏览。有些诗文应要求学生诵读，以利于丰富积累、增强体验，培养语感。❶ 可以看出课标把诵读作为阅读方法，要求学生学习。

《说文解字》中说："诵非直背文，又为吟咏以声节之。"古代的诵是有腔调的，《学记》中说："今之教者，呻其占毕。"呻就是"吟诵"，是"长咏"，由此可见，古人诵的腔调虽不可知，但"长言"，就是拖长音调，是可以确定的，和"吟"相比，停顿应稍短一些。

诗词曲赋历来讲究平仄韵律，可以合乐而唱，有的原本就有曲谱。梁简文帝《十五国风义》说："在辞为诗，在乐为歌。"诗是歌的文字形式，歌是诗的音乐形式，二者是紧密结合的。至于诵，由于诗词特有的节奏，就更具备充足的条件了。由于声律的变化，今天的学生很难像古人那样按照诗词固有的音律曲谱去吟诵诗词。但是即使放宽了声律的要求去诵读，对学习古典诗词也是有益的。诵读有利于创设与教学内容相适应的学习情境，引起学生情感体验，帮助理解学习内容，促进心理机能全面、和谐发展；诵读动容传神，有利于激发学生学习兴趣，排除外来干扰，集中学生注意力；诵读有利于记忆，心理学实验表明，识记有节奏、有韵律的材料比识记无节奏、无韵律的材料记忆效果要好。

古诗词诵读作为一种传统的阅读方法，和普通文章的朗读相比，最突出的特点就是它的节奏感。需要按照诗词的节奏，在停顿处，字音稍稍延长。节奏有音调节奏、意义节奏和平仄的组合节奏三种。

音调节奏实质上是指自然形成的语言节奏，古诗词每两个音节组成一个

---

❶ 中华人民共和国教育部. 全日制义务教育语文课程标准（2011年版）[S]. 北京：北京师范大学出版社，2012：14.

节奏，奇字句中，必有一个单音节构成一个节奏。如王维的《汉江临泛》："楚塞三湘接，荆门九派通。"每句三个节奏点，按音调节奏处理成"楚塞—三湘—接，荆门—九派—通"，这往往是自然流露出来的节奏，特别是学生在齐声朗读时也往往如此。

意义节奏是从词或短语的意义结构着眼的。在诗句中音调节奏和意义节奏有时是一致的，如"楚塞三湘接，荆门九派通"两句；有时二者并不一致，如"郡邑浮前浦，波澜动远空"两句，按音调节奏，就成了"郡邑—浮前—浦，波澜—动远—空"。按意义节奏就应为"郡邑—浮—前浦，波澜—动—远空"。有时当意义节奏和音调节奏冲突时，可以这样处理，先按意义节奏划分第一个层次的节奏，如"八千里路云和月"，按音节节奏应为"八千—里路—云和—月"，考虑到词义的完整性，划分为"八千里路—云和月"；然后再进行第二个层次的划分："八千—里路""云和—月"，但是第二个层次的节奏间停顿时间值较第一个层次短。

平仄组合节奏是指声调在诗句中的变化安排。近体诗和词有严格的平仄和韵律，以近体诗来说，平仄在诗句中是交替出现的，以王维的《汉江临泛》为例：

楚塞三湘接，（仄仄平平平）

荆门九派通。（平平仄仄平）

江流天地外，（平平平仄仄）

山色有无中。（平仄仄平平）

每句后三个字中必有一个单音节节奏，如一、二句的最后一个字，三、四句的第三个字。平仄组合节奏同意义节奏、音调节奏也会出现冲突，要结合具体情况处理。

按照平仄组合节奏，古代诗歌尤其是近体诗的诵读有如下规律：①"平长仄短"。要求平声长读，仄声短读，特别是处在节奏点（第二、四字）上的字音。②前短后长，前轻后重。主要体现在双音节节奏的处理上，无论是"平平"还是"仄仄"，节奏点都在第二字。平声长读，但两个平声还要分长短，前短后长；仄声短读，但两个仄声还要分轻重，前轻后重。③单音节节奏的处理十分灵活。如"仄仄仄平平"中的第三个仄声,"平平平仄仄"中第三个平声。以王维的诗句"郡邑浮前浦(平平平仄仄),波澜动远空(仄仄仄平平)"为例,在吟诵中,双音节节奏"郡邑"中"邑"长于"郡","波澜"中"澜"重于"波";单音节节奏"浮"为平声,自然要长读,但较前平声字"邑"要短,"动"为仄声单音节节奏,短读但宜重于前一个仄声"澜"。

在普通朗读知识的基础上,从古诗词的特有节奏出发,了解古诗词诵读的知识,在诵读实践中学会古诗词诵读技能,这是"课外古诗词诵读"首先要学习的。

2. 熟读背诵

课标要求初中阶段背诵古诗词80篇,教材中教读课文中有36篇,"课外古诗词诵读"中有48篇,可以达到古诗词背诵的数量。

熟读背诵,要求学生在反复诵读中形成记忆。诵读把古诗词有节奏、有韵律的特点充分发挥出来,便于识记;诵读要求把握古诗词的节奏,在节奏的划分中就已经包含了对诗意的理解;诵读要有一定的语气、语速、语调,势必要把握诗词的感情基调,同时在诵读中反复感受着这种情感基调。综上所述,反复诵读中产生的记忆是有意义的识记,信息储存的时间长,储存内容能够被定位和提取,从而达到积累的目的。

相对于熟读背诵,死记硬背是强制性的记忆,容易被遗忘和漏错。所以,"课外古诗词诵读"所要求的"熟读背诵",不是单纯的记住,而是反复诵读自然牢记。

3. 积累文化、体悟美感

古诗词是重要的文化载体,短短几十个字,却浓缩了中国几千年的风俗习惯、生活方式、心理特征、审美情趣、价值观念;古诗词也是重要的审美文本,内容和形式都能给人以审美体验。我们为什么重视古诗词诵读?目的还是要通过内涵丰富的经典文本来培养学生的核心素养。关注古诗词所传递的传统文化和渗透其中的美感,与"审美鉴赏与创造""文化传承与理解"的目标是一致的。

"课外古诗词诵读",不能仅仅满足于对诗歌浅层意思的理解,还要挖掘诗歌背后的文化意蕴,体验古诗词的独特美感。但是作为课外诵读的古诗词,对文本的深入理解不等同于教读课文,不应以讲议的方式获得,而应以在诵读中领悟为主。

综上所述,"统编版"语文教材中的"课外古诗词诵读"板块,以"诵读"为首要学习方法,以"熟读背诵"为必要学习目标,以提升学生"语文核心素养"为最终的学习目的。有明确的任务,还要和教读课文的古诗词配合,不同于学生自主的、随意的课外古诗词阅读。所以,需要教师做好规划,进行有侧重的指导,这也就回答了"教与不教"的问题。

(二)"课外古诗词诵读"怎么教

1. 现状讨论

秦燕通过调查发现,大部分师生将"诵读"理解为"朗读+背诵",他们认为这是一种"读"和"背"综合起来的古诗词教学方式,很多师生不愿意花时间和精力去探索这种教学方式。大多数学生都利用早自习的时间去诵读古诗词,很少有学生在课余时间去主动诵读古诗词。教师在古诗词诵读教学中都以齐读和自由读为主,教师范读少,也不再花心思去摸索其他诵读方式,如配乐诵读、比赛诵读、分角色读等,更不再花心思去开展其他诵读活动,如开设趣味诵读课、古诗词诵读欣赏课等,导致师生对古诗词诵读的兴趣日渐下降。古诗词的格律知识是指导诵读的重要基础,关乎古诗词诵读的字音节奏、语速语调、情感内涵等,但它们理解起来又很困难,需要花费大量时间和精力,在实际教学中,师生缺乏古诗词格律知识,无法理解诵读的相关知识。[1]

刘义晶通过课堂观察发现,教师教学方式偏传统的讲读法,对照参考书串讲,而很少组织诵读活动。偏重字词的解读,教师从字词句的解读入手,让学生去感受意境美、情感美。许多教师为了迎合考试的要求,对古诗词的教学要求就是让学生去背诵,很少会组织诵读活动。在这样的教学情境

---

[1] 秦燕. 初中语文古诗词诵读教学研究 [D]. 重庆:重庆师范大学,2019:36-38.

下，学生的感受体悟能力会越来越差，自然而然学生对诵读古诗词的兴趣也越来越低。❶

张宇航的研究发现，教师缺乏课型的区分，"课外古诗词诵读"部分不同于课内古诗词，它强调以学生自学为主，由于学生自学的效率不高，70%的教师会在教学中对这一版块进行逐首讲解，来引起学生对于"课外古诗词诵读"部分的重视。讲解内容也和课内古诗词没有区分，以字词订正、诗句理解、主旨分析为主，无论是从教学方式还是教学内容上看都未重视"课外古诗词诵读"部分的课型的特殊性。教师以指导、监督、检查学生的读背写为主，造成学生的学习压力大、学习兴趣小、课堂活跃度较低，而缺乏有吸引力、能调动学生积极性的学习活动形式。❷

研究所反映的种种问题，可以归结为两类问题。一类是认识和定位问题，急功近利思想严重，指向背诵和字词等考点。而诵读是一种生动活泼、充满韵味的读诗教学方法，它需要付出时间和精力去打磨，并且诵读教学所起的作用和效果是漫长的。另一类是教师知识储备和能力问题，缺乏古诗词格律等相关知识，缺乏古诗词诵读的示范和指导能力。张宇航的研究具有较强的针对性，从课型出发，抓住"课外""诵读"两个关键词指出问题。几个研究都很重视活动形式的作用，开展真正意义上的诵读活动，丰富诵读活动形式，才能激发诵读兴趣，陶冶学生情操，在潜移默化中提升学生的个人修养。

2. 教师指导

（1）指导规划

诵读方法、熟读成诵和积累文化体悟美感三项学习内容中，诵读方法是基础。基于充满节奏感和感情色彩的反复诵读，以达到长久记忆的效果；基于诵读，体验古诗词的节奏、押韵、双声叠韵等所带来的音乐美，体验句的匀称、节的均齐所带来的建筑美，体会其丰富的内涵和情感，"耳醉其

---

❶ 刘义晶. 初中语文古诗词诵读教学研究［D］. 合肥：合肥师范大学，2020.
❷ 张宇航. 部编本初中语文教材"课外古诗词诵读"教学研究［D］. 武汉：华中师范大学，2020：20.

音,心醉其情,从而情面、出境和会意"。❶ 诵读方法是最重要的学习内容,也是完成另外两个学习内容的方法,所以,教师指导的重点是诵读方法。

古诗词讲究节奏韵律,不过各类诗体节奏韵律的特点有一定区别。律诗、绝句、词曲有严格的押韵和平仄,但是律诗、绝句、词、曲又有区别;古体诗押韵等方面相对自由,但诗经、汉乐府、歌行体等又有不同。"统编版"教材的"课外古诗词诵读"正是依诗体编排,诵读指导应该依诗歌体式分类进行,依次安排绝句、汉乐府、词、诗经、律诗、曲的诵读指导。各类诗体的诵读指导内容包括:①该诗体节奏韵律的相关知识。古诗词的格律知识是指导诵读的重要基础,关乎古诗词诵读的字音节奏、语速语调、情感内涵等。②诵读的要领和技巧的运用。诵读除发音准确、声音洪亮等要求外,重点要基于古诗词节奏韵律的特点,把握诵读的节奏、重音、语速语调,在合韵律的诵读中,加深对于古诗词美感的体悟,提高对古诗词所蕴含的深厚的文化的理解。

诵读是一种生动活泼、充满韵味的读诗方法,要想发挥该方法的教学价值,就要让诵读为学生喜闻乐见,改变刻板的"读书""背书"形式,除诵读指导课外,还要创造充满吸引力的活动形式,综合性的如中华古诗词大赛,单一性的如古诗词趣味诵读比赛等。在丰富的诵读活动和比赛中,通过教师点评、学生互评等形式,使学生得到切实的指导。表 2-17 为初中"课外古诗词诵读"指导规划。

表 2-17 初中"课外古诗词诵读"指导规划

指导内容	指导形式
诗体节奏韵律的相关知识	1. 诵读指导课——绝句(2 节)汉乐府(0.5 节)词(0.5 节)诗经(0.5 节)律诗(1 节)曲(0.5 节)
诵读的要领和技巧的运用	2. 诵读活动——名家诵读欣赏(课间),每天一读(课前),古诗词趣味诵读比赛(3 场),中华古诗词大赛(1 场)

以上是对指导重点所做的规划,除此之外,教师还要做好其他规划,一

---

❶ 于漪. 语文教育论集 [M]. 北京:人民教育出版社,2007.

是利用好"边角"时间，安排学生诵读练习。古诗词短小精悍，学生适宜于随时随机诵读，如早自习时间、课前、课余等时间，适宜于随地诵读，如学校、家中及其他各类学习场所。二是及时检查学生背诵默写情况，对内容难解之处做出解答。

（2）指导策略

①适宜讲解古诗词格律知识。古诗词格律知识主要涉及古诗词节奏、用韵、平仄，古诗词的格律知识是指导诵读的重要基础，关乎古诗词诵读的字音节奏、语速语调、情感内涵等，但它们理解起来又很困难，需要花一定的时间和精力。在实际教学中，一方面，师生意识不到古诗词格律知识的重要性；另一方面，师生不能够准确掌握古诗词格律知识。师生缺乏古诗词格律知识，就无法理解诵读的相关知识。所以，教师要适当讲解古诗词的格律知识，既要满足学生古诗词诵读的需要，又要避免繁杂。

②示范与演示。教师的朗读示范和演示是诵读指导的重要方式，教师的诵读对学生有直接的指导意义，现代教学手段在课堂中运用得比较广泛，大多教师在教古诗词诵读时，都会选择名家或优秀的诵读者的音频或视频，但是教师的亲自示范往往能够起到更加有效的教学效果，因为教师是学生的表率，在一定程度上能够影响他们的行为。

目前，教师的诵读示范存在如下问题：一是难以从古诗词韵律出发进行有针对性的示范。大多教师的示范展示了古诗词的节奏、情感两个方面，也有的教师的示范体现了语气、语速的变化，但是没有基于古诗词韵律特点进行示范，并未真正让学生感受到古诗词的韵律美。二是难以针对学生诵读古诗词的不足予以针对性的示范。不少教师的示范仅限于个人诵读技巧的展示，而没有兼顾学生的诵读情况。究其原因，除不够重视外，更为重要的就是教师自身的诵读水平有限，进而难以发挥示范作用。

综上所述，为真正实现课外古诗词诵读教学目标，教师要提高诵读水平，就要主动地去了解古诗词、诵读古诗词。教师要透彻地了解古诗词韵律知识，并在诵读实践中领悟和消化，通过理论和实践相配合，领悟古诗词诵读的精妙之处，进而掌握诵读方法，通过诵读感受古诗词的韵律美。教师也是学习者，在了解古诗词韵律知识的基础上，可以从听读领悟开始，先听读陈少松、叶嘉莹等大家的诵读，然后细细打磨和反复诵读，最终运用到课堂上的古诗词诵读教学。好的诵读示范能够起到提高诵读教学效率的作用，也能激发学生诵读古诗词的兴趣，增强学生对古诗词优秀传统文化的喜爱。

3. 组织有效的诵读活动

课外古诗词诵读的教学方式，要变教师讲解为学生活动为主，就要设计和组织一定的学习活动，其包括渗透在日常学习中的诵读活动和专项诵读活动。

（1）日常学习中的诵读活动

日常学习中的诵读活动重在养成诵读习惯，在日复一日的"润物细无声"中影响学生。如名家诵读欣赏，利用音频、视频资料开展经典诗词教学，教师可以结合语文课堂教学合理使用优秀作品的视频，也可以在课间为学生播放，让名家诵读的经典诗词时刻伴随在他们身边，滋养和教育学生，对培养学生良好语感、丰富学生情感有良好的促进作用。如课前"每天一读"，让学生养成良好的诵读习惯，通过大量诵读，帮助学生熟读成诵，获得感悟，为了达到情感的共鸣，可以准备配乐，甚至话筒、音响器材等。

（2）专项诵读活动

专项诵读活动是为促进学生诵读而组织的带有竞赛性的或者表演性的专项活动。诵读是语文教学中最具美感的活动之一，将诵读与文艺表演相结合，不仅能增强学生对古诗词学习的兴趣，而且能充分增强学生对美的体验。

教师可以组织开展"诗词朗诵比赛""中华古诗词大会"等活动。活动的设计和组织要体现如下原则：一是活动要面向全体学生。通过小组、班级、年级等多层、分层的形式，全体学生参与活动，避免多数学生游离于活动之外。二是活动要发挥评价的作用。为达到以赛促学的效果，活动开始之前，要制定评价量表，明确评价指标，规范评价指标的表述，以量表引领学生的学习活动；为激发学生的参与热情、竞争意识、进取意识，活动要有评委、有奖励；比赛不仅要有成绩激励，更要有细致的点评，最好还要有改进性的练习与展示。

课外阅读、课外古诗词诵读，都要以学生课外自读为主，教师的指导要精当，在有限的课堂教学时间内，讲解必要的古诗词韵律知识，做好诵读示范，针对学生诵读予以指导；抓住课前、课间等时间，组织小型活动，潜移默化熏陶感染，开展丰富多样的竞赛活动，以竞赛促进诵读能力的提升。

作为讲读—自读—课外阅读体系链条中的一环，课外古诗词诵读的指导要与教读课、自读课的教学相配合，迁移运用、熟练巩固教读课、自读课中获得的韵律知识和诵读技能，补充、完善新的韵律知识和诵读技能，在大量古诗词诵读中，积累古诗词，感受中华古诗词的韵律美，体会传统文化的精髓。

（三）"课外古诗词诵读"指导案例

《钱塘湖春行》教学案例及反思❶

教学目标：

1. 了解古诗词格律知识，节奏、平仄、押韵。
2. 通过梳理诗人行踪和所写具体之景，感知诗歌大意。
3. 通过品味古诗精炼的字句，领悟情感。

教学重难点：

1. 了解古诗词节奏、平仄、押韵等基础知识。
2. 学会诵读古诗词。

教学方法： 情境陶冶法、诵读法。

课时： 一课时

教学过程：

（一）标题导入，引起兴趣

"上有天堂，下有苏杭"，苏杭之所以闻名远近，原因就在于其风景优美。而杭州西湖享誉更甚。西湖还有个别称就是"钱塘湖"，钱塘湖究竟有

---

❶ 刘义晶. 初中语文古诗词诵读教学研究［D］. 合肥：合肥师范学院，2020：27-30.

多美，春天的钱塘湖又是什么样的呢？今天我们就一起跟随唐代大诗人白居易一起来走一走钱塘湖，赏一赏它春天的美景。

(二) 朗读诗歌，巧设情境

1. 抽读古诗，请一位学生读，其他学生评价。

2. 读准字音，把握节奏。

提示：古诗词节奏划分要考虑音节的完整，近体诗的节奏，是以每两个音为一节，最后一个字独自成为一节，因此七言诗的节奏一般为二二二一或者二二一二，兼顾本诗语义，这首诗的准确节奏为：

孤山寺北/贾亭/西，水面/初平/云脚/低。

几处/早莺/争/暖树，谁家/新燕/啄/春泥。

乱花/渐欲/迷/人眼，浅草/才能/没/马蹄。

最爱湖东/行不足，绿杨阴里/白沙堤。

七言诗韵脚在第一、二、四句尾字，五言诗一般首句不入韵，因此这首诗的韵脚是"低、泥、堤"的韵母"i"。

3. 学生自读，划出平仄。

古诗词平仄的划分是根据汉字读音来确定的，古音有平上去入四声，前两声为平，后两声为仄，但是今天入声字一部分读成平声字，因此，在划分平仄时要给学生指出古音，以及上下句平仄相对知识。因此这首诗的平仄应该这样划分：

孤山寺北贾亭西，水面初平云脚低。

(平平仄仄平平仄，仄仄平平仄仄平)

几处早莺争暖树，谁家新燕啄春泥。

(仄仄仄平平仄仄，平平平仄仄平平)

乱花渐欲迷人眼，浅草才能没马蹄。

(仄仄平平平仄仄，平平仄仄仄平平)

最爱湖东行不足，绿杨阴里白沙堤。

(仄仄仄平平仄仄，平平平仄仄平平)

(读准字音、读好停顿是诗歌阅读的初始阶段，而提升阶段就需要揣摩诗意、体会情感，掌握诵读时的语速：划/的地方应该要慢读，平声慢仄声快，标点符号处更慢一些。)

4. 请学生诵读，注意语速。

5. 感知诗歌，巧设情境。

①学生再读诗歌，找出作者的西湖"行"路线。

孤山寺北——贾公亭西——湖东——白沙堤

根据诗人游览的地点，教师设置情境。教师在多媒体上呈现一幅简图，给学生讲述白居易当时游览的地点。通过对诗人行踪的追寻，激发学生学习的兴趣，再通过简笔画感受诗歌中的具体所写的景物。

②沿着西湖转了一圈，写了哪些具体景物呢？

水、云、莺、燕、花、草。

教师追问：根据这些景物，能否判断这是春天的哪个阶段呢？（初春）

（通过图片的展示，一方面带着学生理解了诗歌的内容，同时激发了学生的兴趣，把学生带进了诗人当时游览的情境中，并为接下来的体悟情感，诵读诗歌营造了一种适当的氛围。）

初春景象充满着怎样的特点？（生机勃勃，气象万千）对于这样的景象，我们在诵读时应该用什么样的语气？（轻松、欢快）语速适当快速一点。

（三）品味炼字，体会景物之美

写出初春之景有着怎样的特点？从哪些字眼可以看出来？

（学生自由品论，教师引导，感知炼字魅力。比如：初、几处、早、争、新、乱、渐、浅。)

（四）诵读诗歌，体悟情感

从这些文字中可以感受到诗人怎样的情感？

（感受了作者的情感后，接下来配乐诵读诗歌。）

指导：这首诗充满着轻松喜悦的情感，所以音乐的选择应该要舒缓轻快些。设置几处地点，分别表示孤山寺、贾公亭、湖东、白沙堤。诵读时可沿着这些地点缓缓走近，读到"几处早莺争暖树，谁家新燕啄春泥"时，情绪应该要更加欢快些，要体现出这一生机之象。读到"乱花渐欲迷人眼，浅草

◇ 语文阅读新视点

才能没马蹄"时，手指可以微微指向地面，随着诵读者的肢体动作将观众带入诵读情境中。

1. 教师先配乐示范诵读，学生感受意境和情感的表达。

指导：教师示范诵读完，提问学生在哪些地方声音高昂了，怎样去确定语调的高低？这里让学生划分平仄，告诉他们"平长仄短、平低仄高"，一般而言这种方法可以能快速地让学生掌握诵读技巧，当然要让他们知道并不是所有的古诗词都适用这种规则，只因这让他们在以后的诵读过程中有方法可循，有角度可以去探索。

2. 指名学生诵读，教师和其他学生点评。

（通过学习和指导，学生掌握了诵读的技巧，可指名学生诵读，以检查学习情况。）

3. 自荐表演诵读。

（五）作业布置

课后试着赏析并诵读《晓出净慈寺送林子方》（杨万里）、《饮湖上初晴后雨（其二）》（苏轼）、《春题湖上》（白居易），划出节奏、平仄，找出韵脚。

教学反思：

通过标题导入，能让学生快速进入学习中，也为后面教学的开展提供很好的学习心理准备。接着带领学生掌握字音、停顿点，初步感知语速和节奏。接下来通过两幅图片的展示，把学生带入诗歌内容的情境中，为理解和体会诗人的情感提供情境。通过师生共同学习，学生掌握了诗歌中所传达的情感，了解了诵读的语调应当是轻松愉悦的，诵读时应当配以什么样的手势动作。最后教师给予示范诵读，并教给学生如何去确定诵读语调的高低，然后通过指名诵读和自荐诵读以检验教学成果。通过这样的教学，学生能基本了解古诗词格律知识，同时对以后古诗词诵读教学提供了便利。

第三章　整本书阅读的新视点

统编本初中语文教材中安排有名著导读，其实就是整本书阅读。[1] 名著导读指的是对读有价值的知名著作给予引导，或指导阅读有价值的知名著作，简言之，就是对名著的导读。"导读"的行为过程和出发点应着眼于"导"，而它的行为目的和落脚点在"读"。"导读"行为有别于那些外力停止运动本身也立即停止的运动，它的作用理念类似于发条的运动原理，"导"名著是为了"读"名著，"导"是"读"的触发机制。

"统编本"初中语文教材中的名著导读，继承了几千年来的名著阅读理论和经验，发展了名著导读，尤其是"阅读策略"和"专题探究"栏目的设计，前者在解决"怎么读"这个核心问题，后者在解决"如何读出深度"，是"统编本"语文教材的新探索。

2022版的《义务教育语文课程标准》把"整本书阅读"作为拓展型学习任务群，对整本书阅读的学习内容和教学做了具体指导。

第一节　概论：阅读策略与专题探究的同频共振

接触和学习经典，是接受人类智慧的最主要途径。所以，历来对青少年的教育，都很注重经典的阅读。不过由于时代的隔膜，青少年阅读经典通常是有困难的，包括在语言形式方面以及内容理解方面的困难，青少年一般不会天然地喜欢经典，他们对经典的接受需要有一定的知识支撑，有时也需要了解经典的文化背景。比如读《尤利西斯》，就需要了解欧洲近代文学

---

[1] 温儒敏. 功夫在课外——致"整书阅读上海论坛"的一封信［J］. 语文学习，2018（1）：26-27.

史，知道何谓意识流；读《钢铁是怎样炼成的》，需要大致了解苏联的历史。所以，经典阅读最好有导读，掌握某些必要的背景知识和阅读方法。❶

——温儒敏

一、名著导读的历史追溯

虽然在漫长的语文教育史中并没有提出"名著""名著导读""名著导读教学"特定含义，但名著阅读教学并不是一件新生的时髦事。它具有坚实的历史根基、深厚的理论基础和漫长的实践过程。随着文学作品的产生、流传，每一个时期的语文教学都有教师为学生挑选经典文学作品供学生阅读品评和借鉴，所积存的名著导读教学实践经验也为当下的名著导读教学提供了方法和理论指导，为目前的名著导读教学的开展实施开启了方便之门。

(一) 古代的整本书阅读教学：以名著为教材

跟中国文学"文史哲一家"的初始状态一样，中国教育早先也是一种综合教育，综合性是中国古代教育的显著特征，因此也有人将中国古代教育直接称为"泛语文教育"。在"语文"独立设科以前，现代意义的"语文"是整个古代综合教育的一部分，没有独立的语文学科，也就没有独立的语文教材。古代教材，多数是集多方面教育于一体的"泛语文教材"。而在选文式的语文教科书编写之前，中国的语文教科书实际采用的是对整部作品的阅读，而那些用作教材的整部文学作品大多成为当下人们所认为的"名著"。因此，我们可以说这是名著阅读的第一个阶段，即以"名著"为教材的阶段。

丰富连贯的文学作品始于春秋战国时期，《诗经》《楚辞》是重要的诗歌读本，《尚书》《左传》《国语》《战国策》是历史散文作品，《论语》《孟子》《荀子》《老子》《庄子》是哲理散文作品。这一时期，私家讲学兴起并得到空前的发展，在教法上，采用问答、讲解、比较等方式。用"离经辨志"这一方法来侧面间接地考验和提升学生的阅读能力。可以看出，彼时的

---

❶ 温儒敏. 也说为何"死活读不下"经典名著[J]. 内蒙古教育，2013（23）：72-73.

阅读教学不提倡学生"读死书"，而是鼓励学生在读书时多思考，以便触类旁通，同时又注重学生个人志趣的培养。

到汉代，传经是主要教育活动，亦是最早的阅读教学活动。所传之"经"即当时的阅读教材，它主要包括《孝经》《论语》、"五经"（包括《易》《书》《诗》《礼》《春秋》）、诸子散文等。"训诂"是当时经师指导学生阅读经典的第一步。也就是说，经师在指导学生阅读经典时，首先进行口授，带领学生先解决识字和语言差异问题，逐字逐句用汉代语言翻译先秦的语言。作训诂工作时，教师主要教给学生断句、正音正读、解释词义和句义的阅读知识和方法，同时也为学生指出文章的写作技巧、修辞手法等，还会介绍文本的相关背景知识，为学生阅读经典提供多方面的辅助。在老师解决了字词等基础问题之后，后续的经典阅读则采用学生自学的方式。当学生在读书遇到疑难问题时，教师鼓励学生先自行钻研，反复诵读体会，以解决问题。如若研习之后仍不得解，则师生共同讨论。"诵读"是当时被广泛使用的自主阅读方法。读的字数多便可以接触更多的语言材料，读的遍数多则有利于熟悉和掌握阅读材料。诵读是我国古代最有影响、最系统的读书方法，为当世阅读指导提供很多便利。

如果说后世更加倾向于将先秦诸子之作视为思想著作、哲学经典的话，那么，纯文学意义的名著阅读应该始于魏晋南北朝时期。这一时期文学题材更加丰富，并且文学作为一门独立的艺术被文人进行欣赏品评（譬如曹丕《典论·论文》）。文学创作的变化影响了这一时期的文学阅读教育。首先，阅读教材方面，除承续的《五经》等经籍之外，还加上了《老子》、《庄子》、辞赋文章和史书。教学方法仍然以自学为主、教师讲解为辅。学生主要通过口、眼来自读经典，即朗读吟咏和快速浏览、跳读。另外，由于没有印刷书籍的影响，抄书也成为当时学生自学之法。而当时玄风、清谈的社会风尚则使这一时期的阅读教学由汉儒的章句学习演变成通晓文章旨意，呈现出更加注重学生性灵自由发展的阅读教学态势。

隋唐五代时期各级、各类学校的教学内容变得更加丰富和多元，经书仍是主要读物，诗赋是这一时期很有特色的教学内容。随文注音和点识则成为主要读书方法。还出现了众多对后世影响很大的语文教育家，如推行古文运动和散文教育的韩愈、柳宗元等。对语文教育产生又一重大冲击的势力则是逐渐完备的科举制度。学习材料、教师群体和教育制度的改变也给该阶段的名著阅读教学带来了诸多变化。

宋元之际的阅读材料，除了发展良久的散文诗歌文体，还有最具时代烙印的宋词、元曲。而就阅读指导方法来讲，可谓成果颇丰，专门以读书方法为内容的书籍在这一时期大量出现，对历来的读书方法进行归纳总结。由宋代理学大家朱熹发端的《朱子读书法》是当时阅读指导的代表作。主要包括六种原则，即循序渐进、熟读精思、虚心涵泳、切己体察、着紧用力、居敬持志。

明清之时，革新派针对科举制度对人才成长的钳制问题，与尊经崇儒、服膺程朱理学的保守派论争抗衡，他们力主经世致用，缓和了彼时死气沉沉的教育风气。譬如，当时的著名教育家王阳明就提出很多可资借鉴的教育方法，提倡知行合一的学说，主张因材施教、循序渐进。他尤其注重对学生学习兴趣的激发，他说："大抵童子之情，乐嬉游而惮拘检，如草木之始萌芽，舒畅之则条达，摧挠之则衰萎。今教童子，必使其趋向鼓舞，中心喜悦，则其进自不能已。"（《文成公全书》卷二：《训学大意示教读刘伯颂》）

（二）近代的名著导读：课标引领下的自主阅读

随着文选式的语文教科书出现，整本的文学作品不再是语文教学的载体，它多以节选的形式被编入语文教科书。但是名著阅读教学也并未完全隐退在语文教学之外，20世纪的语文教学大纲以及课程标准都反复强调了名著阅读教学的问题，为教师挑选名著提供方向范围，为名著阅读教学提供方法，还专门留出时间让教师用于指导学生阅读名著，并把名著阅读的情况列入学生毕业的标准中。

1923年由叶圣陶拟定的《初中国语课程纲要》将语文学习内容按照文章长短和教师指导方法的不同分为精读和略读两部分，精读部分是指课本所收选的单篇短什，略读部分则指长篇巨著，也就是整本的经典名著。这一纲要将"名著阅读"纳为师生要完成的一项任务，并指出学生应"略读整部的名著（由教师指定书种），参用笔记，求得其大意"，教师对名著阅读的教学应秉持"大半由学生自修，部分在上课时讨论"的原则。大纲要求名著阅读的效果按六学分来计，这也在一定程度上提醒师生名著阅读教学是语文教学中不可废止的一部分。并且大纲为师生提供名著书目，要求师生"于附表所列书籍内，选读若干种"。

附 略读书目

（一）小说

1. 西游记。2. 三国志演义。3. 上下古今谈（吴敬恒）。4. 侠隐记［法国大仲马原著。君朔（伍光建）译］。5. 续侠隐记（同上）。6. 天方夜谭（有文言的译本）。7. 点滴（周作人）。8. 欧美小说译丛（周作人）。9. 域外小说集（周作人）。10. 短篇小说（胡适）。11. 小说集（尚未出版）（鲁迅）。12. 阿丽思梦游奇境记（赵元任）。13. 林纾译的小说若干种。

（二）戏剧

1. 于元明清词曲内酌选其文词程度为初中学生所能了解，而其意义无悖于教育者，如汉宫秋、牧羊记，铁冠图之类。2. 于近译西洋剧本内酌选如易卜生集第一册（潘家洵译）之类。

（三）散文

（注意：散文已有"精读"之选本了；此间拟分略读之散文选本为三类。）

1. 以著作人分类：例如梁启超文选，章士钊文选，胡适文选之类。2. 以文体分类：例如议论文选本，传记文选本，描写文选本之类。3. 以问题分类：例如文学革命问题讨论集，社会问题讨论集等。❶

不难看出，20 世纪 20 年代，语文独立设科后，西方先进的思想文化涌入中国，为中国语文教育注入了新的活力。名著阅读教学显现出新的状态和面貌。首先，从阅读材料来讲，文学体裁丰富，小说、戏剧、散文三种体裁的文学作品可供师生选读，不仅收录了古代文言著作，还增添了用白话创作

---

❶ 课程教材研究所. 20 世纪中国中小学课程标准·教学大纲汇编（语文卷）［M］. 北京：人民教育出版社，2001：276.

◇ 语文阅读新视点

的近代中外名著。

1929年颁布的《初级中学国文暂行课程标准》为学生阅读名著作了更为严格的监测检验结果的要求。比如在第三部分阅读时间分配中,课标规定:"精读指导三小时,略读指导一小时。"还给予了师生在选择阅读名著时的自由度。坚持"由教员选定整部的名著,或节选整部的名著,指导读法,使学生对于所读内容旨趣,有概括的了解和欣赏"❶的原则,略读材料不再从文体和作者的角度提供选择范围,而是提出选用读物的标准,即"能使学生对于国文知识与技能,获得更广的观察和更深的领会,而足以助长其作文和读书的能力的。能使学生对于品性的涵养,获得方法的指导与实际的受用,同时于作文读书有相当的助力的。能使学生对于思想之启发,获得理论的指示和实际的自得,而同时于作文读书有相当的助力的。能使学生对于文学获得最低限度的常识,或引起欣赏的兴趣的。"❷ 在该课标第五部分教法要点中对名著阅读教学的方法和步骤做了更翔实细密的建议:"学生按个别的兴趣与能力,选读名著,每学期至少两种,其教学要点如下:先设法引起学生读书的动机,然后指示各种阅读的方法。在所读书内提出问题,令学生作有系统的研究。供给所读书的参考资料。随时解答学生的疑难。学生须将教员所指导的阅读方法,问题解答,和自习时摘出要点或问题讨论,都记录在笔记簿上,以备考查。阅读时注重速率与了解。应定期或临时举行考查成绩,考查方法与考查精读成绩方法同(复讲除外)。"❸

之后的课标结合1923年和1929课标的规定,做了进一步完善,主要体现在两个方面,一是指出略读选用教材的内容、体裁、思想等标准,二是在教学的方法和步骤上提出一系列要求。

建国初的初中语文教学大纲都指出语文教学中应该注意加强课外的阅读指导。到1978年的大纲对名著阅读"提倡自学"。不仅在课堂上要重视培养

---

❶ 课程教材研究所. 20世纪中国中小学课程标准·教学大纲汇编(语文卷)[M]. 北京:人民教育出版社,2001:281.

❷ 课程教材研究所. 20世纪中国中小学课程标准·教学大纲汇编(语文卷)[M]. 北京:人民教育出版社,2001:282.

❸ 课程教材研究所. 20世纪中国中小学课程标准·教学大纲汇编(语文卷)[M]. 北京:人民教育出版社,2001:290.

第三章　整本书阅读的新视点

学生的自学能力，还要指导学生进行课外阅读和写作。从长篇作品中节选的课文，可以指导学生课外阅读全书或部分章节。要给学生推荐有益的读物，提示阅读的方法，引导学生不断扩大阅读范围。可以组织学生举行读书心得交流会、朗诵会等。❶

1990 年推行的《全日制中学语文教学大纲》（修订本）把课外阅读指导列入教学中应重视的问题，一方面指出"课外阅读指导，主要是推荐有益读物，提示阅读方法"。另一方面对每个阶段的阅读量和阅读效果提出明确要求："初中一年级：课外阅读三五本书。初中二年级：养成读报的习惯。课外阅读三五本书。初中三年级：课外阅读三五本书。能对程度适宜的政治、科技读物和文艺读物作一点评析。"❷ 这一明确的阅读数量的规定，深刻影响了下阶段的名著阅读教学。

（三）当代名著导读：进入教材的独立板块

2001 年《义务教育语文课程标准》规定"课外阅读总量不少于 400 万字"，"要重视培养学生广泛的阅读兴趣，扩大阅读面，增加阅读量，提高阅读品位。提倡少做题，多读书，好读书，读好书，读整本的书"。并附录"关于课外读物的建议"。随着语文课程标准对名著阅读重视程度的提高和更加明确的阅读要求的提出，"名著导读"作为独立板块进入了语文教材。各版本教材都不同程度地融入了名著阅读的内容。"名著导读"板块，以一部部名著为例子，指导学生阅读方法，为更广泛深入的名著阅读提供方法支持。但由于教学中落实难度大、考试评价跟不上、对其教育价值认识不足等原因，在语文教学中仍然没有引起普遍的重视。

2017 年"统编本"初中语文教材以"读书为本，读书为要"作为指导思想，旨在面对和解决中小学生读书少的问题，"整体而言，中小学生的读书状况是不好的，年级越高，情况越糟。很多学生除了教科书和教辅，几乎不怎么读书，不喜欢也不会读书，更不会读完整的书……试想，不读书，或

---

❶ 课程教材研究所. 20 世纪中国中小学课程标准·教学大纲汇编（语文卷）[M]. 北京：人民教育出版社，2001：314.

❷ 课程教材研究所. 20 世纪中国中小学课程标准·教学大纲汇编（语文卷）[M]. 北京：人民教育出版社，2001：506.

者读书少，怎么可能学好语文？怎么可以又要马儿跑，又要马儿不吃草？但事情往往就是如此悖谬……少读书、不读书就是当下'语文病'的主要症状，同时又是语文教学效果始终低下的病根。"❶ 在已经积累起的名著阅读经验的基础上，"统编本"初中语文教材对名著阅读课程化作了有益的探索，以期更好地推动名著阅读进入课堂，使之成为语文课程的有机组成部分。"所谓名著阅读课程化，就是要把名著阅读作为语文课程的一部分，有规划，有指导，给时间，出成果，而不是把它当作可有可无的点缀，也不能在教学中放任自流，随意而为。"❷ 基于这样的编制理念，"名著导读"独立板块得到了进一步完善。

2017版高中语文课标和2022版义务教育语文课标将"整本书阅读与研讨"列为学习任务群，表明整本书阅读已上升为国家层面的课程意志。

纵观名著导读的发展历程，从以名著为教材的古代整本书阅读教学，到近现代课标引领下的名著自主阅读和教学，再到当代作为独立板块进入教材的"名著导读"，在几千年的探索中，积累了丰富的理论和实践经验，成为今天研究整本书阅读和教学的坚实基础。

二、"统编版"教材"名著导读"板块的整体设计

统编本初中语文教科书共6册，每学期（每册）安排两次"名著导读"，整个初中阶段共进行12次"名著导读"。这12个"名著导读"板块在书目的选择上强调名著的经典性，"统编本"教材"名著导读"在保留人教版教材"名著导读"中《朝花夕拾》《西游记》《骆驼祥子》《海底两万里》《昆虫记》《傅雷家书》《钢铁是怎样炼成的》《水浒传》《格列佛游记》《简爱》这十部作品之外加入了《红星照耀中国》《泰戈尔诗选》两部名著。在栏目设置上具有固定性、系统性，均由相同的栏目按相同的顺序排列。"名著导读"共设置5个栏目，这些栏目包括：名家点评、名著相关背景资料简

---

❶ 温儒敏. 培养读书兴趣是语文教学的"牛鼻子"——从"吕叔湘之问"说起[J]. 课程·教材·教法, 2016, 36(6): 3-11.

❷ 王本华. 名著阅读课程化的探索——谈谈统编语文教材名著阅读的整体设计与思考[J]. 语文学习, 2017(9): 4-7.

介、读书方法指导、专题探究、自主阅读推荐。

1. 名家点评

"名著导读"首先呈现的便是著名文学家或文学评论家对该名著的点评。这些点评多用一句话甚至是几个字构成的极短一句话便将该名著最突出的价值和最深刻的影响力表达出来,唤起学生对该名著的注意和阅读好奇心。

2. 名著相关背景资料简介

名著相关背景资料的简介可引导学生对名著有初步的、模糊的、浅层的印象。了解作品的基本状况,如作者是谁、经典语句是什么、主人公是一个什么样的人、作品传递出的思想观念和创造出的艺术价值。对这些情况的了解既可以快速拉近学生与名著的距离,也能在一定程度上调动学生进行名著阅读的积极性。

3. 读书方法指导

名著阅读不同于形制短小的单篇文章的阅读,名著本身大多具有字量多、篇幅长、内容丰富多元的特点,需耗费读者大量的时间精力。这对课业繁重的中学生来说,无疑是阻碍他们阅读名著的重要因素,并且学生不能针对阅读对象采用不同的适宜的阅读方法。这样一来,学生阅读名著的状况自然不尽如人意。统编本初中语文教科书"名著导读"设置"读书方法指导"栏目,为学生提供多种阅读策略和方法,注重学生良好阅读习惯的养成,久而久之,学生的阅读能力、阅读兴趣自然能有所提升。

4. 专题探究

初中生在阅读名著之后并不能充分挖掘名著的价值,造成阅读投入多、阅读产出少、产出慢等现象,因而整个阅读过程处在随意、无序、低效的状态。统编本初中语文教科书"名著导读"的"专题探究"栏目则为学生名著阅读指出思考方向,力求学生能在阅读过程中有所收获。

5. 自主阅读推荐

"名著导读"书目与"自主阅读推荐"栏目形成"一加二"模式。即一部"名著导读"推荐书目加两部"自主阅读推荐"书目,既可拓展学生的阅读视野,也为师生提供自由选择的空间。

◆ 语文阅读新视点

统编本"名著导读"板块在之前独立板块的基础上做了改动,编者的编制理念更加鲜明,强化了名著阅读进入课堂的教学观念,具体体现为如下三点。

(1) 这一篇—这一本—那两本的整体设计

一是从这一篇—这一本,与单元单篇的结合更加紧密。原人教版教材每册安排 2—3 部名著阅读,集中放在全册书的最后,强调教师可以酌情灵活安排,但是总给人一些错觉:相同内容堆积,不利于安排教学;看上去又好像是附录的内容,师生可以随意处置。冯善亮认为,人教版教科书的名著导读被安排在课本后面,使得许多教师会把它作为一个不甚重要的"附录"看待,而不是作为正式的教学内容。❶

统编本语文教材改变了这种编排方式,根据情况将其交叉安排在不同的阅读单元,这样与单元、单篇的结合更加紧密。首先,这样具体的位置安排,半学期读一本名著,便于督促并帮助教师更好地落实名著导读的教学任务。"统编本"初中语文教材总主编温儒敏教授认为,把整本书阅读放在单元之中意味着整本书阅读成为语文教学课程中的一部分,而不是过去那样放在课外让学生随意阅读了。❷

其次,便于名著阅读与单篇文章教学互相配合,形成呼应,方便教师在教学阅读单元时有意识地穿插融入整本书的阅读。课文与名著导读书目在主题、体裁、方法等方面具有相关性,这样的位置调整便于建立单篇课文与整本书阅读的链接,做到了从"这一篇"到"这一本",有利于名著导读的实施。比如,七年级上册第三单元第九课是鲁迅先生的《从百草园到三味书屋》,是其散文集《朝花夕拾》中的著名篇章,在此单元中安排名著导读的书目为《朝花夕拾》,可以利用两者之间千丝万缕的联系,促进名著导读的开展与落实。学生在学习了《从百草园到三味书屋》之后,可能觉得鲁迅的童年是如此有趣,甚至在某些方面与他们有共通性,那么教师在进行《朝花

---

❶ 冯善亮. "部编本"初中语文教材的名著导读:变化与对策 [J]. 课程教学研究,2017(5):43-46.

❷ 温儒敏.《中学整本书阅读课程实施策略》序言 [J]. 语文教学通讯,2018(14):79-80.

夕拾》的名著导读教学时，学生已经有先前的经验了，会对名著导读的学习更感兴趣，并且可以大大消除学生对整本书阅读的恐惧感。比如七年级上册第六单元课文篇目是《皇帝的新装》《天上的街市》《女娲造人》《寓言四则》，这些都是想象力丰富的篇目，因而在此单元中所选的名著阅读书目是在人物塑造、内容情节的设置方面都显得天马行空、妙趣横生的《西游记》，使得整个单元得以连贯起来。

二是从"这一本"到"那两本"，养成读书习惯。"自主阅读推荐"是新增的栏目，即在主要推荐的作品之外再加上两部自主阅读推荐的作品。这些自主阅读推荐的作品与主要推荐作品在主题、题材、时代、体裁，或可采用的阅读方法等方面具有一致性，形成呼应之势。这种"一加二"的配合方式既为师生提供更大的自由选择空间，也能拓展学生的阅读面，使学生的阅读积极性和阅读兴趣得以提升。在另一方面，自主阅读推荐作品可与名著导读所举名著进行比较阅读。学生可在相同中找差异，久而久之也能形成更加精准独到的阅读品鉴能力。表3-1为七至九年级"名著导读"板块推荐书目总表。

表3-1　七至九年级"名著导读"板块推荐书目总表

名著导读推荐书目	自主阅读推荐书目	相关点
《朝花夕拾》	《城南旧事》《湘行散记》	散文集
《西游记》	《猎人笔记》《镜花缘》	幻想色彩
《骆驼祥子》	《红岩》《创业史》	小人物的故事
《海底两万里》	《基地》《哈利波特与死亡圣器》	科幻性质
《红星照耀中国》	《长征》《飞向太空港》	纪实作品
《昆虫记》	《星星离我们有多远》《寂静的春天》	科普作品
《傅雷家书》	《苏菲的世界》《给青年的十二封信》	和书信有关
《钢铁是怎样炼成的》	《平凡的世界》《名人传》	人的事迹
《艾青诗选》	《泰戈尔诗选》《唐诗三百首》	诗选
《水浒传》	《世说新语》《聊斋志异》	古典小说
《儒林外史》	《围城》《格列佛游记》	讽刺小说
《简爱》	《契科夫短篇小说选》《我是猫》	外国小说

◈ 语文阅读新视点

（2）专门训练和综合运用相结合的阅读策略指导

人教版七年级上册语文教材的"名著导读"伊始便较笼统地介绍了阅读名著的基本常用方法。而在"附录"里对小说、戏剧、散文、诗歌四大文体的基本内容、特点、阅读关键点等作了系统的说明。

一、不妨先读前言、后记和目录。以便对这本书的写作背景、作者情况、写作目的和大致内容有个初步的了解，犹如掌握了打开书籍的大门的钥匙。

二、略读与精读相结合。略读全书，有利于整体把握主要内容。精彩部分和难点，则需要像读课文那样精读。二者结合，收获更多。

三、做点读书笔记。可以抄名言，写摘要，作批注，列提纲，制卡片，画图表，写心得等，养成"不动笔墨不读书"的良好习惯。

此外，在阅读过程中还要注意利用工具书和有关参考资料，以加深理解，拓展视野。❶

统编本"名著导读"改变了这种割裂的状态，根据各部名著的独特品质，配以针对性的更实用的阅读方法，把例子和方法相结合，两者互相依托。"名著导读"目录表见表3-2。

表3-2 统编本初中语文教材"名著导读"阅读方法目录表

年级	名著导读推荐书目	读书方法指导
七年级上册	《朝花夕拾》	消除与经典的隔膜
七年级上册	《西游记》	精读与跳读
七年级下册	《骆驼祥子》	圈点与批注
七年级下册	《海底两万里》	快速阅读
八年级上册	《红星照耀中国》	纪实作品的阅读
八年级上册	《昆虫记》	科普作品的阅读
八年级下册	《傅雷家书》	选择性阅读
八年级下册	《钢铁是怎样炼成的》	摘抄与做笔记
九年级上册	《艾青诗选》	如何读诗

---

❶ 课程教材研究所. 义务教育课程标准实验教科书语文（七年级上册）[M]. 北京：人民教育出版社，2001：181.

续表

年级	名著导读推荐书目	读书方法指导
九年级上册	《水浒传》	古典小说的阅读
九年级下册	《儒林外史》	讽刺小说的阅读
九年级下册	《简爱》	外国小说的阅读

以上阅读方法，消除与经典的隔膜、精读与跳读、圈点与批注、快速阅读、选择性阅读、摘抄与做笔记是适用于各类作品的阅读方法，纪实作品的阅读、科普作品的阅读、如何读诗、古典小说的阅读、讽刺小说的阅读、外国小说的阅读是针对不同文体的阅读方法。

统编本教材读书指导部分的字数大约是人教版阅读建议部分字数的十倍，对读书方法的介绍更为详细。每一部作品关注一定的阅读方法，将该方法和该名著的阅读结合起来进行具体指导，可谓读书方法的专门训练。但学生不必局限于教材提供的方法，可以综合运用其他读书方法，事实上，以往已经掌握的阅读方法会自觉不自觉地运用到当下的整本书阅读中，这样慢慢积累下来，学生就获取了很多阅读整本书的策略，读多了，用多了，自然就会形成习惯，养成兴趣，增加阅读积累。

《傅雷家书》选择性阅读

我们今天所处的时代，是一个信息爆炸的时代。知识增长大大超过个人的接受速度，引发了学习方式的变革。就读书来说，选择性阅读变得更为重要。

选择性阅读是一种理性的、目的性很强的阅读方式，它往往和阅读者的兴趣、思考、关注点密不可分。概括起来、大致有以下一些情形。

一、兴趣选择。读整本书，特别是读大部头作品时，不是所有的内容都能引起你的兴趣，但一定有特别吸引你的地方，这就存在一个取舍的问题。例如，对音乐、绘画、雕塑等艺术有一定修养或者比较熟悉的人，会对《傅雷家书》中有关艺术的论述产生兴趣，会认真去读；相反，如果是对艺术很陌生的人，就可能对"谈艺"的部分略而不读。

二、问题选择。无论是博览群书，还是读一部分，经常会有一个关注的焦点。爱因斯坦读书，一般只关注与他思考的问题有关的内容，而抛弃那些无关紧要的东西。这样，他边读边抛，书越读越薄，记忆的负担越来越轻，思想却越加深邃。苏轼也常常反复读同一部史书，每次只关注一个方面的内容，而对其他方面视而不见。他在这种选择性阅读中获益匪浅，写出了不少史论。想一想，《傅雷家书》中有关成长的话题，是不是对你很有启发呢？在阅读时，可以分门别类，以问题的形式梳理一下。

三、目的选择。根据不同的读书目的，可以选择不同的阅读内容。例如，如果是为了与课内学习沟通链接，就要关注与课内关联度较高的内容；如果是为了写读后感，就要关注感受最多、体会最深的内容；如果是为了质疑批判，就要关注你认为可以商讨、指瑕的内容。想一想，《傅雷家书》中哪些内容适合以上哪种阅读目的？如果你关注的是学习方法，你会读哪些内容？

四、方法选择。阅读不同的文本，可以采取不同的方法。例如，实用文体可以采取"冷读"的方法，阅读时头脑冷静，心平气和，这样有利于把握概念，抓住要点，深入理解；文学作品则可以采取"热读"的方法，阅读时可以调动感情，鼓舞精神，一气贯注，达到感同身受或身临其境的效果。再如，理解、记忆性阅读，可以采取默读的方法；评价、探究性阅读，可以采取评点批注的方法；消遣、娱乐性阅读，可以采取浏览跳读的方法。想一想，读《傅雷家书》，适合采取哪一种阅读方法呢？

（3）通读与深度阅读并重

如果说统编本中的读书方法指导是强调主题与思想的发现过程；那么这版教材名著导读栏目中添设的"专题探究"，则是在作品深度阅读上做出的精心编排，阅读的指向性很强，可以认为，"读整本的书"既是量的要求也是质的要求，在质上要求全面理解作品，读有所获。在这个层面上，统编本比人教版更具匠心。

一是名家点评栏目，直击作品的核心特点，把学生引向对作品深层意蕴的思考。名家点评是统编本新增加的栏目，通过成熟的鉴赏者的文字，引领、启发学生的阅读。这些文字或者高屋建瓴，或者一针见血，具有启发学生深入思考，提高鉴赏层次的作用。比如《傅雷家书》的两段名家点评：

第三章　整本书阅读的新视点

他的家教如此之严,望子成龙的心情如此之热烈。他要把他的儿子塑造成符合他的理想的人物。这种家庭教育是危险的,没有几个人能成功,然而傅雷成功了。

——施蛰存

这是一部最好的艺术学徒修养读物,这也是一部充满着父爱的苦心孤诣、呕心沥血的教子篇。

——楼适夷

二是专题探究栏目,变问题为专题,拓展了思考的广度和深度,注重阅读收获。

人教版教材设置"探究思考"栏目,以问题启发学生阅读思考,例如在《傅雷家书》的"探究思考"栏目提出了两个问题,分别是"读了这本书,你是不是对傅雷有所了解呢?你觉得他是一位怎样的父亲?什么地方最让你感动?""这些家书是一个父亲对儿子的谆谆教导,凝聚着父母对子女的深切期望。这对你有什么启发?"[1]

可以发现,人教版教材这些问题都倾向于对傅雷的认识,强调了父亲的情感,在作品内容的导向上指向单一,在理解程度上以学生的感性体验为主。

阅读名著不同于阅读消遣性的作品,阅读行为不是一次次满足个体的阅读兴趣、丰富自己的体验感受的消遣。阅读名著以拓展阅读视野、提高阅读能力为目标,只有经过理性思考和判断,才能真正形成自我的阅读经验,逐步提高阅读能力。因此,学生在阅读名著时是需要有更具体的阅读任务和更深入的阅读思考,以及更理性的经验总结的。统编本"名著导读"在探究方式上较人教版教材"名著导读"作了大幅的改动,以"专题探究"代替"探究思考"。在《傅雷家书》中的"专题探究"共三个:专题一,傅雷的教子之道。根据傅雷给儿子提出的各种建议完成一篇读书报告;专题二,父子情深,以《两地书,父子情》为题写一篇短文;专题三,给傅雷写回信。写一

---

[1] 课程教材研究所.中学语文课程教材研究所开发中心.语文(九年级上)[M].北京:人民教育出版社,2009:254.

· 161 ·

封表达对傅雷观点的理解或对这个话题看法的回信。❶

从《傅雷家书》中凝练出三个专题，包括教子之道、父子感情等多个方面，指向对《傅雷家书》全书的理解。在思维能力上涉及梳理、整理、概括、分析、评价等多个层次，在活动方式上重视读写结合，以阅读表达深化阅读思考，以写作呈现阅读成果。统编本名著导读的"专题探究"根据名著的具体内容、主要特点，形成专题，设置任务，既要求通读作品，又指向深度阅读。以专题学习拓展思维，突破感受性、体验性的层次，避免阅读的随意、浅表化和泛泛而谈，加强了阅读中的理性思考，注重探究成果的表达，力求在阅读中读出东西，吸取名著的精神营养，有所收获。

总而言之，人教版教材与统编本教材是继承与发展的关系。相较于人教版教材而言，统编本初中语文"名著导读"编排上有所发展，已形成较为完善的导读体系，较好地回答了读什么、怎么读、读出什么的问题。推荐书目在强调经典的同时，注重与单元课文、课外阅读的联系；读书方法指导有序推进、逐步积累；以名家点评提升阅读品味，以专题探究深化阅读成果。"名著导读"板块的完善为推进整本书阅读提供了有力保障。

三、整本书阅读的问题讨论

（一）整本书阅读的课程化

要理解"课程化"的含义，首先要明白什么是课程。课程从不同的角度理解具有不同的含义，总的来说课程是指由具体的育人目标、学习内容及学习活动方式组成的，具有多层组织结构和育人计划、育人信息载体性能的，用以指导学校教育教学活动的育人方案。因此整本书阅读的课程化是指赋予整本书阅读以课程的性质或状态。

整本书阅读课程化主要是针对整本书在课外进行阅读时散漫、没有目标和计划而言，因此整本书阅读课程化就是要把对整本书的阅读放在课内，然后从课程目标、课程内容、课程实施、课程评价和学习方式等环节进行具体

---

❶ 教育部. 义务教育教科书·语文（八年级下）[M]. 北京：人民教育出版社，2017：73.

第三章　整本书阅读的新视点

的设计、规划，是一个系统化的工程。它主要涉及两个方面，一方面是对整本书阅读从目标、内容、实施到评价和学习方式进行总体的规划；另一方面是把整本书阅读和现有的语文课程诸多学习领域进行某种程度上的融合。

整本书阅读是否需要课程化？关于这个问题，一直存在不同声音。在一般人看来，整本书阅读作为一种日常的阅读姿态，是不需要将其纳入到"课程化"范畴的。所谓的"整本书阅读"不就是平常所说的读书吗？还需要"教"吗？甚至还要将其"课程化"吗？想必有很多人抱有这种想法。这种想法实际上是混淆了教育的本质含义以及教育与人发展的内涵。

《学记》曾说"教也者，长善而救其失者也"。卢梭认为"教育应当依照儿童自然发展的程序，培养儿童所固有的观察、思维和感受的能力"。❶ 所谓教育，就是有目的的培养人的社会活动，向人传递必要的经验，而其根本的问题就是人的发展问题。人的发展总是处于一种未完成状态的。教育的"有目的性"强调在人的自然发展过程中，是需要教育者以外部力量的方式加以"干预"与"介入"的，以此来促进人的发展。

从整本书阅读的角度来看，学生阅读整本书籍的能力是处于一种未完成状态或处于一种未成熟状态的。为何说是处于一种未完成与未成熟的状态呢？因为作为一种长期存在于日常生活中的阅读姿态，整本书阅读仅仅是停留于个人的感性经验层面的。学生对于整本书阅读经验的建构，阅读方法的形成，鉴赏能力的提升等都是处于一种"非自觉""模糊""感性"的自然状态。这种自然状态是处于感性层面的，而非理性层面。"未"字是具有积极意义的，它表明在学生整本书阅读能力中具有着一种必要的且确实存在的势力——发展的可能性。这也就是说学生的整本书阅读能力是具有发展与改善的可能性的。学生整本书阅读能力的未完成性以及未成熟性，从侧面有效地说明了学生整本书阅读能力的需教育性以及可教育性。所以我们应当以整本书阅读"课程化"来促进学生整本书阅读能力的发展。

迄今为止，整本书阅读课程化的研究还比较少，以吴欣歆、任明满等为代表。吴欣歆在对整本书阅读的数量规定、视野要求、实施评价要点、教学

---

❶ 曹孚. 外国教育史 [M]. 北京：人民教育出版社，1979：124-159.

价值定位进行系统研究的基础上，着重对整本书阅读策略、指导方案、教学设计、评价工具进行专门研究，研究凸显了整本书阅读的独特性，如提出内容重构、捕捉闪回、对照阅读、跨界阅读、经典重读五种阅读策略；提出整本书阅读读书会、工作坊、研究课三种教学设计思路。❶ 任明满则认为整本书阅读采取课程化的实施策略具有得天独厚的优势，他主要从整本书阅读的课程目标、课程实施的角度进行探讨。他着眼于落实语文核心素养建构整本书阅读课程目标，并从整体目标（综合发展语文核心素养，形成语文学科思维）和具体目标（具有较强的指向性、操作性，保持多样化和灵活性）两个维度进行探讨；立足于培养自主阅读能力研究整本书阅读课程的实施问题，提出从传授符号化、概念化知识走向结构化设计、介入式引领，从有机整合学习任务群培养学生思辨意识和研究能力。❷ 张世浩从横向思考，探索其与现行语文课程、语文教材、语文教学诸领域之间的关系，明确了整本书阅读在语文课程中的地位，整本书阅读与现有的语文教材、语文学习诸领域之间不是彼此独立而是相互融合的关系。❸

这些研究从课程角度来研究整本书阅读，在课程观的视域下形成整本书阅读的体系。整本书阅读课程化将给整本书阅读带来诸多正面效应。

从理论上讲，利于充分发挥整本书阅读的教学价值和育人价值。提倡整本书阅读课程化，不是要将整本书阅读如同"单篇阅读"一样完全搬入课堂教学之中，而是呼吁一线语文教师和语文教育工作者要站在课程的理论高度来分析并且确立整本书阅读的目的、内容、组织、实施、评价等方面，有清晰的课程意识和科学的课程构想，以此来充分发挥整本书阅读的教学价值和育人价值。

从实践上讲，利于突破整本书阅读的种种问题。目前对整本书阅读的实践研究主要集中在阅读指导策略上，多数教师基于自己班级的教学实践进行研究，具有较强的随意性和主观性，缺乏一定的科学性和普遍意义；整本书教学经验不足，教学方式和学习方式比较陈旧和单一，在信息化时代的背景

---

❶ 吴欣歆. 培养真正的阅读者——整本书阅读之理论基础 [M]. 上海：上海教育出版社，2019.
❷ 任满明. 整本书阅读的课程化实施探讨 [J]. 语文建设，2018（18）：9-13.
❸ 张世浩. 初中语文"整本书阅读"课程化探索 [D]. 西安：陕西师范大学，2017.

下，忽视了新的学习方式、教育模式和技术手段的应用；忽视整本书自身的特点，针对性不强；学生阅读的自觉性不足等。对整本书阅读的课程化进行探索，对整本书阅读在课程上进行系统的规划和设计，利于教师将随性散漫的感性经验上升为具有普遍意义的理性经验。

但另外，我们也必须看到，整本书阅读课程化中存在的负面效应。

首先，整本书阅读的课程化会在一定程度上"课时化"。所谓"课时化"就是指将整本书阅读完全纳入到日常的课堂教学之中，为整本书阅读教学提供课时保障。在实践中，"课时化"带来教师的有计划指导的同时，也会导致教师事无巨细地讲解与分析学生阅读的书籍，这会削减学生阅读整本书的兴趣，与整本书阅读的初衷相违背。

其次，整本书阅读的课程化容易改变学生课外自主阅读的性质。整本书阅读的课程化势必使教师较多地介入和干预学生的阅读，教师的意志会左右甚至决定学生的阅读行为和阅读收获，"过度课程化"会导致课程模式僵化、刻板，影响学生阅读兴趣、阅读成效。"有一点我觉得要注意：若要学生喜欢上整本书阅读，就不能太多干预，应当导向自由阅读、个性化阅读。如果课程化太明显，要求太多，学生还没有读，可能就兴趣减半了。如果搞得很功利，处处指向写作，甚至和考试挂钩，那就更是煞风景，败坏阅读兴趣。我看社会上有些跟进新教材的名著导读一类读物，安排了很多阅读计划规定动作，比如如何写笔记、如何做旁批、如何写读书心得之类，甚至时间都规定好了，那就会限制了读书的自由，减损了读书的乐趣。"[1]

最后，整本书阅读的课程化自身存在较多难题。如需要教师有较强的理论知识以及敢于创新的勇气，这恰是一线语文教师比较欠缺的；如对学生自主阅读的有效监控等。

历史的经验、教训和现实的问题都告诉我们，整本书阅读的课程化是落实整本书阅读目标的保障，但是，"过度课程化"也将影响整本书阅读的生机和活力。所以如何在"课程化"以及"过度课程化"之间寻找平衡点就成为语文教育工作者需要考虑的问题。

---

[1] 温儒敏. 温儒敏谈读书［M］. 北京：商务印书馆，2019.

(二) 整本书阅读教学的课型

课型，一般是指根据教学结构而划分出来的课堂教学的类型，是由一节课的教学内容、教学目标、教学方式、师生双方在教学中的地位所决定的一种课堂教学结构。整本书阅读教学，因阅读对象是不同于单篇课文的整本书，带来教学目标、教学内容、教学方式等方面的独特性，自然就形成了不同于单篇教学的课型。

彭丽峰将整本书阅读教学的课型分为三种，一是导读课，用于了解大概内容、形成初步印象，选读精彩部分、体验阅读乐趣，传授阅读方法、提出阅读建议，介绍相关信息、激发阅读兴趣。二是自读课，通过自读完成阅读卡、画思维导图、完成个性化作业等。三是汇报课，用于回顾作品内容、文章主题探究、精彩情节欣赏、阅读感悟交流。❶

冯晓波将整本书阅读教学的课型分为读前导读课、读中推进课、专题研讨课、读后展示课。读前导读课，兴趣激发与方法指导并行；读中推进课，监测阅读效果；专题研讨课，彰显阅读深度；读后展示课，回顾阅读历程。❷

郑美玲、邵伟霞认为，想要做到"整本书阅读"的"真阅读""深阅读"，就要做好三种课型：指导课、交流课和探讨课。指导课包括激发兴趣、引领方向、制订阅读方案和计划、阅读的通法传授和专法点拨等内容，以问题卡督促学生课下的阅读并帮助其梳理思路。交流课重在通过了解学生对教师精心设计的问题的思索和回答，引领其完成梳理情节、把握人物的任务，检测学生是否进行了"真阅读"，旨在评估学生的阅读效益并使其持续保持阅读的热情。师生在交流讨论的过程中诊断问题，以教师的问题促进学生的问题的生成，同时促进学生的思考。探讨课通过思辨式阅读进行思维的训练，重在探讨剖析学生在阅读过程中产生的问题，目的是合作探究、深度交流。❸

---

❶ 彭丽峰. 三种课型完成整本书阅读教学 [J]. 江西教育, 2018 (26): 70-71.
❷ 冯晓波. 界定课型有序推进——《红星照耀中国》整本书阅读教学谈 [J]. 中学语文教学参考, 2020 (23): 51-53.
❸ 郑美玲. 邵伟霞. 初中"整本书阅读"教学实践三种课型探究 [J]. 中国教育学刊, 2018 (S1): 146-149.

第三章　整本书阅读的新视点

汪波将课外整本书阅读概括为三种基本课型：推荐课、推进课和推广课。三种课型由兴趣到方法再到获得，贯穿学生阅读过程的重要节点，循序渐进地将学生的阅读引向深入。❶

吴欣歆反对"课时化"，强调适时的随机的指导。她还从教学方式和教学组织形式的角度，将课型分为整本书阅读读书会、整本书阅读工作坊和整本书阅读研究课。❷

以上以中学教师为研究主体的关于整本书阅读课型的研究成果，是在教学实践的基础上总结出来的，体现了较强的实践性、操作性。

一是遵循整本书阅读过程，形成相应的"一套"课型。以上研究虽然在课型划分上或者表述上有所区别，但是都遵循了阅读者整本书阅读的自然过程，"理想的阅读状态是不被打扰的自主阅读，学生不需要读一会儿就停下来回答教师提出的问题或完成教师布置的任务，而是在阅读结束后带着收获与教师、同学分享，带着问题与教师、同学讨论。在学生没有达到理想的阅读状态之前，教师指导的作用包括：帮助学生读完整本书，引导学生发现独立阅读时未能发现的问题或者帮助学生解决自身无法解决的问题，进而生成高质量、个性化的阅读成果，梳理总结科学的阅读经验。"❸ 吴欣歆以指导立意，认为要从阅读者自然的阅读过程设计指导的节点，才能更贴近真实的阅读状态，更有助于学生成为真正的阅读者。

整本书阅读过程包括三个阶段：准备阶段、阅读阶段、读后反思阶段。准备阶段包括选书和预热，阅读前，首先要发现某本书的价值，才会选择读，才会了解书的整体信息，才会判断怎么读。阅读阶段包括通读和研读，阅读者要通读一本书，有所感悟，有所疑惑，有所思考，有所梳理，有所研究。读后反思阶段，重点是追问阅读收获，总结经验，整理阅读成果。可以发现，以上研究的课型大都是按照学生阅读过程设计的"一套"课

---

❶ 汪波. 课外整本书阅读的三种课型——以曹文轩《草房子》为例 [J]. 安徽教育科研, 2020 (14): 96-97, 101.

❷ 吴欣歆. 培养真正的阅读者——整本书阅读之理论基础 [M]. 上海: 上海教育出版社, 2019: 147-199.

❸ 吴欣歆. 培养真正的阅读者——整本书阅读之理论基础 [M]. 上海: 上海教育出版社, 2019: 101.

型，对应准备阶段的选书、预热，形成读前导读课，激发兴趣和指导方法，对应阅读阶段的通读和研读，形成自读课、读中推进课、专题研讨课、探讨课，对应读后反思阶段，形成汇报课、展示课、交流课、推广课。以上研究遵循阅读者的阅读过程，顺应阅读者阅读过程中真实的阅读状态和需要，产生了相应的教学任务和活动方式，形成了整本书阅读教学的课型，每组课型都可以称为支持学生完成一本书阅读的前后相连的"一套"课型。

二是整本书阅读教学的课型主要以教学任务、教学方式为分类点。从以上研究可以发现，每类课型的教学任务都很明确，每组或者每套内的多个课型，教学任务分明，相互不交叉，课型与课型之间的教学任务存在层层推进的关系。同时每类课型的名称都彰显了它的主要教学方式。另外还有吴欣歆所列的整本书阅读读书会、整本书阅读工作坊和整本书阅读研究课，从教学组织形式上分出三类课型，非常有特色（表3-3）。

表3-3 整本书阅读的课型分类

研究者	课型	教学任务	教学方式
彭丽峰	导读课	了解大概内容、形成初步印象、选读精彩部分、体验阅读乐趣，传授阅读方法、提出阅读建议，介绍相关信息、激发阅读兴趣	讲授
	自读课	完成阅读卡、画思维导图、完成个性化作业	自主学习
	汇报课	回顾作品内容，文章主题探究，精彩情节欣赏，阅读感悟交流	汇报交流
冯晓波	读前导读课	激发兴趣、指导方法	讲授
	读中推进课	完成任务，监测阅读效果	自主学习
	专题研讨课	彰显阅读深度	专题研讨
	读后展示课	回顾阅读成果，总结阅读方法	交流
郑美玲 邵伟霞	指导课	激发兴趣、引领方向、制订阅读方案和计划、阅读的通法传授和专法点拨，以问题卡督促课下阅读和梳理思路	讲授
	交流课	检测"真阅读"，生成问题	交流
	探讨课	思辨式阅读，探究问题，深度交流	讨论

续表

研究者	课型	教学任务	教学方式
汪波	推荐课	激发兴趣，引入阅读	讲授
	推进课	以点带面，方法指导	讲授
	推广课	分享收获，推广成果	交流

根据表中所列的各类课型的教学任务可以发现，整本书阅读教学的任务主要有：激发兴趣，指导阅读方法，监测通读全书，深研重点问题，落实阅读成果。这与语文教材的设计意图是一致的。整本书阅读教学方式与课型关联紧密，读前导读课的教学方式以教师讲解为主，探讨课、读后展示课以讨论、交流的方式为主。

第二节 整本书阅读策略：言有尽而用无穷

整本书怎么读？是学生面临的一个难题，所以，统编版语文教材把"读书方法指导"作为一个重要栏目，众多一线教师把阅读策略作为整本书阅读重要的教学任务。

——笔者

一、整本书阅读策略是什么

统编版语文教材在名著导读板块共列出十二组阅读策略，分别是：消除与经典的隔膜、精读与跳读、圈点与批注、快速阅读、选择性阅读、摘抄与做笔记、纪实作品的阅读、科普作品的阅读、如何读诗、古典小说的阅读、讽刺小说的阅读、外国小说的阅读。但是并不排除其他阅读策略，以教材编写意图为指引，在整本书阅读研究中，在阅读策略实践运用的过程中，阅读策略在不断丰富和完善，这就是阅读策略的开放性。

（一）从宏观到微观

关于阅读策略，从宏观到微观主要有以下几种观点：

①计划说。奈斯比特将阅读策略概括为预测、计划、监控、调节和评价。

②程序说。Block（1986）认为阅读策略是阅读者有意识地与阅读内容相互作用的动态过程。

③计策谋略说。曾祥芹指出："阅读策略是阅读中的计策、谋略，也可称为阅读方略。它是指阅读主体为保证阅读任务的完成、阅读效率的提高，对阅读活动进行调节和控制的一系列谋略。"❶ 倪文锦指出："所谓阅读策略就是指读者用来理解各种文章的有意识的可灵活调整的认知活动计划。"❷

④方法技巧说。Wallace（1992）从文本类型的角度来定义，阅读策略是指根据文本类型决定的灵活地选择阅读的方式。文章的类型、上下文语境及阅读者的阅读目的等都会导致阅读策略发生变化。丁晓良指出："阅读策略是阅读主体在阅读过程中，根据阅读任务、目标及阅读材料特点等因素所选用的促进有效理解的规则、方法和技巧。"❸

阅读策略在从宏观到微观的不同层面有着不同的内涵，而这些内涵意义下的阅读策略在整本书阅读中都会被运用到，所以，阅读策略是以认知理论为基础，依据阅读材料特点和阅读目标，阅读者在阅读活动中进行有效阅读或解决阅读问题而采取的计划、程序、计策谋略、方法和技巧。

1. 计划型

《义务教育语文课程标准》（2022年版）规定"初中生要学会制定自己的阅读计划，广泛阅读各种类型的读物，课外阅读总量不少于260万字，每学年阅读两三部名著"。阅读整本书时往往历时较长，且学生在阅读过程中受到的干扰较多，所以整本书阅读对于不少学生来说是一个挑战，学生运用计划型整本书阅读策略，可以使整本书阅读更加有序高效，而且可以养成良好的阅读习惯。计划型整本书阅读策略主要是指在整本书阅读活动进行前预先拟定阅读具体内容及步骤，在制订计划之前，读者首先应清楚自己的阅读

---

❶ 曾祥芹．阅读学新论［M］．北京：语文出版社，1998：56.

❷ 倪文锦，欧阳汝影．语文教育展望［M］．上海：华东师范大学出版社，2003：295.

❸ 丁晓良．语文阅读策略与教学［M］．苏州：苏州大学出版社，2003.

目标是什么,比如时间标准、最终目的、实现效果等要素。计划型整本书阅读策略具有针对性、预见性、可行性、约束性等特点。

计划型整本书阅读策略并不新奇,从古至今一直存在着,如苏轼的"八面受敌"读书法,其注重反复诵读,每次解决一个目标,再读,再解决一个目标,如此循环往复,日积月累,收获甚丰;欧阳修的"计字日诵"读书法,侧重于有计划的读书。

倪岗指出:"凡事预则立,不预则废,为了让课外阅读更加有序和高效,让学生学会制订阅读计划,养成良好的阅读习惯十分必要。"整本书阅读计划的要素由阅读的时间、阅读的任务、阅读的反馈构成。他以散文集《目送》和小说《平凡的世界》为范例,介绍了散文和小说的阅读计划的制定。❶ 表3-4为《目送》阅读计划表。

表3-4 《目送》阅读计划表

时间	任务	自我评价	家长评价	老师评价
第一周	阅读第1辑 摘抄、批注、概括、感悟联想			
第二周	阅读第2辑 摘抄、批注、概括、感悟联想			
第三周	阅读第3辑 摘抄、批注、概括、感悟联想			
第四周	主题探究、语言品析、对比阅读、准备读书会展示内容(批注、感悟、主题探究、语言品析、对比阅读)			

袁爱国认为,整本书阅读需要在时间节点、课内外阅读进度协调、课内教学内容确定等方面做整体规划设计。整本书阅读规划的制订,取决于以下因素:一是"这一本"文字量与阅读难度的大小,二是教材"名著导读"中提出的学习目标与内容,三是不同学段学生的阅读基础以及不同地域学校阅读活动开展的基础。整本书阅读规划需要因地制宜、量力而行、据"本"统筹,这样才能将长期规划与短期规划、课内阅读与课外阅读、自主阅读与合

---

❶ 倪岗. 中学整本书阅读课程实施策略[M]. 北京:商务印书馆,2018:275.

作阅读等有机结合，取得实效。❶

综上所述，计划型整本书阅读策略包括规划阅读时间和进度、分阶段设置阅读书目和内容、有计划地安排阅读活动、阅读反馈等。

2. 程序型

程序型整本书阅读策略主要是指在阅读的过程中，在不同的阅读阶段读者采用不同的阅读策略。根据国外学者 Pressley，Heilman 以及我国学者薛桂平的研究，我们可以看出，国外在程序型整本书阅读策略的研究上较为成熟，在不同的阅读进程提出了具体的阅读策略，而国内的阅读策略主要还是偏向于教师引导下的粗略的程序型策略，不够具体，还有待进一步完善。

Pressley 和 Gillies 根据阅读理解的四个历程，提出在不同的阅读阶段阅读者会使用不同的阅读策略：①解码阶段：当个体不能认出单字时，可能使用的策略包括查字典、询问他人、根据上下文猜测字义、跳过等。②文意理解阶段：当读者不了解字句或文章的意思时，可能使用的策略有在难字或难句下划线、分析句子结构、对照上下文猜测字义、重新浏览全文、划重点、分段阅读、自问自答、记笔记、做摘要、进行文章架构分析等。③推论理解阶段：阅读者需要利用旧经验与旧知识来协助理解、而且要留意文章逻辑的正确性与一贯性，批判文章内容，进行新的联想与推论。④理解监控阶段：在理解监控自己对于文章意义的了解时，阅读者需要评鉴理解的正确度有多少，并且根据评鉴结果进行自我调整。❷

Heilman A W 等也认为在不同的阅读阶段，阅读者会使用不同的阅读策略，他们对阅读前、阅读中、阅读后读者使用的阅读策略概括如下：①开始阅读前，阅读者可以建立阅读目标、浏览文章插图、预览文章类型、预测文章内容、提取与文章有关的知识背景、将材料与个人经验联系起来。②阅读过程中，阅读者可以运用标题引导阅读、在每段阅读结束后为自己设置一些

---

❶ 袁爱国. 项目化学习视阈下的整本书阅读教学——以《骆驼祥子》专题探究课为例 [J]. 中学教育教学，2020（1）：5.

❷ PRESSLEY M. Comprehension instruction in elementary school: A quarter-century of research progress. In TAYLOR B M, GRAVES M F, BROEK P, Reading for meaning Fostering comprehension in the middle grades [D]. New York: Teachers College press, 2000: 32-51.

问题。当阅读遇到困难或障碍时，选择放慢阅读速度、重读或者寻求帮助甚至继续读下去，寻找到作者的风格。③阅读结束后，可以运用问题来检视理解程度，评估所得到的信息，预测最终结果，对重点内容做摘要、重读某些重要的部分。❶

我国学者也从阅读过程入手，提出了阅读者在阅读中应该具备的基本策略和技能。薛桂平指出如下阅读指导策略：导读推荐，激发期待→及时推进，促进深读→交流总结，深化理解→后续推进，二次提升。教师每一步的指导都是学生自然的阅读过程，每一步指导中都包含了阅读策略的指导。首先通过作者、题目、插图等激发自己的阅读期待；其次，通过复述故事和预测想象加深印象；再次，通过与同学、家人之间交流，深化对情节及主题思想的理解；最后，通过画思维导图、续写故事、对话书中人物等方式提升阅读效果。❷

综上所述，程序型整本书阅读策略依照阅读阶段的不同任务灵活匹配，阅读阶段的划分虽然有所不同，但是都体现了阅读逐步有序推进的自然过程。

3. 计策谋略型

计策谋略型阅读策略主要是指阅读者为保证阅读任务的完成、阅读效率的提高，对阅读活动进行调节和控制的一系列谋略。国内学者倪文锦及曾祥芹等在这方面提出过具有权威性的观点，给出了具体的阅读策略，而吴欣歆等学者则专门针对整本书进行阅读策略的研究。

倪文锦（2003）认为：策略教学成了近几年国际教育研究的热门领域之一，是许多课程改革的突破口。而阅读能力的发展，是读者形成阅读策略来理解文章的过程。国内外的理论及教学表明，以下策略能够有效地促进阅读理解：①确定重要内容的策略，熟练的读者往往可以根据阅读目的有区别地阅读重要的和非重要的信息。②概括信息策略，主要是指在阅读中简明扼要

---

❶ HEILMAN A W. Principles and practices of teaching reading [M]. Columbus: Merrill Publishing Company, 1990.
❷ 薛桂平. 整本书阅读的策略 [J]. 小学教学设计, 2017 (10): 3.

地写出所读材料的内容梗概，它是对原读物的浓缩，反映了原文章的主旨。③推理信息策略，是指读者在具体的语言环境中，运用自己的原有知识和文章提供的信息创造出的新的语义信息。④质疑释疑策略，有利于激活学生原有知识，从而加深对文章的信息加工。⑤监控理解策略，主要是指读者意识到理解的正确性和深度，以及当发现自己理解失败时做什么和怎样做。⑥激活原有知识策略，在阅读中调动自己的原有知识和生活经历来解释和消化内容，具有重要意义。这些都是经过理论分析和实验检验的行之有效的阅读策略。❶

Sarig（1987）将阅读策略分为四类，分别是：技巧型、简化型、衔接型和监控型。技巧型包括对文章的略读、跳读、浏览以及对重要词句、关键词进行标记等。简化型主要是概括阅读文本，并简要复述。衔接型包括对下文的预测、对文本观点的辨认等。监控型则是指阅读者在阅读过程中有意识地进行错误纠正和自我评价。简化型、衔接型和监控型都是计策谋略型的策略。

吴欣歆（2019）以国际上普遍讨论的达成阅读理解的策略、完成阅读监控的策略、实现监控理解的策略、积极阅读者使用的策略为参照，结合汉语阅读的特点，统整我国传统的读书方法，将整本书阅读大致梳理出五种基本策略：内容重构、捕捉闪回、对照阅读、跨界阅读、经典重读。内容重构是在通读全书的基础上，提取相关信息，按照新的形式重新组合并呈现，以建构客观完整的认识；捕捉闪回是关注长篇作品中重复出现的语言、动作、场景等，借助重复形成勾连，更好地理解作者意图；对照阅读是将具有一定关联的人物、事物对比参照，区分细微差别，探究差别产生的本质原因；跨界阅读是突破学科边界、纸质媒介进行的综合阅读；经典重读是引导学生养成重读经典的习惯，常读常新，在不同阶段获得不同的滋养。这些策略紧扣整本书阅读的特点，是整本书阅读专用的阅读策略。❷

综上所述，计策谋略型阅读策略和整本书谋略型阅读策略的研究内容丰

---

❶ 倪文锦，欧阳汝颖．语文教育展望［M］．上海：华东师范大学出版社，2003：295．
❷ 吴欣歆．培养真正的阅读者——整本书阅读之理论基础［M］．上海：上海教育出版社，2019：53．

富,形成了确定重要内容、概括信息、推理信息、质疑释疑、监控理解、激活原有知识、内容重构、捕捉闪回、对照阅读、跨界阅读、经典重读等,可用于整本书阅读的策略。

4. 方法和技巧型

方法技巧型整本书阅读策略主要是指在阅读过程中使用的具体的手段或途径,可以划分为以下几个层次:①综合类,有朗读法、默读法、精读法、略读法、速读法等;②与任务结合类,有解词、释句法,结构分析法,中心思想归纳法等;③与思维方法结合,有分析、综合、比较、概括、归纳和演绎阅读法等;④阅读笔记方法,比如作批注,思维导图等方法。这些阅读策略都是具体可操作的,在读书过程中便于运用,以下是几种关注度比较高的阅读策略的研究。

综合类的阅读方法是整本书阅读的基础性方法,刘千秋、董小玉指出为了培养高中生的整本书阅读能力,可尝试从以下三个方面进行引导,让他们逐步掌握整本书阅读的方法,第一是眼口手心齐用,第二是读思一体,第三是泛略阅读。该研究综合了朗读、默读、略读等多种方法。❶

圈点批注对于学生而言,是最便于运用的阅读策略,因而备受关注。特级教师李卫东指出名著阅读最大的问题在于学生对名著的理解太过浅显,在快速阅读中一带而过、不求甚解;为了改善这种阅读困境,他认为学生在阅读时应及时写下自己独特的阅读体会,在读到精彩之处时应留下批注痕迹或者准备专门的笔记本随时记录摘抄;教师对学生的批注要求应循序渐进,防止适得其反,使学生产生厌读情绪,起初可以主要为大体的感悟理解批注,慢慢提升为细致的品鉴批注,并且对学生的表达要有所要求,使其能尽可能准确地表达自己的阅读感悟。此外,教师还应有意识地收集优秀的批注样例,名家的、教师自己的、优秀学生的批注都可以作为教学中的批注示范。❷ 刘明香提倡教师应帮助学生运用批注法获得独特的审美体验,具体的

---

❶ 刘千秋,董小玉. 高中"整本书阅读"的现状调查及方法研究[J]. 语文建设,2017(28):21-24.

❷ 李卫东. 名著阅读:语文教学的"正规战"[J]. 语文教学通讯,2008(5):4-7.

操作策略为：在精彩细节处批注、在环境描写处批注、在对比矛盾处批注；批注点的选择是很灵活的，教师可以根据学生的批注实践不断增添完善。❶赵长河认为读前着力点首先应是教师先读要求学生阅读的书目，有自己独特的感悟体会，进而做出批注，然后教师教授学生批注的方法后，和学生共读共批共交流。这样有利于触动激发学生思维；养护学生原生态的阅读感知能力；并且可以从多人批注所关注的不同点中探索名著阅读指导课的课眼。❷

思维导图以其形象直观，在整本书阅读中也得到运用。闫功（2018）指出：思维导图在初中语文整本书阅读教学应用实践中是具有优势的，它可以变被动为主动，提高学生整本书阅读的积极性和主动性；提高整本书阅读及其教学环节的质量；丰富当前整本书阅读教学的策略和手段。学生在阅读过程中可以利用思维导图做阅读笔记，思维导图的彩色线条和助记符等元素刺激阅读过程中左右脑的协同工作，加深对笔记内容的认识和理解；思维导图作为一种图形笔记可以使学生学习的思考过程可视化，便于自我的认知，同学之间的交流和共享，也便于教师的了解与干预。❸

（二）从通用到专用

通用型阅读策略是指整本书阅读的基本策略，适用于各类体式各类任务的整本书阅读。统编本初中语文"名著导读"中的精读与跳读、圈点与批注、快速阅读、选择性阅读、摘抄与做笔记都属于通用型阅读策略，前文中概括的综合类方法（朗读法、默读法、精读法、略读法、速读法）和圈点批注都属于通用型阅读策略。

专用型阅读策略可以分为两类，一类是任务专用，另一类是文体专用。任务专用的，这里主要指向深度理解任务和梳理任务。

---

❶ 刘明香. 拓展性阅读有效指导策略 [J]. 中学语文教学参考，2018（29）：42-44.
❷ 赵长河. 名著阅读课的应然、实然和将然——张聪艺老师《论语·孝》阅读指导课感悟 [J]. 华夏教师，2017（21）：48.
❸ 闫功. 思维导图应用于初中语文整本书阅读教学的实践研究 [D]. 上海：上海师范大学，2018.

1. 任务专用

（1）指向深度理解任务

余党绪提出"思辨读写"的整本书阅读策略，指向原生态阅读、针对内容和主旨的批判性理解和由读到写结合的表达训练三部分；指出整本书的读法包括三步，从"连滚带爬地读"到"绞尽脑汁地想"再到"挖空心思地用"；并且在具体教学实践中，以一系列具体书籍为例，进行"思辨读写"实践。❶

李卫东认为混合式学习模式与整本书阅读的特点相契合，运用混合式学习模式，可以将阅读的空间随意延伸。采用混合式学习的策略，可以让学生们拓展思考。❷

转化策略是指学生在阅读文本的过程中，通过理解文本，被文本中的某些语句、段落或者是文本中所传达的主旨所震撼，从而进一步将其转化为自身知识的一种阅读策略。在整个转化策略过程中，学生自己的主动建构与知识内化占据主导地位。从某种意义上说，转化策略类似于建构主义提出的观点。建构主义认为："学习是学习者积极主动的意义建构和社会互动的过程。"学生在阅读过程中，通过转化阅读学到知识，完成知识的建构与内化。

提问策略是指我们在阅读文本之后对文本进行思考，从而提出问题、解决问题，进一步深入理解文本的一种阅读策略。从某种意义上说提问策略类似于心理学中所说的动机，是推动个体从事某种活动的内在原因。当学生在阅读的过程中，发现自己遇到的疑难问题并且提出问题，那么他们就产生了学习的动机，学习的意愿就会变得更加强烈。同时，这些问题的解决可以进一步提高阅读效率。阿德丽安吉尔的提问策略使我们意识到提问策略可以用到阅读过程中，通过教给学生提问的策略，让他们提出深层次的问题，通过对这些问题的探究与解决，从而进一步加深对文本的理解，同时也可以开拓学生在阅读中的思考能力。

联结策略即将我们所阅读的文本与我们的生活经验、阅读过的文本和世

---

❶ 余党绪．"整本书阅读"之思辨读写策略［J］．语文学习，2016，（7）：12-17．
❷ 李卫东．混合式学习：整本书阅读的策略选择［J］．语文建设，2016（25）：12-15．

界发生联结的一种阅读策略。联结策略和我们心理学中的学习迁移有很大的相似性，一般认为，学习迁移是一种学习对另一种学习的影响。而联结策略也正是在我们现在阅读的文本和以往的生活经验、阅读过的文本、世界之间建构一座相互联系的桥梁，是将以往的学习和生活迁移至现在的学习中。

矛盾寻觅策略是指语言的矛盾处就是"一种表面上自行矛盾的或荒谬的，但结果证明是有意义的陈述"。❶ 小说创作者为了达到某种表达上的效果，可能会在语言上出现明显的矛盾，读者如果能够细心观察，找到这些语言的矛盾点，就能够加深对文本的理解。《红楼梦》中也有类似的例子，当林黛玉初进贾府时，贾母问外孙女是否读过书，黛玉回答"只念了《四书》"。而当宝玉问同样的问题时，黛玉的回答却截然不同："不曾读，只上了一年学，些许认得几个字。"一前一后的矛盾正反映出黛玉的小心谨慎。

孙涛是以《水浒传》中的鲁智深形象为例，来探究基于主题学习的整本书阅读策略，他指出要抓住整本书的核心价值进行主题式学习，此文中抓住鲁智深的人物形象这个主题，紧扣主题，利用筛选与整合、比较与探究、反思与评价，进行内容聚焦，使学生对鲁智深在全书中的地位和影响有了全面而深入的认识。❷

（2）指向梳理任务

知识整合策略在整本书内容梳理和意义建构中发挥重要作用。知识整合这一说法最早出现于产品研发领域，是针对企业产品研发过程中出现的架构知识的产生而提出的概念。开始之初无明确定义，后来美国学者 Bauer 等人首次对知识整合的内涵进行了界定，她认为个体通过对两个（或多个）分离却相关的情节信息进行整合，实现新知识的自我生成，这一过程即为知识的整合，它反应了个体整合分离信息的能力，而这种能力对于建立一个知识库是至关重要的。❸ 而后各领域的研究者基于各自的研究需要，纷纷对知识整合的内涵做出适应性的调整，其中教育研究者也将知识整合概念做出了教育

---

❶ 王先霈，王又平. 文学理论批评术语汇释 [M]. 北京：高等教育出版社，2006：335.
❷ 孙涛. 基于主题学习的整本书阅读策略探究——以《水浒传》中的鲁智深形象为例 [J]. 语文建设，2019（13）：46-48.
❸ 邢晓慧. 知识整合生成与提取的影响因素研究 [D]. 石家庄：河北师范大学，2018：3.

化界定。Linn 从科学学习的角度对知识整合的内涵进行了诠释。她认为学生的科学学习是学生通过整合新学知识和已有知识最终形成对某一科学观点的整合性理解的动态过程，这一过程称为"知识整合"过程。❶

国内的研究者也积极对知识整合做出本土化的解释。魏江和徐蕾（2004）认为，所谓知识整合就是将现有的知识进行重新编排配置而出现的新的架构知识。也有研究者认为，知识的整合也叫知识的系统化，它的本质是将相互关联的知识组成网络状的知识体系，换句话说，就是把有联系的知识组合起来形成一个网状的结构，沟通知识各个部分乃至整个学科间的联系，做到融会贯通。❷ 魏江、刘锦和杜静（2005）等人也指出，一般认为，知识整合是指将不同来源、不同载体、不同内容、不同形态的知识，通过新的排列组合、交叉和创造，实现知识应用和产生新知识的过程。❸

关联阅读策略旨在建立关联性学习机制，"联结性学习机制是指个体将同时出现在工作记忆的若干客体的激活点联系起来而获得经验的心理机制。"❹ 关联阅读即建立这样一种联结性的学习机制。读者选择一条线索将若干章节组合起来进行阅读，归纳整理自己的阅读感受，深入体会文本信息。

整合重构概括策略指整合提取的信息，把分散、孤立的知识重新组合并表示出它们的关系。也就是提取、归类编码的过程，阅读中我们必须对筛选出来的信息进行归类和总结，从中概括出有意义的信息。这种策略主要包括段意合并、制表格、画关系图或者思维图等方法。❺

2. 文体专用

统编本初中语文教材中的"名著导读"针对纪实作品、科普作品、诗、古典小说、讽刺小说、外国小说，列出了专用型阅读策略。研究者们针对各

---

❶ 魏娟. 知识整合模式促进初中生科学概念学习的活动设计 [D]. 济南：山东师范大学，2019：16.
❷ 魏江，徐蕾. 知识网络双重嵌入、知识整合与集群企业创新能力 [J]. 管理科学学报，2004；17（2）：34-47.
❸ 魏江，刘锦，杜静. 自主性技术创新的知识整合过程机理研究 [J]. 科研管理，2005（4）：15-21.
❹ 莫雷. 学习的机制：阅读与学习心理的认知研究 [M]. 北京：北京师范大学出版社，2013.
❺ 朱春蓉. 部编本初中语文阅读策略性知识教学研究 [D]. 沈阳：沈阳师范大学，2019.

类文体也有了更为深入的研究。

胡春梅指出，外国文学名著的阅读如能从一部作品到一个作家，再到一国文学，亦可生发至一国文化，妙趣横生，也将收获颇丰。她还指出，文学名著经历时间的筛选，其丰富深刻的内涵随着时代迁移不断推陈出新，从文学名著到现实生活，从中读出现实的意义。❶

胡晓等指出科幻著作的学习，要扫除科学知识上的障碍，让科学知识助力作品的理解。要突破"人物、情节、环境"三要素解读模式，牢牢把握科幻作品科学性和文学性两方面的特质，挖掘科幻作品丰富的内涵和价值。❷李黎认为，在阅读科幻类名著的过程中，听、说、读、写相互渗透，密不可分，以听说带动读写，以读写进一步促进听说，带动学生对多个学科的热爱，从而达到通过读一本书，让学生在知识的多个领域都有所收获的效果，培养学生良好的人文素养和科学素养。❸

可以看出，文体专用型阅读策略的研究紧扣文体特征，探寻阅读路径。还有一些研究，将通用型阅读策略与特定文体紧密结合起来，如后文的运用示例：批注法运用于《朝花夕拾》等文集类名著阅读的实践，在结合中，提炼出了散文集的批注点、批注思路，具有了专用的特质。

可以看出，整本书阅读策略是丰富而灵活的，是一个开放性很强的系统。作为帮助阅读者与阅读内容进行沟通的操作系统，在运用中保持着旺盛的生命力。具有以下基本特征：第一，整本书阅读策略是随着整本书的阅读活动展开的，是在具体的学习过程中，为提高阅读效率而逐步形成和发展起来的。第二，整本书阅读策略的运用是一个动态的过程，读者在不同的阅读过程中会有针对性地采用不同的阅读策略。第三，个体的整本书阅读策略会随着阅读者对阅读目标的期望和阅读内容难易程度的改变而发生变化。正因为如此，整本书阅读策略不可能是固定不变的程式，它会在运用中焕发出无限的生机和活力。

---

❶ 胡春梅. 外国文学名著整本书阅读策略探析 [J]. 语文建设, 2016 (25): 16-19.
❷ 胡晓, 赵炜. 统编教材科幻作品的选入与教学 [J]. 语文建设, 2020 (15): 57-60.
❸ 李黎. 刍议初中阶段科幻类名著的阅读策略——以《三体》三部曲为例 [J]. 中学语文教学, 2017 (8): 86-88.

二、整本书阅读策略怎么用

（一）问题讨论

太原师范学院研究生将整本书阅读策略分为计划型、程序型、计策谋略型和方法技巧型四个类型，编制调查问卷，选定四所不等层次的初中学校的学生 400 名及教师 120 名作为调查对象，了解不同学校、不同层次学生和教师的整本书阅读策略使用情况，通过统计软件 SPSS21.0 对初中学校学生和教师整本书阅读策略运用现状进行系统统计分析，发现以下突出问题。

1. 学生：掌握的阅读策略类型单一、自我感觉差

虽然大部分初中生会应用阅读策略，可是经常运用的主要是方法技巧型和计划型，程序型和计策谋略型运用较少，低于总体均值。这种情况十分普遍，说明初中生掌握的阅读策略类型单一，储存有限，难以根据阅读目的、阅读阶段、阅读任务调用最合适的阅读策略，因而影响阅读效果。举些例子，如果懂得内容重构策略，学生可以通读全书再回顾梳理，在全书中筛选、关联一条线索将若干作品组织起来，按照不同的形式重新分类、梳理、整合并呈现。作用包括对人物形象的全面勾勒、对情节发展的完整呈现、对环境描写的集中讨论等方面，从而建构客观完整的认识，为深入研读、探究奠定基础。如果懂得质疑释疑策略，就会对文本中的疑难或既定观点提出疑问或新观点，通过回读文本，分析问题特征，找到问题和答案之间的联系，对文本进行再加工，达到深度阅读效果，使批判性思维得到发展。总的来说，可供学生调用的梳理整本书的策略、深入理解整本书的策略较少。

另外，对于整本书阅读策略的满意度较低，说明学生对整本书阅读策略运用的自我感觉较差。"阅读是个体行为，读什么和怎么读都具有鲜明的个性化特征；阅读教学是社会行为，读什么和怎么读都需要确切的内容与策略。"❶ 对于教材和教师而言，整本书阅读都需要确定的阅读书目、阅读内容和阅读策略，对于学生而言，阅读内容和阅读策略最终需要内化为个人的阅

---

❶ 吴欣歆. 培养真正的阅读者——整本书阅读之理论基础 [M]. 上海：上海教育出版社，2019：124.

读经验,养成良好的阅读习惯。

2. 教师:整本书阅读策略的指导有限

教师对整本书阅读策略的认识度情况总体良好,对阅读策略的重要性非常认可,了解并熟悉一定的整本书阅读策略,但是满意度却不太高。这些情况说明,教师现有的指导学生的阅读策略并不能满足整本书阅读的实际需要。在访谈中发现,作为教者,教师可以意识到,面对整本书这样鸿篇巨制式的阅读材料,面对贯通全书的阅读任务,现成的阅读策略不能完全适应,需要针对整本书阅读的特点和任务,开发新的策略或者完善原有策略。

在教师卷中显示的教师指导情况较好的整本书阅读策略,在学生卷中的数据显示运用情况却不太好。在访谈中还发现,教师所认为的指导情况较好,主要是指指导学生认识、运用了阅读策略,学生所认为的运用情况不够好,主要是指该策略并未真正内化于心。这种情况反映了当前阅读策略指导中的一个普遍存在的问题,重视帮助学生在一节课中了解、尝试一种阅读策略,但是忽视课下大量阅读实践中对阅读策略运用的监控,而只有在大量的阅读实践中运用阅读策略,才是内化为学生阅读策略的路径。

学校、教龄对教师指导情况产生显著性影响,这也说明语文教师个人的综合素质是整本书阅读指导的关键。整本书阅读教学,在一定程度上就是以教师个人阅读经验指导学生获得阅读经验。教师个人专业功底扎实,整本书阅读经历、经验丰富,才能作为"阅读者",作为视野、经验高于学生的"阅读者",给予学生指导。

(二)整本书阅读策略运用的教学指导

针对存在的问题,可以从以下方面加强教学指导。

1. 教授学生阅读策略知识

教师普遍重视教授学生阅读策略知识,但需要注意的是,应依据自己阅读实践的经验,突出阅读策略运用中比较重要的方面。如选择性阅读,不但要讲清楚讲解选择性阅读的意义,即有目的地阅读对个人学习或研究最相关的部分,更重要的是指导学生如何根据自己的阅读目的和问题来选择文本中的重要信息,以及强调选择性阅读时的批判性思维,教会学生如何评估信息的可靠性和相关性。

2. 使用示范

教师使用示范的方式指导学生是一种有效的教学策略，因为它可以帮助学生更直观地理解和学习技能或概念。教师可以通过以下方法有效地使用示范教学：

①在示范开始前，向学生解释为什么要进行这个示范，以及他们将要学习什么，设定清晰的学习目标，让学生们知道他们应该关注的重点。

②教师先阅读一段文本，并展示如何使用上述策略。要注意强调关键步骤和技巧，可以在演示中暂停，指出重要的细节，必要时使用"自言自语"技巧；可以大声地描述你正在做的事情和你的思考过程，这被称为"自言自语"或"思维外化"。这种方法可以帮助学生理解每个步骤背后的逻辑和决策过程。

③示范之后，给学生机会让其自己尝试。教师还要继续提供指导和支持，帮助学生在学习过程中应用新的技能或知识。

3. 促进多角度阅读策略的碰撞

与单一阅读策略的运用不同，多角度阅读策略的碰撞，可以让学生更全面地理解阅读策略，不同的方法可能还会相互激发，产生新的想法和解决方案。具体可以使用如下方式：

①分组练习。让学生分小组实践不同的阅读策略，然后分享他们的发现和体会。当多种策略被用来分析同一个问题时，可以通过比较和对比各种阅读策略的效果来提高决策的质量，这有助于避免单一阅读策略可能忽略的盲点。

②角色扮演。让学生扮演不同的读者角色，例如研究者、批评家或普通读者，根据角色的特点选择合适的阅读策略。在不断变化的环境中，多角度策略的碰撞可以提高适应性和灵活性，不同的策略可能更适合不同的情境，因此能够快速调整方法以应对新的挑战。

4. 提供反馈与开展讨论

在每次练习后，提供反馈并开展讨论，帮助学生理解每种阅读策略的优势和局限性。

①观察和记录。应对学生的学习做全面反馈，而不仅限于最后的成果，这样才能帮助学生找到学习成败的原因。为此，在教学过程中，教师需要观察学生的学习行为、参与度以及作业和测试的表现，并做好记录。

②及时反馈。教师应该在学生完成任务后尽快给予反馈。反馈应该是具体的、有针对性的，并且与学习目标紧密相关。

③正面鼓励和建设性意见为主。即使学生的表现有待提高，教师也应该先指出他们做得好的地方，再提出改进建议。改进建议应该具体，为学生提供解决问题的策略或引导学生思考如何改进。为帮助学生更直观地理解高质量学习的标准，提供改进意见的时候，还可以展示优秀作品或实例。

④开展讨论。教师可以通过提问、小组讨论或全班讨论的方式，鼓励学生分享他们的理解和观点。这有助于学生从不同角度理解，并通过交流自己的想法来加深理解。

⑤促进自我反思和改进。鼓励学生对自己的学习进行反思，思考他们在哪些方面做得好，哪些方面需要改进。之后，教师应该提供额外的资源和支持，帮助学生改进他们的学习，例如提供补充材料、安排辅导时间或推荐学习小组。

三、整本书阅读策略运用指导案例

《傅雷家书》选择性阅读指导[1]

师：《傅雷家书》是由傅雷及其夫人与儿子的往来书信辑录而成的一本家书。它收录了100多封自1954年到1966年间傅雷及其夫人写给两个儿子（主要是长子傅聪）的家信。对于一本信息量如此庞大，内容繁杂，没有明显叙述线索的书信体作品，我们该用什么方法来阅读呢？如果逐字逐句地读，会消耗很多时间和精力，而我们平时的课业负担又那么重，所以选择一个行之有效的阅读方法，非常重要！下面请同学们和老师一起回顾一下，我们曾经学过的读书方法有哪些？如果是你，你会选择哪种方法来阅读这本书呢？

---

[1] 胡能治. 整本书阅读教学方法示范设计——以《傅雷家书》选择性阅读专题研讨课为例[J]. 语文教学与研究，2021（14）：104-106.

第三章　整本书阅读的新视点

生：精读与跳读。

生：圈点与批注。

生：快速阅读。

师：同学们的选择都很不错。除上面这些方法外，课本今天又给我们介绍了一种新的读书方法：选择性阅读。请同学们打开课本一起来了解一下，什么是选择性阅读？

师：（好，根据课本，我们知道）选择性阅读的情形有：

1. 兴趣选择；2. 问题选择；3. 目的选择；4. 方法选择。

那么今天，我们就按兴趣选择、问题选择、目的选择、方法选择中的其中一种或多种方式，并结合之前学过的一些读书方法来简单地阅读这本名著。在正式学习这本名著之前，老师给了比较长的时间让大家阅读这本名著，并让大家根据老师给每个小组分发的自主阅读推荐表来完成每个小组的学习任务。老师将每个小组推荐的书信进行了整理，制作出了一本具有班级特色的精华版的《傅雷家书》。根据各小组提交的自主阅读推荐表，我们来看看每一个小组是按照选择性阅读中的哪一种方式来选择书信内容进行阅读的。下面请大家打开精华版《傅雷家书》，进入我们今天的第一个专题：小组展示，领会教子之道。

师：下面我们就请小组派代表来展示你们的读书方法和阅读收获！

师：我们先请柯棠雯小组，你们小组当时推荐的书信有哪些？

柯棠雯：我们小组推荐的是一九六四年三月一日傅雷写给傅聪的信，也就是精华版《傅雷家书》中的书信一。

师：请同学们看第一封书信。

师：你们推荐的这封书信的主题是关于哪个方面的？

生：生活细节方面。

师：请问，你们是按照选择性阅读中的哪种读书方法来确定这个主题的？

生：我们对当时在外求学的傅聪的留学生活很感兴趣，所以就选择了这个主题的书信进行阅读并推荐。

师：也就是说，你们是按照选择性阅读中的兴趣阅读来确定所要阅读并

· 185 ·

推荐的书信的？

生：对！

师：读了这封书信后，书信中的哪些语句对你们有所触动呢？根据你整理的小组意见，请逐个展示一下你们小组所圈点的佳句。并谈一谈你们从这些佳句中获得的启示。

生："有了孩子，父母双方为了爱孩子，难免不生出许多零星琐碎的争执，应当事先彼此谈谈，让你们俩都有个思想准备：既不要在小地方固执，也不必为了难免的小争执而闹脾气。还有母性特强的妻子，往往会引起丈夫的妒忌，似乎一有孩子，自己在妻子心中的地位缩小了很多——这一点不能不先提醒你。"面对家庭琐碎的争执，傅雷告诉傅聪并教会我们，要事先彼此谈谈，让双方都有个思想准备，避免事情向不可控的方向发展。

师：好，还有没有？

生："在经济方面，与其为了孩子降临而忧虑，不如切实想办法，好好安排一下。衣、食、住、行的固定开支，每月要多少，零用要多少，以量入为出的原则全面做一个计划，然后严格执行。"傅雷告诉傅聪，要以量入为出的原则做一个全面的计划，然后严格执行！

师：还有吗？

生："'理财'，若作为'生财'解，固是一件难事，作为'不亏空而略有储蓄'解，却也容易做到。只要有意志，有决心，不跟自己妥协，有狠心压制自己的fancy！"在理财方面，父亲教会傅聪，如果意志坚强，有决心，不跟自己妥协，有狠心压制自己的欲望，"不亏空而略有储蓄"是很容易办到的！

师：好，说得非常好，请坐！柯棠雯同学的展示非常精彩，向大家很好地展示了她的阅读方法和阅读感受，大家是不是应该给柯棠雯同学来点掌声呢？

师：由于时间的关系，在这里，就不要求每个小组一一来展示了！请大家看大屏幕，一起来快速浏览一下其他小组的分享！

师：通过柯棠雯同学还有其他小组的分享，可以看出，同学们在阅读这本名著时，都动了脑筋，花了心思。而且学会了利用读书卡片来阅读名著。

从中我们可以感受到，傅聪今天的成就，很大部分是源于父母对他的谆谆教导，即家庭教育。成功的家庭教育，再加上自己的勤奋，造就了今天这位享誉世界的钢琴大师。希望同学们自己在看这本书的同时，也把这本书推荐给自己的父母看看，让自己的父母跟自己一起成长。

第三节 专题探究：整本书深度阅读的"学习活动场域"

专题探究学习是整本书深度阅读的"学习活动场域"，通过专题探究活动，能够有效推进整本书的深度阅读，全面提升学生语文核心素养。❶

——姜涛

一、"专题探究"是什么

《现代汉语大词典》中对"专题"一词的解释为：专门研究或讨论的题目。举例有："专题报告""专题讨论""专题调查"。"探"在《说文解字》中的解释为："远取之也。从手罙声。"段玉裁在《说文解字注》说："远取之也。探言深也。"由此可知，"探"原指往深处摸取东西，"究"的解释为："穷也。从穴九声。"那么"究"的本义就是指穷尽、深入到洞的终点。二者都有寻求、探求之义，后结合为"探究"一词。《新华汉语词典》中对"探究"一词的解释为：反复深入地探讨研究。"探究"又是新课标倡导的一种学习方式，主要通过学生运用探究性学习方法从探究中主动获取知识，应用知识，解决问题。

课标在总目标中提出了"能主动地进行探究性学习，在实践中学习、运用语文"的要求。❷ 人教版等各种版本的语文教材都曾设计了探究性学习的板块，如"综合性学习与探究""专题""活动体验""梳理探究"等，旨在全面提升学生运用语文的能力。统编本教材在"名著导读"板块则增设了"专题探究"一栏，倡导整本书的探究式阅读和思考，推进整本书的深度阅读。

---

❶ 姜涛. 专题探究：整本书深度阅读的助推器 [J]. 中学语文教学参考，2020（2）：48-49，59.
❷ 中华人民共和国教育部. 义务教育语文课程标准 [S]. 北京：北京师范大学，2012：6.

"专题探究"作为统编本初中语文教材"名著导读"中的一个板块。在教学中，是指学生围绕几个探究的专题，作为可供选择的探究任务，在教师的指导下，在任务的驱动下，整合资源进行自主合作探究，在完成既定的整本书探究任务的同时，提升探究能力的一种语文实践活动。

统编本"名著导读"的"专题探究"，针对 12 部名著，共设置 37 个专题和专题活动（表3-5）。

表3-5 统编本"名著导读"的"专题探究"汇总表

书册	推荐名著	专题设置	专题活动设计
七年级上册	鲁迅《朝花夕拾》	专题一：鲁迅的童年	《狗·猫·鼠》《阿长与〈山海经〉》《五猖会》《从百草园到三味书屋》等都对鲁迅的童年生活有所叙述和提及，不妨把这些内容联系起来考察，可以更全面地认识鲁迅的成长经历，有助于破除我们对鲁迅先生的隔膜
		专题二：鲁迅笔下的人物	在书中，鲁迅记录了自己生命中出现的一些人物，有一些给人留下了深刻印象，如长妈妈、寿镜吾老先生、范爱农等。任选一个人物，梳理各篇中描述他/她的语句，分析其性格特点，学习、借鉴鲁迅描写人物的方法
		专题三：鲁迅的儿童教育观念	书中有几篇作品涉及儿童教育问题，试将这些相关的内容放在一起来研读，思考鲁迅对于儿童教育有些什么体验和看法，并联系实际，看看鲁迅的哪些观点在今天仍有借鉴价值。 完成专题探究，写一篇读书报告，并在班里举行一次读书交流会，共同分享阅读体验和探究成果
	吴承恩《西游记》	专题一：取经故事会	唐僧师徒西天取经的路上经历了重重磨难，构成了一系列惊险而曲折的故事，选择你最喜欢的一个故事讲给大家听
		专题二：话说唐僧师徒	唐僧师徒四人，你最喜欢的是谁？写一篇短文介绍这个人物
		专题三：创作新故事	从小说中找几个故事，分析一下其情节结构模式，包括如何开头，如何结尾，妖精有何来历，唐僧师徒如何应对等。然后大胆发挥想象，自己来创作一个取经路上的新故事

第三章　整本书阅读的新视点

续表

书册	推荐名著	专题设置	专题活动设计
七年级下册	老舍《骆驼祥子》	专题一：给祥子写小传	本书以主人公祥子的奋斗和毁灭作为线索，可以说是祥子一生的记录。请根据作品的内容，写一篇祥子的小传，完整地勾勒出祥子的经历
		专题二：探寻悲剧原因	读完全书，祥子最终走向毁灭的命运悲剧无疑会给你强烈的震撼。到底是什么力量毁灭了这个曾经生机勃勃的人？悲剧的原因何在？带着思考精读一些章节，并查找资料，写下你的探究结果，然后和同学就此做一次深入的讨论
		专题三：话说"洋车夫"	书中除祥子外，还写了形形色色的洋车夫，留下了关于老北京洋车夫这一行当的珍贵历史记录。请根据书中内容进行梳理，从职业特点、人员构成、生活状况等方面介绍洋车夫这个行当的情况
		专题四：独特的"京味儿"	作品对老北京的人情风俗、市井生活、北京人独特的语言习惯等做了细致入微的描绘，阅读中你一定感受到了其中散发着的浓浓"京味儿"吧。请选一个角度，摘抄一些片段，说说其中是怎样体现这一点的
	儒勒·凡尔纳《海底两万里》	专题一：写航海日记	先绘制一份简单的"诺第留斯号"潜水艇的航行线路图，表明时间、地点。从小说中选择某几个关键的时间点，结合小说的内容，写几则航海日记
		专题二：尼摩船长小传	小说中的灵魂人物尼摩船长是个怎样的人？请你根据作品内容，以最后返回陆地的法国生物学者阿龙纳斯的身份，给一个亲密的朋友写一封信，向他介绍尼摩船长
		专题三：潜水艇介绍	小说中的"诺第留斯号"潜水艇是什么样子的？是根据什么科学原理制造出来的？以什么为动力？内部构造如何？有什么功能？请你绘制一份"诺第留斯号"潜水艇的简易图，标明其各部位的名称和功能，并写一篇简介。然后查找资料，分析这艘科学幻想中的潜水艇和今天的潜水艇有什么异同

续表

书册	推荐名著	专题设置	专题活动设计
八年级上册	埃德加·斯诺《红星照耀中国》	专题一：领袖人物和红军将领的革命之路	1. 外貌形象与言谈举止；2. 出身和家庭；3. 童年的经历；4. 受教育情况；5. 参加革命的起因；6. 参加革命后的经历
		专题二：关于长征	1. 长征的起因；2. 长征的路线；3. 长征中面临的困难；4. 长征中具有重大意义的事件；5. 长征的历史价值
		专题三：信仰与精神	1. 中国共产党人的革命信仰；2. 长征精神的内涵；3. 当代青少年应如何传承长征精神
	法布尔《昆虫记》	专题一：跟法布尔学观察	1. 精读书中描述法布尔观察昆虫的精彩段落，结合实例总结法布尔观察的经验。2. 借鉴法布尔的经验，设计一个观察实验，并进行实践，做好观察笔记
		专题二：跟法布尔学探究	1. 研读法布尔着力探究的若干个具体案例，总结他的科学探究经验。2. 借鉴法布尔的经验，选择你最感兴趣的一个科学问题，设计方案，进行探究实验。
		专题三：跟法布尔学写作	1. 从写作角度精读《昆虫记》，摘抄若干精彩片段，进行鉴赏、点评。2. 观察你喜欢的小动物，学习法布尔的写作技巧，进行仿写
八年级下册	傅雷《傅雷家书》	专题一：傅雷的教子之道	傅雷给儿子提出的建议涉及很多方面，如生活细节、人际交往、读书求学、感情处理等。可以任选其中一个或几个方面，探讨傅雷的教子之道，完成一篇读书报告
		专题二：父子情深	这本书是父亲写给儿子的家信集，父爱流淌在朴实的文字背后，深沉而温暖。运用选择阅读的方法，将关注点聚焦在"父子情深"这个话题上，试着去发现那些苦心说教背后流露出的浓浓父爱。结合具体语段，细心揣摩傅雷的心情，以《两地书，父子情》为题，写一篇短文
		专题三：我给傅雷写回信	这本书涉及道德、文化、艺术、历史等多个领域，可以选择一个感兴趣的话题，尽可能全面地梳理傅雷的观点，并进行归纳概括。假设你可以与傅雷就这一话题进行交流，试着写一封信，表达你对他的观点的理解或你对这个话题的看法

续表

书册	推荐名著	专题设置	专题活动设计
八年级下册	奥斯特洛夫斯基《钢铁是怎样炼成的》	专题一：保尔·柯察金的成长史	主人公保尔·柯察金在历练与考验中成长，这就如同钢铁在烈火与骤冷中铸造。历练与考验，坎坷与起伏，锻造了保尔·柯察金的信念和意志。梳理保尔·柯察金的成长史，列出提纲，给这位主人公写一个小传
		专题二：保尔·柯察金的形象分析	保尔·柯察金具有顽强的毅力、永不言败的精神，他在重重磨砺下无所畏惧，意志如同钢铁般坚强。然而除此之外，他还有温情的一面，比如书中写到的亲情、恋情、友情等。阅读的过程中，摘录一些能够体现保尔·柯察金性格不同侧面的句子和段落，结合这些具体描写，对主人公丰满的艺术形象做出分析
		专题三："红色经典"的现实意义	有人认为，文学要有所担当，"红色经典"作为特定历史时期的精神路标，其厚重感与担当意识在现实生活中仍然富有生命力。你怎么看待"红色经典"的现实意义？带着这个问题阅读这部具有年代感的作品，在阅读的过程中留意自己的感受，看看其中哪些段落让你读起来觉得困惑，哪些段落依然新鲜刺激，哪些段落令你深受触动。详细记录这些心得体会，整理成读书笔记，并与同学探究"红色经典"

教材在多个专题探究中都强调："以上专题仅供参考，也可自行设计探究专题。"教材的专题探究栏目激发了广大教师课程开发的意识，指导着广大教师课程开发的方向，不少教师根据实际需要开发了新的专题探究。袁爱国老师在《骆驼祥子》教学中设置了不同于教材的专题——祥子与骆驼的关系；韦存和老师在《水浒传》教学中以"水浒英雄"为专题，引导学生通读全书，在比较分析人物形象、欣赏人物刻画手法、评价人物生命价值的基础上，加强对整部作品的认识和把握。❶

从上面的专题设置和活动设计中，可以发现，整本书专题探究具有如下特点。

---

❶ 陆其勇. 领读者要学踩藕人——《〈水浒传〉专题之水浒英雄》教学点评 [J]. 中学语文教学参考，2018（32）：77.

◇ 语文阅读新视点

1. 任务性

任务性是统编本初中语文教材名著导读"专题探究"板块一个显著的特点,专题任务驱动是"名著阅读及其教学的突围"。❶ 任务指的是指定担负的责任和工作,学生在学习过程中需要对指定任务进行积极主动的活动,并通过担负责任和完成工作的方式进行学习。而在名著导读"专题探究"这一板块之中,探究任务是全体师生需要协同合作并共同解决的问题和完成的工作。该板块的学习以探究性任务为引导,通过教师的分配,将其交派给学生或学生小组,学生在教师的指导之下完成任务,实现知识的学习和能力的提升。

比如八年级下册名著导读《傅雷家书》专题一——傅雷的教子之道,学生需要完成的任务是通过名著阅读解读傅雷的教育理念,并且以读书报告的形式进行提交。读书往往都会有一个关注的焦点,而任务的引导则可以明确名著阅读的焦点,让学生在任务的驱动和方法的指导下去阅读探究,并从中掌握探究方法,提高自身探究能力。

2. 实践性

课标强调语文学科的实践性,强调语文能力是在学生听说读写的语文实践活动中形成的。名著导读"专题探究"这一个板块的设计,体现了语文学习中很强的实践性。每个专题的学习都设计了具体的听说读写活动:读书报告、读书交流、讲故事、写简介、创作新故事、查找资料、梳理内容、摘抄、绘制路线图(简易图)、写航海日记、写信、作总结、设计方案、写观察笔记、仿写、写小传、写读书笔记等。这些外显的听说读写活动,便于学生操作,尤其是"写"的活动占据了较大比例,便于学生落实,可以将思考的过程和结果反映出来,避免"想一想""分析""考虑"一类要求带来的学习过程的不明确、学习结果的模糊性。这些外显的听说读写活动,也易于教师观察、检测学生学习效果。

3. 综合性

"专题探究"板块体现了综合性的特点。首先是目标的综合性。"专题探

---

❶ 诸定国. 专题任务驱动:深度学习视角下的名著阅读教学[J]. 江苏教育,2018(35):27-30.

究"能够丰富学生的知识积累，提高学生的阅读和探究能力；注重阅读方法的掌握和阅读实践的过程，让学生掌握语文学习的有效方法；提升学生发现问题、独立思考和合作探究的态度和习惯，并从中感受名著的魅力，增强传承人类优秀文化的意识，关注当代文化生活，从而具备良好的现代阅读理念。评价也是综合性的，要从学生参与专题探究活动的态度、情感以及探究任务的完成程度等诸多方面对学生进行综合性评价。其次是"专题探究"的内容具有综合性。统编本初中语文教材选编的名著，涉及多种学科及多方面内容，拓宽了语文学习的领域，促进各学科间的对话和碰撞，比如《海底两万里》《昆虫记》，内容涉及生物科学学科，这样的设置有利于学科整合，激发学生的探究兴趣，让学生进行跨学科的学习，学生在阅读探究时联系多种学科知识，运用多种现代科技手段，并能够及时把握探究过程中生活的各种资源。通过这样综合性的学习开阔学生的视野，丰富学生各学科的知识，培养学生学科整合的能力，从而大大促进学生综合素养的提升。值得注意的一点是，学科的综合性并不意味着用其他学科掩盖语文学科的性质，而是以其他学科知识为语文学习提供丰富的知识材料、多样的思维方式和探究方式，它们之间是相互融合的。最后是听说读写的整合。"专题探究"板块的任务涵盖了语文学习听说读写各个方面，比如七年级上册《西游记》专题探究，专题一是"取经故事会"，要求学生选择唐僧师徒西天取经中最喜欢的一个故事讲给大家听，这是听、说、读的整合；专题二是"话说唐僧师徒"，要求学生写一篇短文来介绍唐僧师徒四人中最喜欢的一个人物，这是听、读、写、说的整合。诸如此类，学生在学习探究的过程中，不仅丰富了知识，提高了阅读能力，锻炼了口语交际能力和写作能力，还在学习知识的同时提高了现代社会所需要的探索实践能力，体现了很强的综合性。

4. 开放性

"名著导读""专题探究"的开放性主要体现在时间和空间上，在专题任务的设计上，"专题探究"板块留有很大的空间和余地，教师和学生可以根据具体的学习需要去选择专题，可以是教材上给出的专题，也可以是自己确定的专题，教师要及时捕捉学生的兴趣点，信任学生，放手并鼓励学生发现问题、提出问题，确立探究方案、思考解决问题的方案，推动学生积极主动地参与到探究活动当中去。教师要给学生创造一个宽松和谐的环境，并指导学生进行有效探究，使每一个学生在探究中都能真正有所收获。再次是时间上具有开放性，"专题探究"教学并不局限于课堂中，在确定探究方案后，学生可以根据实际情况合理安排时间，在课下准备、完成，在课堂上报告、交流。

二、"专题探究"的问题讨论

为了解"专题探究"板块的教学现状，发现问题，太原师范学院研究生借鉴了相关研究的调查问卷，编制调查问卷。选择 4 所中学的 370 名学生进行了现场调查，并对 15 名教师进行了实地访谈。并运用 SPSS21.0 统计软件，对调查数据进行频数、百分比、均值等描述性统计，并运用独立样本 T 检验、单因素方差分析进行推断统计，发现了三个比较突出的问题。

（一）学生探究准备的差异较大

"凡事预则立，不预则废。"任何学习活动的成功，都离不开充足的课前准备，专题探究活动也不例外。对于学生来说，进行名著的探究，首先建立在读完名著的基础上，否则面对探究问题只会是一头雾水，读完后，要想深入透彻地探究问题，更离不开搜集查阅名著专题的相关资料，从不同方面、不同层次全面地分析问题、解决问题。探究活动的准备越充足，探究的效果就会越好。探究准备这一维度的各项频率、百分比统计数据如表 3-6 所示：

表 3-6　探究准备维度各项频率、百分比统计

题目	频率（百分比）			
是否能读完名著	都能读完	大部分能读完	只读了少部分	没有读
	16.5%	41.6%	30.6%	11.3%
教师是否布置查阅资料	总是	大部分是	大部分不是	不是
	25.8%	41.8%	27.0%	5.4%

由表 3-6 可知，仅有 16.5% 的学生能读完名著，41.6% 的学生能够读完大部分内容，约三分之一的学生只读了少部分内容，还有 11.3% 的学生不读。

可以看到，在名著阅读情况上，学生之间的差异是很明显的，这也从侧面解释了在前面的认知情况分析中，不同的学生对于同一探究任务难易度的感知为何不同，学生对名著不熟悉，进行专题探究必然会感到困难。这样的情况也必然会导致在开展专题探究活动的时候，因为学生基础不统一而加大了这一板块的教学难度。

（二）探究结果的呈现方式比较单一

多样化的探究结果呈现方式，能够促进学生探索的积极性，让学生成为课堂的发光体，并保持学生的探究热情。如前所列，统编本的"专题探究"设计了比较丰富的实践活动，尤其是各类写的活动，占比最多，旨在落实学生的阅读成果，旨在以新颖的成果形式吸引学生。在教学实施中，又是主要采用什么样的方式来呈现探究结果的呢？调查结果统计如图3-1所示。

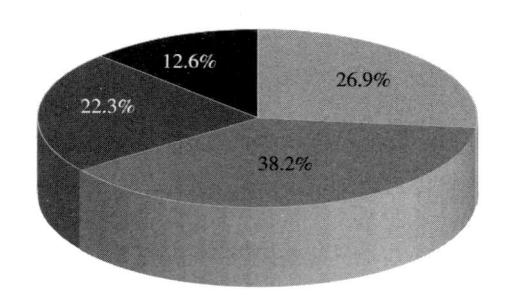

图 3-1 探究结果呈现方式统计

由图3-1数据可知，采用最多的探究结果的呈现方式是"开展读书交流会"，占比为38.2%，其次是在简单课堂汇报探究任务的完成情况，对探究结果做简单的总结，之后探究活动便结束，采用这种方式的比例为26.9%。有22.3%的学生表示会撰写研究报告，还有12.6%的学生会采取其他方式汇报。可以看到，学生的探究结果没有多样的呈现方式，教材实践活动和结果呈现方式设计的初衷难以体现，单一的呈现方式不利于激发学生的探究兴趣和欲望。这与教师的认知有关，忽略了学生的兴趣问题，忽视了兴趣对学习效果的影响。

(三) 教学评价依然单一

评价对于学生的学习具有很强的导向、激励和监督作用。现代评价强调教师评价、学生自我评价与学生间互相评价相结合，多样的评价方式对于学生的全面发展具有很大的促进作用。

按照评价主体可将评价方式分为教师口头评价、学生互评、自我评价，调查结果（见图3-2）表明，传统的教师口头评价方式占比最大，为52.8%，27.9%的方式是学生互评，自我评价方式所占比例为19.3%。可以看到，在探究活动中，教师评价占主要地位，而实际上，在学生的自主探究中，学生能够亲身体验探究的过程，感受自己在探究过程中的提升，对自己的探究表现也更为了解，采用自我评价的方式能够对学生产生激励和促进作用。在合作探究过程中，学生之间会更容易碰撞出思维的火花，并产生共鸣，运用学生互评的方式能够让学生看到其他小组成员的优点，审视自己的不足，从而不断完善和提升自己。

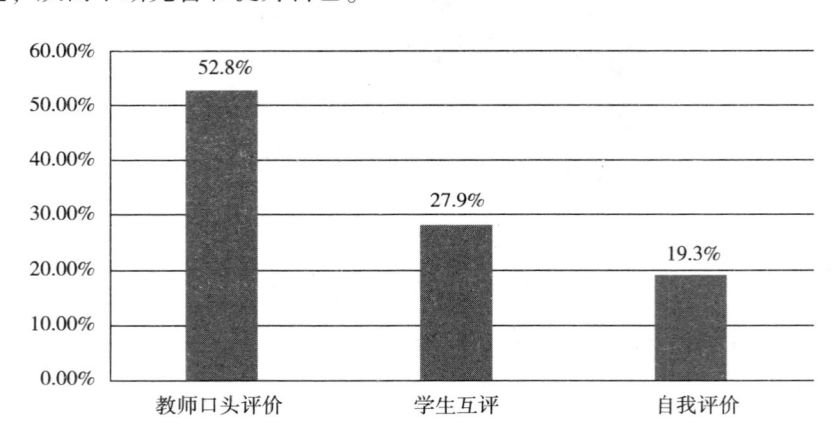

图3-2 评价方式统计

从评价的功能来看，整本书阅读评价可以分为表现性评价和应试性评价。表现性评价是在尽量合乎真实的情境中，运用评分规则对学生完成复杂任务的过程表现或结果做出判断。要求编制表现性评价的具体项目和内容。应试性评价是采用测试材料，设置试题，考查学生阅读与欣赏、梳理与探究等能力。目前，表现性评价运用得比较少，以表现性评价中的档案袋评价为例，在访谈中发现，使用率还不足四分之一。应试性评价以中考试题为代表，主要以填空题、选择题、判断题、简答题等形式考查学生的识记、概括能力等。

综上，整本书阅读评价单一。评价主体以教师为主，难以监测学生学习过程，阅读任务完成情况往往难以得到反馈，中期推进指导和评价难以到位，导致学生阅读动力不足。表现性评价不足，尤其是对过程性的行为评价不足，重结果，轻过程，以像中考这样成熟的终结性评价为主。考试评价也存在一定的问题，试题大部分是浅层次的知识记忆，不能准确地评价学生。

三、"专题探究"怎么教

（一）聚焦专题，任务驱动

专题探究要选取恰当的专题作为主任务，围绕专题，形成一系列难度系数不一的任务，让学生在完成任务的过程中不断重读作品，加深理解。

每个人平时读书，并不总是任务驱动型的。严格地说，阅读是个体的事，是阅读者个体和文本、作者的对话过程，能在某一点上有感触，有收获，就值得肯定。宽泛地说，对经典著作，只要认真读书，就都会有收获。不带任务的阅读，可能更是阅读的常态。但是从语文教学层面来看，因为是以班级为单位的教学，则必须选取恰当的、有价值的话题作为任务来统领，才能聚焦关注点，引导全体学生一起深入地研读，有效地互动、交流、碰撞，收获深度阅读的体会，进而达成综合阅读能力的提升。因此，可以说，能否选择恰当的专题布置阅读任务来统领、驱动，是一节整本书阅读教学设计成败的关键。如果没有选择好，很可能将阅读课上成"雾海云天"的拓展或鸡零狗碎的拼合。❶

1. 聚焦专题

能够统领整个教学设计，引领学生深入阅读的专题，是对全书核心内容的高度提炼和概括。如《简·爱》一书，教材中共有三个专题，分别是：探

---

❶ 方钧鹤. 任务驱动读透原著 [J]. 中学语文教学，2020（6）：72-73.

究简·爱的形象，思考爱的真谛，欣赏与排演。三个专题各有特点，第一个专题聚焦灵魂人物，第二个专题聚焦颇有争议的爱情，第三个专题聚焦精彩片段。教材也给予师生充分的选择空间，但是如何选择呢？名著阅读的基本要求是要"读懂"，理解全书主要说了什么人、事、物、理，从这个角度讲，第一个专题更有利于引领学生通读、重读全书，围绕专题中的若干个问题开展阅读活动，从而实现对文本的深度理解。当然，这一专题显得有些宽泛，涉及简·爱这一人物的全部经历和性格特点。如果能再凝练一些，聚焦在"简·爱的精神成长"，则更接近全书的核心内容。

确立专题还要充分考虑文体体式和学情。以散文集《朝花夕拾》为例，依据散文的文本体式特征，郑逸农指出散文是"作者选取个性化的内容，运用个性化的语言，表达个性化的情感，明显带有个性化的写作技巧的一种文体。"❶ 个性化的内容、语言、情感是散文的关键，围绕这些教师可以提问学生："读完《朝花夕拾》后，你认为鲁迅的情感是什么样的？"学生纷纷回答，各抒己见。从学生的回答中可以看出来，该问题具有一定的争议性，每个学生对鲁迅的情感都有不一样的认识。因此，设立具有争议性的"作者个性化的复杂的情感"专题。还可以针对《朝花夕拾》的语言风格向学生提问，就会发现学生的答案大多是一些套话，如语言简洁凝练、清新隽永等之类的词，显然在读书的过程中，学生忽略了《朝花夕拾》的语言特色，因此可以"作者个性化的语言风格"为专题。

2. 任务驱动

有了专题，还要精心设计真实的任务，驱动整本书阅读。任务驱动法是指在学习的过程中，学生在教师的帮助下，紧紧围绕一个共同的任务活动中心，在强烈的问题动机的驱动下，通过对学习资源的积极主动应用，进行自主探索和互动协作的学习，并在完成既定任务的同时，引导学生产生一种学习实践活动。任务驱动的教与学的方式，能为学生提供体验实践的情境和感悟问题的情境，围绕任务展开学习，以任务的完成结果检验和总结学习过程等，改变学生的学习状态，使学生主动建构探究、实践、思考、运用、解决、

---

❶ 郑逸农. "非指示性"语文教学设计研究 [M]. 杭州：浙江大学出版社，2012：116.

高智慧的学习体系。任务驱动法以建构主义学习理论为基础，建构主义学习理论强调，学生的学习活动必须与任务或问题相结合，以探索问题来引导和维持学习者的学习兴趣和动机，创建真实的教学环境，让学生带着真实的任务学习，以使学生拥有学习的主动权。

首先要创设情境，使学生的学习能在与现实情况基本一致或相类似的情境中发生。创设与当前学习主题相关的、尽可能真实的学习情境，引导学习者带着真实的"任务"进入学习情境，使学习更加直观和形象化。生动直观的形象能有效地激发学生联想，唤起学生原有认知结构中有关的知识、经验及表象，从而使学生利用有关知识与经验去"同化"或"顺应"所学的新知识，发展能力。其次要确定问题（任务），在创设的情境下，选择与当前学习主题密切相关的真实性事件或问题（任务）作为学习的中心内容，让学生面临一个需要立即去解决的现实问题。问题（任务）的解决有可能使学生更主动、更广泛地激活原有知识和经验，来理解、分析并解决当前问题，问题的解决为新旧知识的衔接、拓展提供了理想的平台，通过问题的解决来建构知识，正是探索性学习的主要特征。

在《水浒传》的"专题探究"活动中，围绕"树立正确的英雄观"的专题，可以让学生作为设计师，完成"以水浒人物为内容制作扑克牌"的任务。在《西游记》的"专题探究"活动中，围绕"讲出故事的趣味性"的专题，可以让学生作为讲故事的人，参加"取经故事会"。

（二）抓住线索，梳理信息

在完成任务的过程中，首先需要获取并整理书中的信息。相对于单篇文章，整本书篇幅长、内容丰富，全面把握信息的难度较大。所以，探索整本书信息梳理的策略，是整本书阅读的关键之一。

梳理信息要找到一个适宜的线索或者切入点，以此为抓手，围绕主题梳理信息。如围绕"简·爱的精神成长"这一主题，以寻找简·爱生活地点的变换原因为切入点，梳理简·爱的成长过程：盖茨海德府的苦难经历，使弱小自卑的简·爱懂得了抗争；洛伍德学校里，里德太太的中伤、勃洛克赫斯特的冷酷磨炼了她的坚韧，海伦、谭波儿的友谊和开导给她以信念，让她对人生对社会有了初步的思考和认识；在桑菲尔德庄园中遇到罗切斯特，让她勇敢追求爱情，追求精神平等和尊严；在泽地房，她拒绝了牧师圣·约翰的求婚，就是拒绝了没有爱情的婚姻；重回桑菲尔德庄园，她坚定地选择了爱情，选择了超越物质的精神平等。

找到线索或者切入点，需要对获取的信息进行深入分析，就是要找到所提取关键信息之间的本质属性和彼此之间的联系，以及内在的类别和层次关系，是将提取的关键信息由繁到简、由零乱到清晰、由无序到有序进行系统归纳的过程。只有对这些提取的信息进行较深层次的认知分析，发现它们之间的层次关系和彼此之间的联系，才能找到贯穿其中的线索。

如在《朝花夕拾》"走进鲁迅复杂的情感"专题探究中，对提取出来的作者与长妈妈、父亲、衍太太、藤野先生、寿镜吾先生的事件进行进一步的分析，从这些事件中，发现有些事件是以作者当时儿童的眼光去看待的，有些事件是以作者现在成年人的眼光去看待的，以此为基准，我们就能将这些事件分成两大类：一类是童年时作者对事对人的态度；另一类是成年时作者对事对人的态度。规范地说，一个是以"当时的经验眼光"观察和叙述的"经验自我视角"；另一个是以"叙述者从目前的角度来观察往事"的"叙述自我视角"。❶ 只有将童年时的作者对事对人的态度和成年时的作者对事对人的态度相结合，从多个角度来关照作者的所爱所憎、所是所非，我们才能全面地了解到作者复杂的个性化的情感。

如《水浒传》"杨志人物形象"专题探究中，对所提取出来的与杨志相关事件的信息进行进一步的分析，发现有些事件是不重要的，有些事件却在杨志的人生中起着重要转折性的作用，对应这些起着重要转折性作用的事件，杨志的身份地位也在发生着变化。将这些关键节点的事件组织起来，我们就能看到杨志一生的坎坷经历，这是完成了第一次的信息分析归纳。第二次的信息分析归纳是在杨志所经历的人和事中，从杨志的语言、动作、神态等方面，发现他对每个人的态度都不一样。综上，从"杨志身份起伏变化"和"杨志对人对事态度"两个切入点来梳理信息。

---

❶ 申丹. 叙述学与小说文体学研究［M］. 北京：北京大学出版社，2001：222-238.

全面把握信息还需要用新的形式把信息之间的关系呈现出来。通过新形式呈现信息之间的关系，可以让之前杂乱无章的信息一目了然、简明扼要地展现出来，使人形成完整的认识。表 3-7、表 3-8 分别为童年鲁迅和成年鲁迅对人对事的态度。

表 3-7 童年鲁迅对人对事的态度表

事由	语言、动作等	关键词	"我"的态度
阿长的麻烦礼节	"哥儿，你牢牢记住，明天是正月初一，清早一睁开眼……"	很不耐烦	无可奈何、反感
长妈妈给"我"买《山海经》	"哥儿，有画的三哼经，我给你买来了。"	新的敬意	震撼
……	……	……	……

表 3-8 成年鲁迅对人对事的态度表

事由	关键语句	"我"的态度
阿长的麻烦礼节	至今想起来还觉得非常麻烦	虽然麻烦，但也充满着满满的温情和怀念
长妈妈给"我"买《山海经》	书的模样，到现在还在眼前。但那是我最心爱的宝书	怀念、感恩
……	……	……

通过作者童年时期对人对事的态度变化表和成年时期作者对人对事的态度变化表，可以一目了然地看到作者的复杂态度和情感变化，有助于更好地理解作者含蓄内敛、具有复杂个性的情感。图 3-3 为杨志身份起伏变化图。

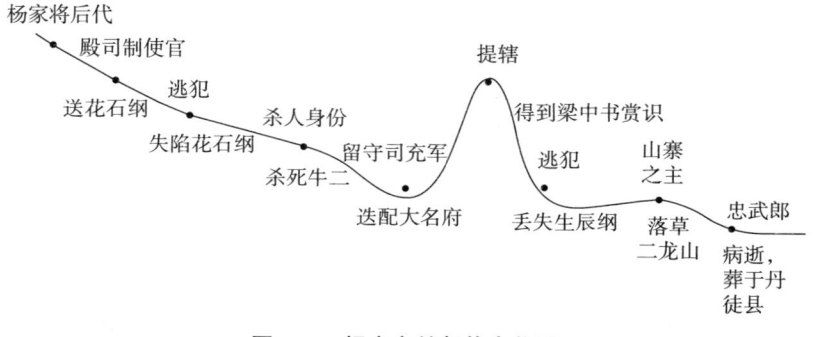

图 3-3 杨志身份起伏变化图

从图 3-3、表 3-9 可以直观地呈现杨志重要事件和身份变化的关系，可以鲜明地呈现杨志对人对事的不同态度。

表 3-9　杨志对人对事的态度变化表

人物	梁山好汉	朝廷官员	地痞流氓	下等士兵
语言、动作关键词	拒绝 泼贼 ……	早晚殷勤 听候使唤 ……	要剁铜板，可以……	一个不走吃俺二十棍 你这村鸟理会的什么……
态度	坚决否定	积极表现	一忍再忍	又打又骂

（三）深入探究，建构客观完整认识

完整认识就是指关联相关信息，获得更为深刻的阅读思考，从而更全面地理解作品内容。学生难以进入深入研读，一个关键的原因就是信息的凌乱和不完整，导致学生理解的片面，经过信息的梳理环节，这个问题已经得到有效解决。在此基础上，基于完整有序的信息进行探究，就可以帮助学生建构完整认识，全面、客观、本质地理解作品。

如《水浒传》"杨志人物专题"学习中，学生最初对杨志的认识是性格急躁、武艺高强、杨家将后代，不是很聪明，有自己的小谋略、没有大智慧。对杨志的认识是单一和表面的，主要看到的是杨志的性格特点：急躁、不聪明、小谋略，看到的是杨志标签式的身份：杨家将，这些单一认识是从单一事件中获得的。面对"杨志对人对事的态度变化表"和"杨志人生起伏变化表"的全面而重要的信息时，就可以实现深入研读，对杨志有进一步全面的深入了解，透过现象看本质，了解到杨志的本质特征。

要想建构完整、深入的认识，可以通过多角度概括、全方位建构来实现。多角度就是从不同侧面、不同维度、不同立足点来全方位、多层次认识作品内容，以获得整体系统的认识。

师：现在根据整理的"杨志人生起伏变化图"和"杨志对人对事的态度变化表"，同学们对杨志又有哪些新的认识呢？

生：从杨志人生起伏变化图看到的是他的一生太不容易，大起大落，从武艺高强的杨家将后代殿司制使官沦落为了逃犯，再到提辖，后来不得不落

第三章 整本书阅读的新视点

草梁山为寇。

师：非常好，这位同学说了一部分，他是从杨志的身份变化来讲的，同学你们能不能从其他层面来说说你们的新发现，比如，从杨志的人生状态和事件性质来讲。

生：从图中看到，他的经历大起大落，坎坎坷坷。

生：他经历了得志—失意—得志—梦想幻灭这样的人生状态。

师：那就事件性质来看呢？

生：这些事件中，每一件事件都是随着杨志想要做官而发展，失败了，再想要做官，还是失败了。

师：事件性质就是求官和失败两类，从事件性质上说，他的经历就是求官—失败—再求官—再失败。

在这个教学片段中，就前面整理的"杨志身份起伏变化图"进行剖析，因为整理的时候是以杨志的事件关键节点和身份变化进行整理的，所以很容易从身份变化这个角度进行整体的叙述，对人生状态和事件性质这两个角度，学生不容易想到，就需要教师来引导，帮助学生更好地理解杨志的人生状态是从得志—失意—得志—梦想幻灭这样一个过程，从事件性质来讲他经历了求官—失败—再求官—再失败这样的一个过程，他的一生不是在求官的路上就是在求官失败的路上徘徊着，杨志的一生多么枯燥和乏味。引导学生从"杨志人生起伏变化图"中就杨志的身份变化、人生状态和事件性质这三方面来看杨志这个人物，从不同的方面获得了对杨志的整体认知。

师：从杨志对人对事的态度变化表中，同学们有什么新发现吗？

生：杨志将梁山好汉视为草寇，以坚决否定的态度拒绝；在朝廷官员的面前他听候使唤，而且积极地表现自己；在下等人厢禁军面前，只要厢禁军不听他的话他就又打又骂，从不商量；对于普通老百姓他既没有路见不平拔刀相助的气概，也没有惩恶扬善的魄力。

师：你们总结得非常合理，对杨志不再是简单、片面的一个认识了。杨志将梁山好汉视为草寇，以坚决否定的态度拒绝；只要厢禁军不听他的话就对其又打又骂；对于普通百姓既没有路见不平拔刀相助的气概也没有惩恶扬

· 203 ·

善的魄力。只是一心想要在官场求个一官半职，醉心仕途，总之他的一切态度都是围绕着求官，视仕途为人生目标。

在以上片段中，针对不同社会地位的人——梁山好汉、朝廷官员、下等士兵、普通老百姓，杨志所持的态度各不相同。通过分析发现，杨志并不是一般意义上侠肝义胆、正直坦荡的英雄。这样就对杨志有了进一步的认识，层层推进，透过现象看本质，了解到了杨志的真实本质，对杨志的认识不再是简单、片面、人云亦云的认识，而是获得了一个全方面、本质的杨志形象。

多角度概括、全方位建构，可以有效帮助学生突破原有认知，基于整本书的"整"，深入认识作品，建构客观完整的认识。基于"杨志身份起伏变化图"，以杨志的身份变化、人生状态和事件性质这三个角度来全面剖析杨志坎坷的人生历程，更重要的是不同角度的剖析却指向了共同的本质：醉心仕途；基于"杨志对人对事的态度变化表"，面对梁山好汉、朝廷官员、下等士兵、地痞流氓四种人的四种截然不同的态度，打破了人们对英雄的习惯认知，发现了杨志性格行为的本质所在。

（四）成果意识，落地有痕

为进一步巩固专题探究的成果，深化对整本书内容的把握与理解，提升学生阅读鉴赏能力和阅读后的反馈能力，有必要进行一些后续推进活动，让探究的成果落地。

2022版的课标非常重视整本书阅读成果的落地，"借助多种方式分享阅读心得，交流研讨阅读中的问题，积累整本书阅读经验，养成良好阅读习惯，提高整体认知能力，丰富精神世界"。在第四学段目标中，明确指出分享阅读心得的形式，"根据阅读进度完成读书笔记""借助多种媒介讲述、推荐自己喜欢的名著，说明推荐理由；尝试改编名著中的精彩片段；结合自己的阅读体会，尝试撰写文学鉴赏文章"。[1]

后续的推进活动，活动形式灵活多样，但是立足于探究成果的落地，尽量与写作活动结合起来。

---

[1] 中华人民共和国教育部. 义务教育语文课程标准（2022版）[S]. 北京：北京师范大学出版社，2022：32-33.

1. 反思性活动——读后感

读完整本书，通过重读自己的读书笔记，再一次进行阅读的反思，并把自己在这次名著阅读专题探究活动中的收获写成总结性的文字，让名著阅读活动完成从生搬硬套到创造性思维的飞跃。在写阅读反思的过程中，把曾经记录的读书笔记和感受重新审视，并不断地分析："这原来是我读这段文字时的最初感受……""原来我当时读的时候最喜欢的是这些句子……"，这样，由阅读，到内化成自己的独特感受，甚至由某个阅读笔记触发某个灵感，又可以写成新的作文。例如，有学生在写《我们仨》的反思时，写成了一篇《相守甜蜜岁月》的读后感。[1]

杨绛静默的回忆中，安好浅笑，他们仨之间的奇闻逸事在她看来是遥远却又似昨天。令我惊讶的是她的文字中不曾有过懊悔与遗憾，好像他们仨这一段共同的旅程令她无比满意——或许是因为他们的确如此甜蜜，甜到了生命的终结、时间的永恒，他们坚信他们当初的选择如此正确，至今不曾留有遗憾。

若世上的情感皆这样正确，或许雨天便没有干透的眼眶，晴天便没有湿透的发梢，午夜也没有谁与路灯一同叹息了。

愿君似这一家"我们仨"，与心中所念相知相守，甜蜜到时光的尽头。

2. 拓展性活动——小论文

名著阅读专题探究课之后，让学生在阅读活动的系列体验中不断地联系其他领域，链接更多的"触点"与"接口"，不断地扩大自己的思维认知领域，撰写专题探究的小论文。这类后续活动中，学生会精读书中的某些章节，深入思考，理性整合其他的阅读材料和阅读体验，深入比较，进一步理解书中的知识或思想，并通过小论文的撰写把这些感性的认识转化为理性的抽象。在探究《海底两万里》的主旨时，设计了如下问题：尼摩船长为什么不到大陆上去，却要在大海里不断地航行呢？探究之后又安排后续活动：请你查阅资料，以及"凡尔纳三部曲"的另两部《格兰特船长的儿女》和《神

---

[1] 杨洋. 浅谈初中语文名著阅读专题探究课的开展模式及其思考 [J]. 语文月刊，2017（11）：39-42，50.

秘岛》，进一步完成对这个问题的探究，写出自己的探究结果，要求对自己的探究结果进行有理有据的分析。

尼摩船长选择海上 VS 大陆航行论

尼摩船长选择在海上航行而不回到大陆，是出于以下几种原因：

1. 对陆地社会的厌恶

尼摩船长曾领导印度人民起义反抗英国殖民者，斗争失败后，他的家人遭到了残酷的杀害。这段悲惨的经历让他对陆地上的人类社会产生了深刻的仇恨和厌恶情绪，因此他选择与世隔绝，投入海洋的怀抱。

2. 追求自由

尼摩船长将自由视为生命中最重要的事物。他在海上建立了一个自由乌托邦，认为海洋不属于任何压迫者，而鹦鹉螺号上的人是真正自由的人。在海洋中，尼摩船长不承认任何主宰，他认为只有在海中才能找到真正的自由。

3. 海洋资源的自给自足

尼摩船长精心设计并建造了鹦鹉螺号潜水艇，这艘潜水艇能够利用海水中的钠元素发电，动力永不枯竭。潜艇的结构坚固，能够抵御外界的任何攻击。海洋中丰富的生物资源给他提供了食物，甚至连生活用品也能从海洋中获取。

4. 个人身份的秘密

尼摩船长的身份一直是个谜，直到《神秘岛》中才揭露他是印度的一位王子。他可能不愿意回到大陆，因为这样他的秘密身份可能会被揭露，而他希望保持自己的神秘性。

综上所述，尼摩船长之所以选择在海上航行，是因为其对陆地社会的厌恶、对自由的渴望、海洋自给自足的生活方式以及保持个人身份秘密的需要。这些因素共同作用，使得尼摩船长宁愿在海洋中度过余生，也不愿踏上陆地。

3. 改编类活动——文学作品

改编，是指以不同的表现形式再现作品的创作活动。改编应该是改编者的创造性劳动，不是简单的重复原作品的内容，而是在表现形式上有所创新，以达到新的效果或新的创作目的。

改编主要包括两种情况：一是不改变作品原来类型而改编作品，如将长篇著作缩写为简本。二是在不改变作品基本内容的情况下将作品由一种类型改编成另一种类型，如将小说改编成剧本搬上银幕。

专题探究课之后，可以布置改编类活动，针对作品的精彩片段进行改编，或者针对全书编写简本，还可以进行跨媒介创作，如图文结合。

杨志拒绝梁山好汉

场景：黄泥岗附近的小酒店

(杨志坐在小酒店内独自饮酒，几位梁山好汉进入店内)

梁山好汉甲：(笑着招呼) 这不是青面兽杨志吗？怎的独自一人在此喝闷酒？

杨志：(淡淡回应) 旅途劳顿，稍作歇息。尔等又是来做甚？

梁山好汉乙：(坐下，开门见山) 杨兄武艺高强，何不加入我们梁山，一起大碗喝酒，大块吃肉，岂不快哉？

杨志：(皱眉，断然拒绝) 我是大宋子民，生为朝廷效力，死为忠魂。尔等虽是英雄好汉，但终究是草寇。我杨志岂能与贼为伍？

梁山好汉丙：(劝说) 杨兄何必固执？朝廷昏暗，奸臣当道，你我皆是被逼无奈之人。梁山正是英雄用武之地！

杨志：(坚定地摇头) 我心怀忠义，岂能因一时之忿而背弃国恩？若诸位再言此事，休怪杨某不讲情面！

(气氛紧张，梁山好汉们面面相觑)

梁山好汉甲：(缓和气氛) 哈哈，杨兄果然是铁骨铮铮的好汉子。今日之事不再提，咱们只谈风月，不及其他。

杨志：(稍稍放松) 如此便好。来，且饮一杯。

(众人举杯共饮，场面暂时和缓)

杨志听候梁中书使唤

场景：大名府校场

梁中书：(赞许地看着训练中的士兵) 这些士兵训练得不错，看来我大名府的军威仍旧雄壮。

杨志：(立正站好，神情认真) 都是大人治军有方，将士们听命，才显得训练有素。

梁中书：（转向杨志，打量着他）杨志，听说你在东京时武艺超群，为何会落难至此？

杨志：（低头，语气略带遗憾）回大人，小人确实曾为武举出身，但因花石纲失陷，又未能在东京谋得职位，方才落魄至卖刀为生。

梁中书：（点头表示理解）嗯，人生有时运乖蹇，不过看你气宇轩昂，定非凡品。本官现在正缺一名提辖使，你若愿意，可愿担此重任？

杨志：（眼中闪过一丝兴奋，立刻跪下行礼）杨志愿效犬马之劳，绝不辱命！

4. 推荐类活动——推荐理由

专题探究中，对作品进行了深度理解，把握作品精髓，之后就可以向他人推荐该作品，需要写出推荐理由。推荐理由通常不算是一种独立的文体，而是作为一种内容或元素出现在不同的文体中。例如在产品推荐、书籍推荐、电影推荐等文章中，推荐理由是用来解释为什么推荐这个产品、书籍或电影的。这些文章可以是评论、散文、新闻报道等不同的文体。所以，推荐理由本身并不构成一种文体，而是一种用于支持推荐的内容。

"推荐"作为专有名词最早出自《汉书·王莽传上》："收赡名士，交结将相卿大夫甚众。故在位者更推荐之。"这里的"推"是赞许、举荐的意思。在《汉典》中的释义为"介绍好的人或事物希望被任用和接受"。可见，"推荐"二字含有自身赞赏的成分，是自己认为好的、希望向其他人介绍的。这一内涵已达成共识，沿用至今。所以，在整本书阅读中，"推荐"具体是指学生介绍自己喜欢的书以达到特定对象接受和引起阅读兴趣的目的。它包含三个特征：具有明确的"推荐"对象；"推荐"的内容是自己赞赏、喜欢的；"推荐"的目的是希望得到特定对象的接受和认同，影响读者的行为，具体到整本书阅读中，目的是能引起特定对象的阅读兴趣。

下面是以专家身份向初中生推荐《昆虫记》。

《昆虫记》：揭秘微观世界的奇妙之旅

导语：

同学们，你们是否曾对脚下的蚂蚁行列、枝头的蝉鸣、夜晚的萤火虫闪烁感到好奇？今天，我要向大家推荐一本能够带你们进入神秘昆虫世界的书——《昆虫记》。这不仅是一本书，它还是一把钥匙，能打开通往大自然深处的大门，让我们一同去探索那些微小而神奇的生命吧！

正文：

《昆虫记》是法国著名昆虫学家让-亨利·卡西米尔·法布尔的杰作。这部书不同于枯燥的科学教材，它以生动的叙述、细腻的笔触描绘了昆虫的生活习性，向我们展示了一个充满生机与奇迹的昆虫世界。以下是我推荐《昆虫记》给全体初中生的几点具体理由：

1. 激发探索欲望

书中详细记录了法布尔观察昆虫的过程，他像侦探一样追踪、实验、思考，让读者仿佛亲自参与其中，激发起对自然探索的渴望。

2. 培养观察能力

《昆虫记》中充满了对昆虫行为细节的描述，它教会我们如何用心观察生活中不起眼的小角落，发现隐藏在平凡之下的不平凡。

3. 增长知识视野

通过阅读，你将了解到各种昆虫的生态特性，比如蜜蜂如何传粉、蜘蛛如何织网、甲虫的生活习性等，这些知识会让你对生物多样性有更深刻的认识。

4. 提升文学素养

法布尔的文字优美，情感丰富，他将科学观察与文学创作完美结合，不仅传递知识，更提供了艺术享受。

5. 强化环保意识

了解昆虫，就是了解自然界的一部分。当我们走进昆虫的世界，自然会对生态环境产生敬畏之心，增强保护环境的意识。

结语：

同学们，让我们跟随法布尔的脚步，一起走进《昆虫记》，去探寻那些微小生命的奥秘，感受自然的神奇与美妙。相信在这个过程中，你不仅会收获知识，更会懂得欣赏和尊重每一个生命，以及它们对我们这个世界的意义。拿起这本书，开启你的昆虫探险之旅吧！

提示：阅读时可以准备一个小本子，记录下自己的观察和想法，这将使你的阅读之旅变得更加有趣和有意义。

四、"专题探究" 教学案例

《水浒传》整本书阅读设计[1]

[核心任务]

重塑英雄榜。

[实施过程]

阶段一：讨论确定基本过程和步骤。

阶段二：具体阅读探究活动。

阅读活动	阅读目标	具体任务	学习形式
基础阅读	1. 理解"水浒"的含义、了解先分后合的链式结构特点 2. 培养整体梳理和整合能力	1. 绘制《水浒传》主要情节思维导图，据此说明小说的结构特点。 2. 创意讲述梁山起义军的发展历程	导读课、展示交流、主题演讲
专题阅读	1. 对比阅读，有理有据地分析人物性格与精神内涵、理解小说主题，培养思辨力和表达力。 2. 培养古典小说艺术手法的文学鉴赏	1. 人物专题： （1）为喜欢的人物制作人物名片、撰写传记、绘制人像画、人生轨迹图或创作人物故事连环画。（不同层次学生选做） （2）探讨人物命运及其背后原因，选择人物对比，如对比鲁达和林冲不同的性格特征；比较宋江、卢俊义等与鲁智深、燕青等对待功名的不同态度。 （3）跨文本比较阅读：比较先秦养士之风的故事，如《冯谖客孟尝君》等与《水浒传》柴进、武松的故事；比较《水浒传》《聊斋志异·侠女》中的扈三娘与女侠的人物形象。 （4）围绕"林冲算不算真英雄""宋江算不算好首领"等议题进行辩论。 2. 艺术欣赏：细读部分精彩情节，参考《金圣叹点评〈水浒〉》《鲍鹏山新说〈水浒〉》做旁批。撰写小说艺术手法的鉴赏文章。 3. 主题探究：你认为小说的主题是什么？梳理依据，写一篇小论文	读书笔记、在线讲故事之"我是说书人"、辩论、读书会、撰写文章、主题演讲

---

[1] 张宗良. 义务教育语文课程标准（2022年版）案例式解读[M]. 上海：华东师范大学出版社，2022：118-120.

第三章　整本书阅读的新视点

续表

阅读活动	阅读目标	具体任务	学习形式
跨界阅读	1. 提升理解、辨析和评判媒介传播内容的水平与交流能力。 2. 提高跨媒介分享交流的能力	1. 欣赏《水浒传》改编之戏曲、评书、影视、动画等作品。 2. 发现、对比与原著的异同，在相关论坛上发帖讨论改编的优劣得失。 帖子举例（1）：京剧《野猪林》林冲"大雪飘扑人面"唱段，显然不符合原著中林冲的形象性格，为什么要作这样的改编？ 帖子举例（2）：评书表演艺术家单田芳先生在播讲武松血溅鸳鸯楼时，删去了武松杀死丫鬟、仆从、夫人、养娘等情节，说武松杀死三人之后便越墙逃跑了。这样的修改是否有利于塑造武松形象？为什么	自主欣赏、在线交流
延伸阅读	了解文化背景，探讨文化现象，提升文化理解与思辨力	阅读《千古文人侠客梦》，撰写《水浒传》与传统侠义文化评论文章	自主阅读、撰写文章、读书会

阶段三：举行发布会——我心中的英雄榜。

· 211 ·

第四章 "活动·探究"单元的新视点

统编本教材作为课标理念的直观体现和培养学生语文实践能力的重要载体,通过改变教材体例、更新教材结构等方式努力引导师生走向语文实践。与以往各类教材相比其最显著的突破就是八、九年级四册语文教材中"活动·探究"单元的设置。这一崭新的单元组织形式"是教材史上一次全新的尝试,也是这套教材的一大亮点"。❶

第一节 概论:"活动·探究"单元彰显学生的主体地位

"活动·探究"不是传统的接受性学习,而是学生主动、积极、探究性、创造性的学习。❷

——陆志平

"活动·探究"单元对学生自主学习提供了支撑,也彰显了学生在学习中的主体地位,主要体现在以下五方面:一是语文教材八上、八下"目录"最后一页的页下"注"中明确地写着:"阅读单元的课文分'教读'和'自读'两类,篇名前标有*的为'自读'课文。'活动·探究'单元的课文原则上以学生自读为主。"从编辑意图可见,"活动·探究"单元要求学生能够在活动任务单的任务引领下自主进行课文阅读,在语文阅读实践活动中提升自身各项能力。二是"活动任务单"这样的单元组织形式不仅集中明确地布

---

❶ 王涧."活动·探究"单元的顶层设计和教学实施[J].语文学习,2017(11):15-18.
❷ 陆志平,戴晓娥,江跃."活动·探究"单元的价值和实施[J].语文建设,2021(5):4-8.

置了学生需要自主完成的各项关联性任务，且通过每个任务的任务说明提示了活动策略、活动示范、活动步骤、活动要求等。任务说明如同自主学习的领航员，引导着学生一步步完成任务，让学生的主体性得到了最大的发挥。三是教材编者大量削减了"活动·探究"课文的助读系统，一般只保留旁批、注释和读写，去掉了课前的预习和课后的思考探究、积累拓展等。这样做的目的一方面是为了让学生利用旁批和注释等助读要素自主学习，另一方面减少教材对学生产生的限制，给予学生更多的思考空间，同时也传达了"活动·探究"单元不需要"篇篇精析，课课细讲"的编辑意图。四是语文教材八上、八下、九上、九下四册书中的四个单元的活动任务单中的任务都以学生作为阅读对象，任务直接下达到学生，且不断用"自主""自己""自选""每位同学"等词语强化学生的主体意识。五是"活动·探究"单元中的学习内容都具有较强的"活动性"，其独特的组织形式促使师生双方重新思考教与学，完整的任务体系将学习的自主权真正还给了学生，显性化的学习方法、活动流程、具体要求、学习资源等促进学生学习方式的改变，为学生的自主学习提供了示范性的引导。作为彰显学生主体地位的场域，"活动·探究"单元究竟是一个怎样的存在呢？

一、"活动·探究"单元是什么

（一）"活动"与"探究"的概念

"活动·探究"单元这一称谓中包含两个关键词"活动"和"探究"。

何谓活动？在《现代汉语词典》中，"活动"一词有多个义项。当作动词时，"活动"是"为某种目的而行动"，当作名词时，"活动"是"为达到某种目的而采取的行动"❶。无论作动词还是名词，"活动"都是指与目的密切关联的行动，都是表现人类积极性的特殊形式。统编本"活动·探究"单元中的"活动"是指以目的为导向，在任务引导下，以文本阅读为出发点，辐射阅读、写作、口语交际等多个学习板块，并联系资料搜集、活动策

---

❶ 中国社会科学院语言研究所词典编辑室. 现代汉语词典（第7版）[M]. 北京：商务印书馆，2017：590.

划、实地考察等多种项目的综合实践活动。当其与"探究"并列放置时，"活动"不再是一般意义上的有目的的行动，而是随着学生主动的钻研、思考和探究，满足了对学生语文素养提升需求的行动。

何谓"探究"？在《现代汉语词典》中，"探究"即"探索研究；探寻追究"❶。可见，"探究"既是行为，也是过程。在语文学习中，探究是面对发现的问题，依托已有的语文经验和生活经验，通过搜集相关资料，积极主动的思考，在合作中反复深入的探讨研究，最终解决问题，形成有效认知的过程。统编本"活动·探究"单元中的"探究"是指在任务的引导下，依托对多篇文本的阅读，在语文学习和语文实践活动中，不断发现问题，交流探讨，最终解决问题，拓展和深化认知，提升语文综合实践能力的过程。当其与"活动"并列放置时，"探究"的过程不再是单一的、随机的、个体的问题解决过程，而是在活动目的调控下，任务引导中对生成问题运用综合能力解决的过程。

（二）"活动·探究"单元的理解

基于以上认识，"活动·探究"单元中探究是核心，活动是载体。正如杨向东老师所说，这样的学习方式，是让学习者在以真实问题和现实情境为载体、彼此关联的经验活动和学习共同体中进行意义建构、主动学习和团队互动❷。学生是以这个活动为载体，来探究知识、学习语文的。理解了这一点，就不会把活动当作一种形式来组织，而是关注活动的价值追求和目标指向，关注活动的探究性。❸例如，八年级下册第四单元文体是"演讲"。其中举办演讲比赛的活动，不仅仅是完成演讲稿，推选主持人，推选评委，实施比赛这些流程，而是还要在完成以上任务和实施以上活动的过程中引导学生把握演讲词的特点，理解思想观点对演讲词的重要性，掌握演讲词写作的方法并了解演讲的基本技巧等。因此，只有正确深刻地理解"活动"和"探

---

❶ 中国社会科学院语言研究所词典编辑室编. 现代汉语词典（第7版）[M]. 北京：商务印书馆，2017：1271.
❷ 杨向东. 基于核心素养的基础教育课程标准研制[J]. 全球教育展望，2017，46（10）：34-48.
❸ 陆志平，戴晓娥，江跃. "活动·探究"单元的价值和实施[J]. 语文建设，2021（5）：4-8.

究"的关系，才能有效实施"活动·探究"单元教学。

由上可知，活动和探究的过程是一次有目的、有意义的思维不断深入和拓展的过程，也是一次语文素养接受检验并不断得以提高的过程。"活动·探究"单元作为统编本教材的一次创新和尝试的设计成果，一方面加强了对学生语文学习的实践引导，另一方面强化了探究的重要性。"活动·探究"单元设计的目的是：以任务为轴心，以阅读为抓手，整合阅读、写作、口语交际，以及资料搜集、活动策划、实地考察等项目，形成一个综合实践系统，读写互动，听说融合，由课内到课外，培养学生的语文综合运用能力❶。结合对"活动·探究"单元关键词的理解，目的的表述以及教材编写内容可知，"活动·探究"单元是指在课标理念指导下，以培养学生语文综合运用能力为目的，采用任务驱动的方式，以阅读为抓手，探究为核心，活动为主干，有目的、有梯度的引导学生进行自主学习、合作探究、尝试创作的单元组织形式。这样的单元组织形式，有利于转变学习方式，让教师学会放手，学生更加自主，更有利于学生多方面能力的连锁互动，课内外学习实践活动的自然衔接。

二、"活动·探究"单元的分布及内容

（一）教材分布

与传统的文选式单元相比，"活动·探究"单元不仅有着全新的编排体例，而且蕴含着新的教学理念。其设计核心是力图改变语文学习的传统形态，让学生在大量的语文实践中多读多写，体会和把握运用语文的规律，着重培养学生的语文实践能力。这种单元设计的创新与突出体现了语文课程综合性和实践性的特点，也符合"教材编写建议"中"教材的体例和呈现方式应灵活多样，避免模式化。设计的体验性活动和研究性专题要体现语文特点，内容适量，便于实施"等相关要求。

"活动·探究"单元是统编本初中语文教材中的新增单元，它们以任务

---

❶ 王本华. 从八大关键词看"部编本"语文教材的编写理念［J］. 课程教学研究，2017（5）：31-35.

关联的方式组织单元，以一种崭新的姿态出现在语文教材中，主要由"活动任务单""任务一""任务二""任务三"以及3—5篇阅读文本组成。初中六册教材中有四个单元是"活动·探究"单元，分别分布在八年级上册第一单元和下册第四单元，九年级上册第一单元和下册第五单元，具体分布情况及内容见表4-1。

表4-1 "活动·探究"单元分布及内容统计表

册数单元	单元位置	单元文体	单元活动任务		
			任务一	任务二	任务三
八上	第一单元	新闻	新闻阅读	新闻采访	新闻写作
八下	第四单元	演讲	学习演讲词	撰写演讲稿	举办演讲比赛
九上	第一单元	诗歌	自主欣赏	自由朗诵	尝试创作
九下	第五单元	戏剧	阅读与思考	准备与排列	演出与评议

（二）基本内容

八年级上册的"活动·探究"单元放在本册书的第一单元，涉及文体为"新闻"。本单元的学习目的是让学生了解新闻内容，把握不同新闻类型的特点，学习读新闻的方法；养成阅读新闻的习惯，能够关注社会生活和新闻本身的发展；熟悉新闻采访的一般方法和步骤；能够会写消息，选写新闻特写、通讯和新闻花絮，合作完成报纸或新闻网页。"任务一"侧重引导学生阅读本单元所选的新闻作品，了解其内容，把握不同新闻体裁的特点，学习阅读新闻的方法。本单元所选文本有"消息二则——'我三十万大军胜利南渡长江''人民解放军百万大军横渡长江'""首届诺贝尔奖颁发""'飞天'凌空——跳水姑娘吕伟夺魁记""一朝惊海天——目击我国航母舰载战斗机首架次成功着舰""国行公祭，为佑世界和平"等五篇。五篇文本中前三篇文本均设计了"旁批"，提示了标题的要求，介绍了电头、导语、主体的位置及内容，标注了叙述的内容和要求，点明了新闻背景及其作用，还在关键处以提问的形式引发学生思考，从新闻要素的角度有效地帮助学生了解新闻内容和新闻写作规范。尤其是在"'飞天'凌空——跳水姑娘吕伟夺魁记"这篇新闻特写的批注中，以批注的形式引导学生体会衬托、细节描写、侧面描写等手法对鲜明再现典型人物的作用。配合文本批注，"补白"的适时呈现，为学生把握不同新闻体裁及其各自特点提供了帮助。"什么是新闻特写"这一"补白"不仅介绍了特写和新闻特写的概念，还强调了新闻特写的特殊性、特点以及新闻特写与消息、通讯的不同。"旁批"和"补白"合力为学生自主阅读提供了方法，并为学生辨析消息、新闻特写与通讯、新闻评论的不同奠定了基础，同时也为后面写作任务的完成做了准备。"任务二"着重引导学生学习新闻采访，熟悉并实践新闻采访的一般方法和步骤。从确定报道的题材，制订采访方案到拟定新闻采访提纲，实施采访计划等，任务给出了步骤，提出了要求，提示了注意事项并提供了与学生生活紧密关联的话题和采访提纲的示例。"任务三"给出了学生三类任务，分别为必做任务、自选任务和拓展任务。这三类任务难度系数层层递进，要求从个体完成到合作完成。为了让学生扎实掌握消息这一新闻文体的写作，教材还提供了"技巧点拨"板块——"怎样写消息"。这一板块的内容不仅介绍了消息的概念和特点，还详细介绍了写作消息时的标题、结构、语言、格式等方面的要求和规范，尤其着重介绍了"倒金字塔结构"并特别列表提出了导语写作的要求。通过"怎样写消息"的学习，学生不仅能掌握消息的格式和写法，了解消息写作时各要素的要求，更能从所提供的优秀"消息"中感受其中体现的价值观和世界观。

八年级下册的"活动·探究"单元放在本册书的第四单元，涉及文体为"演讲"。本单元学习的目的是让学生理解作者演讲词中的思想观点，把握演讲词的特点，学习演讲词的写法，会撰写演讲稿并能在了解演讲技巧的基础上进行演讲。"任务一"侧重引导学生阅读本单元四篇演讲词，在了解演讲背景的基础上跟随闻一多、丁肇中、王选和顾拜旦的演讲节奏把握演讲词的主要特点，在读的过程中想象演讲时的情境并体会演讲的"感觉"，为撰写演讲稿和举办演讲比赛做好准备。本单元四篇演讲词，分别是《最后一次演讲》《应有格物致知精神》《我一生中的重要抉择》《庆祝奥林匹克运动复兴25周年》。四篇演讲词中前两篇都设置了旁批，符合先扶后放的设计理念。批注针对演讲词中称谓的表达效果，情感的起伏变化，现场的氛围，演讲的气势等进行了启发式的引导阅读,对演讲词中的开场白、关键字句、段落安排以及行文脉络进行了提示,有利于学生掌握演讲特点的写作要领,体会作者鲜明的观点、明确的态度,感受演讲词的感染力和说服力。尤其在《应有格物致知精神》这篇演讲词中设置了8处旁批,从文首的"开场白,从获奖自然转入教育问题"到文末的"点明意义,提出希望",或用肯定句或用疑问句,引导学生关注作者清晰的行文思路、充实的内容并思考文中写作手法的作用,为学生把握作者情绪和态度,模拟演讲和撰写演讲稿进行了铺垫。"任务二"着重引导学生撰写演讲稿。学生通过"任务一"的学习已经对演讲词的特征有了基本了解,且在阅读中也学习了演讲词的一些写作手法,为撰写演讲稿打下了一定的基础,但也会不可避免地出现各种状况。因此,"任务二"提示了一些具体的写作技巧,同时也是需要学生在写作过程中注意的事项和要求,以期帮助学生更好地撰写演讲稿。怎样才能将撰写好的演讲稿用演讲的形式表达出来?"任务三"也给出了建议,让学生借助视频、音频的示范资料,了解并借鉴他人演讲的基本技巧进行练习。从学习演讲词,到撰写演讲稿,再到演讲比赛,这样的设计一方面体现了学以致用的教学理念,另一方面充分调动了学生的学习积极性。学生通过演讲比赛的活动不仅对演讲这一文类特征有了更为深入的认识,还通过活动对静态文字的演讲词所饱含的观点、情感、气势、态度等有了更为深入的体悟。

  九年级上册的"活动·探究"单元放在本册书的第一单元,涉及文体为"诗歌"。本单元的学习目的是让学生通过独立阅读教材提供的五首诗作,能够涵泳品味把握诗歌意蕴,体会诗歌的艺术魅力,并能够通过朗诵把握诗歌感情基调,从而学会运用诗歌的形式抒发自己的情感。"任务一"侧重引导学生自主学习教材提供的五首诗歌,提醒学生在不参考任何资料的前提下关注并记录自己的初读感受,并在此基础上引导学生结合注释、旁批或所提供的资料再次阅读诗歌,获得更多的理解和更深的感受。诗歌的学习离不开反复朗读,"任务一"还要求学生在反复朗读的过程中思考任务单提供的问题,针对不能独立解决的问题需要和小组其他同学共同探讨或与老师进行交流。教材在"任务一"中提供的阅读策略综合起来可以概括为:独立阅读获得初步感受—借助资料深入理解—综合思考把握重点—细心品味学会欣赏[1]。本单元共有五首诗歌，借助对自然景物或特定对象的描写来抒发情感。为更好地给学生提供自主学习指导，为学生独立阅读提供切实的帮助，五首诗歌都设置了旁批，并利用旁批的形式渗透了阅读策略和方法，个别诗歌还简单地介绍了背景、提示了知识，为学生鉴赏诗歌铺路搭桥。尤其是在《沁园春·雪》《我爱这土地》《你是人间的四月天》《乡愁》这四首诗的旁批中，引导学生在朗读时通过诗歌的节奏、韵脚、重音、停顿、意象等把握作者的情感。"任务二"侧重引导学生通过小组合作，展开朗诵活动。朗诵比赛这样的活动再一次将学生的自主性激发出来，并能通过小组成员间的互相配合加深对诗歌情感的把握，且"每位同学课外找一些诗集，选出几首你最喜欢的诗"等要求将学生对诗歌的阅读和欣赏从课内引向了课外。在要求学生自选诗歌并进行朗读的时候，提出的准备要求有"标出重音、停连、节奏，注明语气、语调、语速"等，这些是对前面所学知识的一次实践运用。"任务三"是前两个任务的落实。朗诵和欣赏易于激起学生的创作热情，这让"尝试创作"显得水到渠成。既然是创作，就会有一定的难度。为了让学生能够较为顺利地从朗诵、欣赏过渡到创作，教材提供了"技巧点拨"板块，对"怎样写诗"进行了示范性的指导。"生活中的人、事、物都可能触发我们的情感""可借助具体可感的形象来抒写情志""努力为自己的情感寻找一些具体的形象"等句子，为学生初学诗歌创作提供了构思途径；"将这种情感分行写出来，就有诗的模样了""再适当融入联想和想象，就有诗的味道了""注意语言的简洁、凝练""写诗还要注意节奏"等又为学生更好地表达情思提供了策略。

九年级下册的"活动·探究"单元放在本册书的第五单元，涉及文体为"戏剧"。戏剧对这个时代的学生来说是个陌生的文体，但戏剧里有人物、有人性、有人格，还有别样的人生，是非常值得学生去欣赏品鉴的。本单元的学习目的是让学生通过阅读优秀剧本的选段，能够把握戏剧冲突，理解戏剧

---

[1] 人民教育出版社，课程教材研究所中学语文课程教材开发中心. 义务教育教科书教师教学用书·语文（九年级上册）[S]. 北京：人民教育出版社，2019：72.

中的人物形象，品味独特的戏剧语言（台词），从而在获得对剧本的独特感受和理解的基础上与同学分工合作，尝试完成剧本的演出和评议。教材通过三个明晰的活动"阅读与思考""准备与排练""演出与评议"来落实单元目标。"任务一"着重引导学生精读、细读剧本，力求使学生领悟剧本的精髓，为戏剧演出奠定基础。如何进行精读、细读，教材在"任务一"中给出了较为详细的、操作性强的阅读策略，主要涉及五方面的内容：梳理主要情节，把握戏剧冲突；分析人物形象，理解人物内心；品味人物语言，揣摩台词含义；关注舞台说明，设想舞台表现；了解故事背景，深入理解主题。除阅读策略的指导外，"思考探究"也提供了具体的阅读方法并提示了阅读的侧重点。《屈原》课后"思考探究"中，提供了"朗读"和"表演"两种方法帮助学生把握人物心理和情感，体会人物形象。话剧作品以人物的独白、人物之间的对白还有旁白为主要表现手段。因此，对话、独白、对话与独白的关系、独白表达的思想感情就成为学生阅读时需要关注的重点。《屈原》作为学生在教材中首次接触到的戏剧作品，通过"思考探究"来引导学生重点体会屈原的独白所表达的情感，理解靳尚和郑詹尹的对话及其与屈原独白间的关系是重要且必要的。《天下第一楼》是典型的"京味话剧"，人物语言既有地方特色也有鲜明的行业特色，韵味十足。课后"思考探究"中，侧重引导学生通过人物对话来把握戏剧冲突，通过反复朗读来感受人物的特点和语言韵味，尤其在第四题中给出了"人物分析"的示范。《枣儿》紧密联系现实生活，普通的枣儿，贯穿这部戏剧的始终，传达着农村留守老人和孩子对亲情的期盼和渴望。"思考探究"提示学生关注"枣儿"和"童谣"在本剧中的重要作用及表达效果，要求结合文中的台词和舞台说明体会老人和男孩这两个人物各自的特点，并选择感兴趣的片段与同学合作表演。可以说，"思考探究"与阅读策略形成前后合力，共同引导着学生对戏剧这一文学样式的认识，对戏剧语言的品味和戏剧独特表达方式的理解，对戏剧人物内心和戏剧故事发生原因的探究。"任务一"是演出活动的前期准备，"任务二"是"组织和排练"，是舞台亮相前的重要阶段，起着从剧本到演出的过渡作用。因此，"任务二"引导学生组织剧组，选定剧本，搜集资料，分工准备，反复排练，准备演出。这个环节既考验学生个人能力又考验学生间合作能力，其中"分工准备"和"反复排练"是重中之重，学生完成时需要教师适当适度的协调和帮助。"任务三"是"演出和评议"，这是本单元学习任务的最后一环，也是自主性和实践性最强的一环。学生在前两个任务完成的基础上，进行演出，评议和表达，这一系列活动既能检测和反馈学生们对剧本的理解，又能升华和巩固对剧本的理解，提升学生各方面的能力。当然，"拓展延伸"有梯度地引导学生走向更广阔的戏剧天地，建议学生与同学合作有选择地了解更多的戏剧文化和戏剧风格，感受戏剧的独特魅力，进而传承这一文化瑰宝。

三、新的组织方式：活动任务单

与统编本教材其他单元采用"人文主题"和"语文要素"双线组织单元结构的方式不同，"活动·探究"单元采用活动任务单的方式组织单元内容。整个单元由活动任务单中三个彼此关联的任务统整。活动任务单对本单元的任务群和每个学习任务做概要说明，以方便师生对任务有一个总体的把握，三个关联任务以结构化的方式形成任务群，并对每个任务起始处设置任务说明。任务说明的功能就是对任务进行具体解说，使学生完成任务的路径明确。活动任务单中的任务导言、三个关联任务和任务说明构成了由概括到具体的层层推进的组织结构。在单元任务驱动下，教材所选择的文本，配套的注释、旁批、补白以及技巧点拨等都成为学生自主学习需要的基本材料，为学生展开自主学习活动，完成相应的任务提供帮助。这种任务关联的组织方式增强了单元学习的整体性，也为学生的学习实践拓宽了空间。

第二节 活动任务单：强大的功能体现

活动探究单元设计的目的是：以任务为轴心，以阅读为抓手，整合阅读、写作、口语交际，以及资料搜集、活动策划、实地考察等项目，形成一个综合实践系统，读写互动，听说融合，由课内到课外，培养学生的语文综合运用能力。其基本设计思路是文本学习—实践活动—写作❶。

——王本华

"活动·探究"单元集中体现了语文课程的综合性、实践性、自主性、开放性和创新性，既明确了教师的主导地位，又有利于提高学生的自主学习能力和实践能力。"活动任务单"作为"活动·探究"单元中非常重要的组成部分，以"任务"为导向，以"阅读"为抓手，以实践"活动"为载体，将学生听说读写等能力融合，通过任务的递进形成丰富多元的动态培养系统。其中，"任务一""任务二""任务三"不仅体现了"文本学习—实践活动—写作"的设计思路，而且清晰明确地为教师和学生提出了要求，提供了实施路径，既能让学生充分参与语文实践活动，又有利于学生学以致用，全面提升学生的核心素养，更有利于其强大功能的发挥。

一、改变学习方式

"自主、合作、探究的学习方式"是课改以来积极倡导并促进落实的一个课程理念。这一理念的有效落实离不开语文综合性实践活动。"活动·探究"单元以其独特的崭新的形式为理念的有效落实和实践活动的有序开展开辟了新的领域。"活动任务单"统领下的三个学习任务以学生的自主学习为主线，合作学习为组织形式，探究学习为旨归，充分突出语文学习的实践性。三个任务的前后关联，层层递进，以及每个任务细致、多方位的引导为学生的自主、合作、探究学习提供了条件。这样的设计既是语文教材的创新，也是学生改变学习方式的载体和推手。

在以往的各类语文教材中，有的以文体，有的以主题，有的以知识来组织单元。尽管各类教材在编辑理念和单元呈现方式上存在较大的差异，但教师们在引导学生进行语文学习时多数还是聚焦于文本的理解和赏析。虽然在一定程度上也能提高学生的语文能力，但学生的学习多以接受为主，学习方

---

❶ 王本华. 从八大关键词看"部编本"语文教材的编写理念［J］. 课程教学研究，2017（5）：31-35.

式比较单一，学生语文探究和实践机会很少。统编本语文教材改变了以往单线组织单元的方式，各单元主要采用"双线组元"（"双线"指人文主题和语文要素）的方式编排单元内容。双线统整的方式能更好地践行课标理念，强化语文学习的综合性和实践性，让学生在自主、合作、探究的学习方式中，自由阅读，自由表达，从而培养学生的创新精神和实践能力。可见，教材编辑方式的改变，能够带动并引导学生学习方式的改变。需要指出的是，"双线组元"的单元中，最主要的组成要素还是阅读板块，写作板块出现在每个单元之后，口语交际与综合性学习等板块整册书也只出现两到三次。统编本教材提供给学生语文实践的机会较以往教材有所增多，采用自主、合作和探究的学习方式条件更充分，但每一个语文实践活动又显得缺乏统整和深入，学习方式的改变有所体现却不够透彻。课标理念所提倡的学习方式需要更为广阔的天地。统编本教材专门安排了"活动·探究"单元，目的就在于更好地引领学生学习方式的改变，有效地落实发展学生语文素养的目标。与统编本语文教材其他单元不同的是，"活动·探究"单元采用了活动任务单来统摄单元活动，尤其需要学生的主动参与和亲身实践。按照任务和流程组织学习"活动·探究"单元内容，以学生的学习为主线，改变了以学科知识逻辑组织教学内容的做法，也改变了以单个知识点和单篇课文分析为主的学习方式，突出了学习的逻辑，突出了学生的实践。

因此，活动任务单的价值就是在语文综合实践活动中，更好地引导学生展开自主、合作、探究的学习，让学生在主动积极的言语实践活动中，积累并建构自己的言语应用经验，获得语文知识，形成听、说、读、写能力；在活动探究的过程中，同时提升自己的思维水平、鉴赏能力，并获得精神的滋养，逐步形成语文学科素养，从而推动知识本位课程到素养本位课程的发展[1]。

---

[1] 陆志平，戴晓娥，江跃."活动·探究"单元的价值和实施[J].语文建设，2021（5）：4-8.

二、强化主体意识

"活动·探究"单元与其他阅读单元显著不同之处就是活动任务单。活动任务单不仅联系生活引出文体,提示本单元的学习任务,还通过三个任务说明具体点明学习内容和要求。此处的任务指引着活动的方向,约束着活动的内容,规定着活动的要求。学生在任务的引领和驱动下进行自主阅读,自主活动,自主写作,自主评价等,在小组合作互助中进行深入的探究和多方位实践活动的参与。活动任务单不仅通过任务来引导学生走向自主,还通过语言强化学生的自主意识。四个单元的活动任务单中的任务都以学生为阅读对象,并将任务直接下达给学生,且不断用"自主""自己""自选""每位同学"等词语强化学生的主体意识。例如,八年级上册"活动·探究"单元活动任务单和三个任务的表述:

活动任务单

新闻是我们了解世界的窗口。每天都有各种各样的新闻,通过报纸、广播、电视、互联网等渠道来到我们的身边。你经常接触新闻,注意过常见的新闻体裁有哪些,各有什么特点吗?知道新闻作品的采编过程是怎样的吗?有没有想过自己也试着写一则新闻?通过本单元的学习,相信你对新闻会有更加清晰的认识。

任务一

新闻阅读。阅读消息、新闻特写、通讯、新闻评论等不同体裁的新闻作品,了解新闻内容,把握各自特点,学习读新闻的方法;养成阅读新闻的习惯,关注社会生活和新闻本身的发展。

任务二

新闻采访。熟悉新闻采访的一般方法和步骤。自主确定报道题材,制订采访方案,草拟采访提纲,分小组进行采访实践,搜集新闻素材。

任务三

新闻写作。分三类任务:一是必做任务,每位同学写一则消息;二是自选任务,撰写新闻特写、通讯等,每位同学从中任选一项完成;三是拓展任务，将本组或全班的新闻作品加以整理，编辑制作成报纸或新闻网页。

当然，除活动任务单和三个明确任务之外，"活动·探究"单元提供的助读系统也有利于学生自主活动的展开，自主意识的增强。在实践活动时，学生可以借助任务清单、旁批、阅读提示、技巧点拨、拓展延伸等助读要素来帮助自己更好地完成任务。这些助读要素一方面帮助学生在完成任务时扫除障碍，提示路径，提供支架，另一方面还可以增强学生自主完成任务的自信心。由编辑意图可知，"活动·探究"单元的主角是学生，任务的实施，活动的展开，小组的分工与合作，成果的展示与评价等每一步的实践都在强调学生的自主。在这样的单元中，语文教师从以往课堂上的主角，隐退为任务实施的顾问，实践活动的助理，探究引向深入的帮手，成果评价的参与者。学生在任务的引领下主动参与学习，从自主阅读文本、承担小组分工到创作完成，整个实践活动给予了学生充分发挥主观能动性，自主建构知识的空间。"活动·探究"单元让学生真正成为自主学习的主人，不仅提高了学生自主学习能力，让学生在语文实践中学习语文，且让学生的学习从被动走向主动，增强了学生的主体意识。

三、引导多元评价

活动任务单中给出了明确的学习任务，真实的学习情境，活动化的学习过程，创造性的学习结果。这种独特的设计方式要求学生协调调动语文素养中的各要素来组织活动，完成任务。一方面，每一位学生都有各自的优势，在教材创造性的设计引导下必然生成具有个性化的活动成果。学生在个性化的活动体验中自主进行语文学习意义的建构，展现出多维的、综合的能力。因此，学生个体的多样性和学生间的差异性决定了对学生的评价不可能是单一的，必然是多元的。另一方面，活动任务单中的任务引导学生自主阅读，组织活动，完成创作，汇报交流，互相评价，活动形式丰富多样。每一个活动既有自己的独特性，还要顾及与其他活动的衔接性，这就决定了单一的评价方式无法满足学生单元任务完成的需求，需要多元评价的方式激发学生的活动热情，指引学生的活动方向，扫除学生的活动障碍，引导学生的探究深度，帮助学生顺利完成任务并维护学生的学习过程有效、有序地推进。活动任务单有意无形的对多元评价的引导，极其有效地帮助学生进入深度学习并在不断的反思中提高自身的语文素养。

　　活动任务单的评价引导可从两个方面去理解。一方面，教材在任务单中会明确给出评价引导。例如，在统编本教材的四个活动任务单中出现的"作品展示""举办小组选拔赛""推选主持人""推选评委""制定评选细则""'微博墙'留言""组内朗诵，互相评价、交流""举办朗诵比赛""优秀演员评选""可以读给同学或家长听听，请他们提出意见和建议""向戏曲专业人员或戏曲爱好者学几招"等涉及引导学生自评、学生互评、教师评价、家长评价、专业评价的内容，以及"朗诵者应注意表情、语气、动作等""选手要注意临场表现和发挥：面带微笑……声音清晰、悦耳，音量适中""评选要点：剧本理解，正确理解剧本的主题……舞台表现，表演自然，落落大方……"等引导制定评价标准和评价规则的内容。另一方面，活动任务单给出的任务清单和实践内容也都需要全过程的多主体、多维度、多方式的评价，通过评价来鼓励学生全身心投入活动实施的全过程，促进学生有效、深入地学习，引导学生在活动中学会自我监控、自我调节、小组合作，构建个性化的学习经验。例如，"优秀演员"评选就突出体现了评价工具融合性的优势，既注重过程，也注重结果。教材已经从"剧本理解"和"舞台表现"两个方面提示了专业性的评分要点，除此之外，教师还要结合班级表演的场地条件，班级学生的学习情况将评分要点细化，制订详细的评分细则供学生参考，体现评价标准的规范和导向作用。同时邀请家长和其他班级老师参与评价，并且加入学生之间的互相提名推选环节。既关注戏剧本体要素和表演要素，又在学生互评和同学自评的环节关注活动过程。学生的"活动档案"也是过程性评价的标准之一，学生在"活动档案"中记录自己发现的问题、活动过程中的感悟等。促使学生关注学习的过程，学会学习，能在学习的过程中自我监控、自我调节，提升学生的学习策略认知水平。❶

---

❶ 谷亮. 指向深度学习的统编本戏剧"活动·探究"单元教学建议［J］. 语文教学与研究，2020（19）：137-141.

四、促进全面发展

活动任务单设计的创新与突破体现了语文课程的综合性和实践性。从语言运用角度设置的三个单元学习任务，以阅读为基础，活动为抓手，探究为目的，整合了阅读、写作、口语交际、综合性学习、资料搜集整理、实践活动的组织策划等项目，将阅读与鉴赏、表达与交流、梳理与探究进行有机结合，形成了读写互动，听说融合，课内外紧密联系的综合实践系统。由任务构成的综合实践系统与单篇文本所要求的围绕一个知识点或能力点的"一课一得"截然不同，需要学生在实践活动中调动生活经验和知识积累，运用发现问题、分析问题及解决问题的能力、合作交流的能力、创新能力、审美能力，融入自身的文化品位、人文修养、情感积累、价值判断、道德品质、思想水平。可见，"活动·探究"单元通过任务的驱动，能够更好地引导学生在综合实践活动中展开自主、合作、探究的学习，让学生在主动积极的言语实践活动中，积累并建构自己的言语应用经验，获得语文知识，形成听、说、读、写能力；在活动探究的过程中，同时提升自己的思维水平、鉴赏能力，并获得精神的滋养，从而促进着学生语文素养的全面发展和整体提高。

活动任务单将多种学习资源、学习方式、学习环节、学习活动、评价指导融合在一个大情境中，整合到一个大任务中。不同的学习活动就像一个个构件环环相扣，并结合学习任务情境给不同学生提供了多样的展示自我的舞台，这将促进学生在任务单清晰步骤的引导下，通过实践活动多方位地展现各方面的能力并全面提高语文素养。单元中"文本阅读—实践活动—写作及评价"的任务构架中看似有三个任务，实则各项活动融为一体，既需要阅读的基础，又有多样成果的展示；既有平面静态的学习，更有动态立体的实践。学生在综合、多维、连续的语文活动过程中自主勾连听、说、读、写，并将所学知识内化为各方面的能力与素养。例如，统编本教材八年级下册第四单元是以"演讲"为主题的"活动·探究"单元，它由"学习演讲词""撰写演讲稿"和"举办演讲比赛"这三个学习任务组成。演讲的属性决定了学习演讲不能只停留在阅读、写作上，最终还是要落到口语表达实践上。三个任务的呈现使得学生在任务实施的过程中,既是演讲者,也是观众,同时还是评委。因此,完成演讲稿的写作,欣赏自己和他人的作品,评价自己和他人的作品因学生角色的多元促使其语文素养各要素都得以锻炼和发展。

第三节 实施路径:设计任务和实践活动

一、"活动·探究"单元的突围

(一) 由静态阅读走向任务驱动

统编本教材常规单元设置的单元导语,总述本单元的学习目的、内容和方法。"活动·探究"单元与众不同的地方在于设置了活动任务单,明确了三项活动任务,提供了任务说明。这三项相互联系的活动任务不仅层层递进,且每一项任务都列出了任务实现的思路、步骤、要求、方法、策略,既有提示,也有模板,既提出了硬性的要求,也提供了多项的选择。学生在任务驱动下不仅在活动过程中能够明确每一步的目标、做法、结果,且能在活动任务中实现语文核心素养的提升。学生以这些任务作为学习的方向和途径,以完成由简到繁、由易到难的任务为内驱力,在教师的帮助下通过自主阅读和合作探究等学习方式在真实的活动情境中构建知识的意义,在文本学习、实践活动和写作结合的学习过程中了解文体特点、掌握特定文体的阅读方法和策略、深入理解、感受和欣赏文本。

任务驱动作为"活动·探究"单元最显著的特征,极大地改变了语文学习方式,"这是一个具有创新意义的改变,甚至在某种程度上来说,具有颠覆性意义。它颠覆了从民国以来百年阅读教学的一贯模式,打开了语文教学的新思路"[1]。这种改变不仅仅是形式和编排体例上的改变,更是使语文单元学习从偏重静态的文本阅读方式走向了动态、连续、综合、立体的任务活动方式,尤其是任务的可操作性和具体化,切实对学生有计划、有步骤地完成

---

[1] 王涧. "活动·探究"单元的顶层设计和教学实施[J]. 语文学习,2017 (11):15–18.

语文实践活动起到了引领作用。例如，九年级下册"戏剧"单元"任务二：准备与排练"：

1. 选定剧本，搜集资料。可以选择本单元提供的剧本，也可另外自选；可以选择整幕、整场的剧本也可以选择其中一个片段。选定剧本后，自主搜集赏析、研究剧本的文章、书籍，专业剧团演出的视频、图片资料等，以备参考。

2. 分工准备，认真排练。剧组成员分别担任导演、演员和剧务，在排练过程中要各司其职。

导演要仔细阅读剧本和相关资料，深入理解剧本的主题，并对演出做整体设计。与演员交流自己对人物形象的认识，帮助演员不断调整、改进在舞台上的表现。可以试着写一写导演手记，整合自己的思考。

演员要背诵台词，熟悉有关的舞台说明。通过想象，进入角色，不断深化对自己所扮演角色的理解。参考专业演员的表演视频，设想自己表演时的动作、神态、语气、语调。听取导演和其他演员的意见，提高自身表演水平。可以用写排练日记的方式，记录自己理解、塑造人物的过程和体会。

剧务要参考相关资料，结合实际情况，准备演出时的服装、道具、布景（可以制作成课件，也可以在黑板上绘制粉笔画）、配乐等。有些剧本没有详细说明布景，剧务可以自行设计，并画出草图。

3. 反复合练，准备演出。在导演的组织和剧务的配合下，演员反复合练，使表演渐趋熟练、流畅，为正式演出做好准备。

与新闻、演讲和诗歌相比较，戏剧这一文体和戏剧演出于学生而言都是比较陌生的。学生通过静态的阅读，只能以局外人的身份停留在对故事的了解和戏剧知识的简单认知上。改变静态的阅读模式，想要进入经典的戏剧文本把握戏剧冲突，理解人物形象，品味戏剧台词，还需学生能够全身心投入。做导演或进行演出是投入身心，走进经典戏剧的最好方式。以上呈现的任务设计中不仅提供了具体的活动步骤，还提出了任务完成的建议和要求，尤其是细致地给出了导演、演员和剧务的工作内容，让学生的每一步实践活动都有明确的指导，为最后的演出奠定了扎实的基础。任务有层次，有趣味。学生在戏剧单元的三个任务的引领下，完成阅读、实践、写作，对戏剧从陌生

第四章 "活动·探究"单元的新视点

到熟悉,从戏外到融入戏内,并最终实现戏剧评价。

(二) 由单一实践活动走向综合实践活动

《义务教育语文课程标准》(2022年版)指出:"语文课程是一门学习国家通用语言文字运用的综合性、实践性课程。"❶ 教材设置"活动·探究"单元,目的是让学生在语文实践活动中把握文体特点,学习语文知识,提高学生语文能力,培养学生核心素养。"活动·探究"单元以其独特的综合实践活动形式践行了课标的这一理念。从单一的实践维度或综合维度来考量"活动·探究"单元,似乎与其他单元没有太大的差异,阅读、写作、综合性学习、口语交际等板块也都会涉及语文实践活动,体现语文综合性。不同的是其他单元中阅读、写作、口语交际、综合性学习等各有其不同的任务指向,且实践活动多为板块目标服务,或单一或综合,而"活动·探究"单元关联性的、系列的任务设置使得学生的实践活动从始至终体现综合,且指向集中,任务明确,步骤清晰。换句话说,该单元的活动形式是其他单元无法比拟、整合的综合实践活动,具有独特性。

单元学习任务被明确分解为"任务一""任务二""任务三",每一个任务都是一个综合实践活动,每一个活动都有具体的目标和活动要求,为学生完成任务提供切实的指导。这种创造性的设计形式,有别于将教材中阅读、写作、口语交际、综合性学习等板块叠加拼合的组织结构,而是整合为以任务为导向,以活动为主体,以学生的学习为主线,以语言运用为核心学习任务,统筹单元内容、目标、情境、任务、评价等因素的单元结构,并在阅读活动的基础上步步推进各项综合实践活动,形成了立体、动态、综合、开放、体系化的综合实践活动场域。这种凸显综合实践特性的单元活动形式联结学习与生活,打通课内与课外,力图引导学生从静态的语文阅读走向动态、开展多维互动的语文实践活动,以使学生在探究活动中阅读、积累、感悟、思考、应用、创新,从而领会语文的内涵,提高语言文字运用的能力。

"活动·探究"单元强调的是单元整体学习和语文能力的综合发展,体

---

❶ 中华人民共和国教育部. 义务教育语文课程标准(2022年版)[S]. 北京:北京师范大学出版社,2022:1.

现语文课程的综合性。此类单元以任务群的方式构建学习材料，使学习不再是围绕单个知识点，而是围绕一个主题或者项目进行的综合学习，阅读与鉴赏、表达与交流、梳理与探究往往有机地结合在一起❶。阅读不是为了掌握静态的知识或开展纯粹的文学赏析，而是为了加强对某一种文学样式构成要素、语言风格等基本特点的了解，以便于任务的完成。写作也不仅仅是完成一篇习作，而是在读写互动、课内外结合的基础上综合运用语言文字的实践活动❷。最关键的是"活动·探究"单元能紧扣文体本身的特点，以新闻的方式了解新闻，以演讲的方式践行演讲，以诗歌的方式品味诗意，以戏剧的方式体验戏剧，不同的文体适用于不同的活动❸。文体特点的参与使得学生的综合实践活动不局限于固定的模式，文本的阅读、资料的搜集、活动的策划与实施、创作的完成等语文实践活动因文体不同而呈现出了巨大的差别，既体现了学习过程是动态输入的过程更是动态输出过程的编辑理念，又能培养学生的语文综合能力，且在一定程度上解决了过去那种千篇一律的静态研读状态，为语文教学开辟了新天地。

二、"活动·探究"单元怎么教

（一）现状展示

统编本初中语文"活动·探究"单元的增设并非空穴来风，盲目追新，刻意改变。创新的设计方式和全新的编排体例，一方面蕴含"全面提高学生的语文素养""积极倡导自主、合作、探究的学习方式""学生是学习的主题"等课标理念，落实了语文课程的综合性和实践性；另一方面也为适应社会对人才培养的需求，引导学习方式的改变，让"活动和探究"成为语文学习的重要方式。然而，"活动·探究"单元综合性、活动性、自主性、创新性等特点，也给一线教师惯有的教学行为带来了巨大的挑战，同时也暴露

---

❶ 陆志平，戴晓娥，江跃."活动·探究"单元的价值和实施［J］.语文建设，2021（5）：4-8.

❷ 陈妍.参照学习任务群要求开展"活动·探究"单元教学［J］.语文建设，2021（17）：22-26.

❸ 王涧."活动·探究"单元的顶层设计和教学实施［J］.语文学习，2017（11）：15-18.

出教师教学过程中存在的诸多问题。

1. 忽略单元设计的意图

在与一线教师的访谈中发现，多数教师对"活动·探究"单元的编排结构还是比较了解的，通过任务单也能对编辑意图有一定的把握，也清楚这个新型单元的出现是要引导教师和学生改变学习方式，让学生在实践活动中学习语文。但在具体教学实施过程中，依然会有许多教师忽略了此类单元是以任务群为导向、以自主学习活动为主要方式、以完成学习任务为标志的整合多类语文实践活动的单元，从而无视任务单的存在。对单元设计意图的忽视，极易让教师把"活动·探究"单元中的任务型多文本阅读等同于普通单元中的单篇阅读，沿袭讲解分析的习惯，带领学生逐一讲解每篇课文。这样的教学导致学生的自主学习空间被挤压，自主学习动力受到限制。尽管统编本教材已经使用了近两轮，但这种逐篇教读，新书旧教的现象依然不在少数。

2. 割裂教材要素的联系

"活动·探究"单元的基本任务主要包括课文阅读、实践活动和写作表达三方面。任务与任务之间不是孤立的存在，而是相互联系，相互促进，互为基础的关系。但有些教师以割裂的方式处理教材各要素，未能整体关照任务间的联系。即使教师在教学中已然注意到了以学生为主，但骨子里还是认为阅读才是应该引导学生自主学习的重点内容。甚至有些教师偏颇地认为组织学生进行实践活动就是在浪费时间。实践活动的价值在具体教学中未能得到应有的重视。于是，许多教师只是依照任务单的思路引导学生自主阅读，却将其他两方面的任务弃之不顾。事实上，教师仅以教材提供的课文作为资源进行单篇阅读引导，是难以搭建单元整体阅读框架的，也很难激发学生广泛寻找资料、深入探究文本的兴趣。实践活动的缺失使学生不仅失去了拉近生活与学习的机会，失去了将自身实践经历整理成文并真实灵动表达的机会，更是失去了在语文实践活动中提升语文素养的机会。

3. 缺乏实践活动的有效指导

创新型的单元设计通过任务单启发并引导教师重视语文的实践活动，让学生在语文实践活动中学习语文，提升能力，获得精神的滋养。任务单和实践活动进入教师的视野，既带来新鲜感，同时也带来陌生感和挑战。在有些教师选择保守教法的同时，也有很多教师选择了大胆尝试。把课堂主动权交给学生，让学生动起来的想法鼓舞着教师们。学生主动，课堂热闹，五花八门的小组合作、眼花缭乱的成果展示等现象开始出现。然而，拨开喧嚣的迷雾，静心思考活动的本质就能辨别出教师主导作用未能有效发挥的活动，对绝大多数学生而言是随大流的、华而不实的、无效的学习经历。在教学中，有些教师过度淡化自己在学习活动中的作用，采取放任自流的态度，对学生的实践活动从不介入指导和评价，活动效果自然是大打折扣；有些教师不放心也不放手，介入学生活动的频率太高，对学生的实践活动指手画脚，又大大限制了学生的自主性，活动效果也是难尽人意；还有些教师介入学生活动的时机过于随意，学生实践活动的节奏常被肆意打断，尽管介入了指导和评价，但往往这种不科学的指导和评价不仅未能起到激励、引导、督促、纠正的作用，反而使学生在活动中无所适从，活动效果可想而知。

尽管实际教学中存在这样或那样的问题，但我们依然可以看到有些教师在探索路上调动自己的智慧获得了可喜的成绩，为其他教师更好地进行"活动·探究"单元教学提供了启发、思路和经验。

（二）原因分析

1. 编辑意图的理解不够准确

教材是编辑意图的直观呈现，编辑意图蕴藏其中。"活动·探究"单元的设计理念和编辑意图渗透在全新的单元内容和单元结构中，需要不断地揣摩和发现才能逐渐理解。然而，在与教师的交流中发现，愿意主动去研学，想要搞清楚编辑意图、单元各要素之间关系以及实践活动价值的教师并不是很多。许多教师是在对编辑意图不理解或者理解不够准确的情况下实施着本单元的教学。有的教师认为"活动·探究"单元只是新统编本教材博眼球的设计，没有什么超越普通单元的价值，其他单元怎么教这个单元就还怎么教；有的教师认为这一单元的设计过于理想化，不符合教学实际，只选择性地使用任务单中的个别内容；有些教师认为这样的单元设计对学生要求太高，任务多，还要求学生自主进行实践活动，自己的学生根本没有这个能力完成；有的教师认为依照任务单来完成会占用太多课堂时间和课下时间，收获和付出不一定对等；有的教师疑惑花时间来搞实践活动，对提高学生的语文成绩有什么帮助呢，会不会导致学生成绩下滑，毕竟还是要应对考试的，还有的老师担心自己让学生进行实践活动会被家长误会为不负责任，不务正业。甚至有个别教师面对"活动·探究"单元全新的设计，不想再继续探索和尝试新的教学方式，认为自己惯用的教学方式一直以来效果都不错。还有些教师尽管参加了课程培训，但也只是见识了些新理念，收获了些新感受，未能真正领悟编辑意图，于是在教学中或是简单地增大学生活动的比例，或是亦步亦趋地照搬任务单的活动流程，或是直接将这一单元理解为以读促写单元，或是完全放手让学生实施活动。以上对"活动·探究"单元存在价值的不屑、不信任、不理解，盲目排斥新事物，对学生能力和家长态度的担忧，不愿踏出舒适区迎接挑战等心理以及教学中各种不尽如人意的现状固然有其出现的环境限制因素，但主要还是对编辑意图理解不够准确所致。可见，教师对编辑意图的准确把握和透彻理解，影响着"活动·探究"单元的有效开展。

2. 整合各项资源的能力欠缺

在部分老师选择用常规阅读教学方式实施"活动·探究"单元的教学时，还是有一些教师勇敢地接受了新设计的挑战。他们认同编辑理念并在一定程度上理解编辑意图，依据任务单尝试进行教学，勇敢地迈出了第一步。理念的认同和编辑意图的理解是新型单元教学有效实施的前提和基础。然而，从对单元设计认同和理解到单元教学的有效实施之间依然存在距离。教师自身良好的理论素养和能力素养是拉近二者距离的必备条件。"'活动·探究'单元强调的是单元整体学习，整合阅读、写作、口语交际、活动策划等项目，培养综合实践能力。此类单元以任务群的方式构建学习材料，阅读不是为了掌握静态的知识或开展纯粹的文学赏析，而是为了加强对某一种文学样式构成要素、语言风格等基本特点的了解，以便任务的完成。写作也不仅仅是完成一篇习作，而是在读写互动、课内外结合的基础上综合运用语言文字的实践活动。❶"但在具体的教学中,由于教师缺乏整体意识和整合教材内容和各项资源的关键能力,割裂活动和探究,割裂人文主题与语文要素,割裂教材与学情,割裂语文学习和实践活动,割裂课内学习与课外学习等现象比比皆是。有的教师未能整合文本阅读、探究、实践活动和写作等任务,只按照任务单进行文本阅读,或舍弃活动任务,或舍弃写作任务,或二者都弃之不用。有的教师没有意识到"活动·探究"单元各项活动任务的完成需要教师整合教师、教材、学生、校外资源各方面的合力,或在教学中罔顾学情,对"活动·探究"单元提供的任务单不做选择和变通,在有限的课时里照单全用,注重了活动过程,却忽视了活动效果,或在教学中囿于课本,未能搭建单元整体阅读框架,也没有为学生提供广泛、深入的阅读资源。有的教师机械地将"活动·探究"单元理解为"活动+探究",未能意识到二者相互融合,为活动而活动。有的教师"单元整体教学观念不足,忽视单元内人文主题与语文要素的有效整合,缺乏单元视野下旨在'育人'的课程设计实践经验,重知识轻育人现象普遍存在。❷"因此,"活动·探究"依赖于教师单元设计整体意识的增强,以及教师整合资源能力的提高。

3. 教材内容转化为学生活动的能力有限

"活动·探究"单元新的组元方式体现了加强学生语文实践能力的思想,呈现给师生单元整体教学的框架。"文本学习—实践活动—写作表达"是每单元的基本设计思路。从编辑意图而言,单元教学的实施"以任务为轴心,以阅读为抓手,整合阅读、写作、口语交际以及资料搜集、活动策划、实地考察等项目,形成了一个综合实践系统,读写互动,听说融合,从课内到课外,培养学生综合运用语言文字的能力。❸"但教材是静态文字的线性呈现,编辑意图隐含其中,并且动态的、综合的、持续的、个性化的实践活动过程也是教材无法呈现和兼顾的。学生若想在有限的时间内进行有效的语文

---

❶ 陈妍.参照学习任务群要求开展"活动·探究"单元教学[J].语文建设,2021(17):22-26.
❷ 杨葛莉.项目化学习:统编初中语文教材实施困境的突破[J].中国教育学刊,2019(12):79-80,93.
❸ 人民教育出版社课程教材研究所中学语文课程教材研究开发中心.义务教育教科书教师教学用书[M].北京:人民教育出版社,2017:3.

实践活动，就需要教师在领会编辑意图的基础上，将本单元教材呈现的内容转化为与学生能力相适应的、具体的、可行可评的活动方案。然而，在实际的教学中，教师往往用线性的思维对待"活动·探究"单元，未能建立立体思维，其根源在于过度依赖教材，对教材内容转化为学生实践活动的能力有限。许多努力践行新单元教学理念的教师受惯有教学方式的影响，多采用"单篇文本讲读—组织学生活动—布置写作任务"的固化流程。这种将教材的设计思路直接用于教学流程的现象还是较为常见的。教师们勇于挑战的精神值得肯定，但是用这种仍然带有文本分析、知识引导、训练为主的思路，本质上依然是以教师为主，尚未将学生真正作为学习的主体，未能有效区分"做中学"和"学中做"。这种思路下的做法有违"活动·探究"单元编写的初衷，距离建构听、说、读、写实践相互融通的动态系统还有很长的路要走。再加上，教材所提供的内容丰富，任务多样，活动立体，教师在有限的课时内引导学生完成相应的实践活动，必须对教材进行再创造。因此，发挥"活动·探究"单元的组织价值，在语文实践活动中有效提升学生的语文素养，教师将教材内容转化为学生活动的能力是关键。

（三）使用建议

"活动·探究"单元全新的设计形式必然会给教师带来教学上的新奇和迷茫。在教学实施的探索过程中出现种种问题并不可怕，可怕的是不能面对问题和无力解决问题。那么，究竟怎样才能解决以上问题并有效发挥"活动·探究"单元的价值？

1. 把握"活动·探究"单元的编辑意图

观念是行动的先导。单元编辑方式的变化意味着编辑理念的更新。"活动·探究"单元的全新编辑方式承载着与其他单元不同的编辑理念。而这与众不同的编辑理念隐性地存在于显性的编辑结构和单元各要素的关联中。这在一定程度上造成了教师对编辑意图准确把握的困难。渗透在"活动·探究"单元中的新思想、新理念难以被教师捕捉和理解，教学中出现的种种未能展开有效实践活动的现象也就在所难免。因此，教师想要透彻理解本单元的编辑意图，需要分两步走：第一步，通过参加培训的方式或自主学习的方式直接获得对本单元编辑意图的了解和初步理解。然而，这还远远不够，知道并不等于能做到，更不等于能做好。再好的理念不运用于实践都只能算是纸上谈兵。第二步，还需要教师自己在不断的研学和体悟中发自内心地接受其中的教学理念，从而实现对编辑意图的真正理解。这就要求教师在教学实践中不断地发现问题—揣摩编辑意图—修正活动方案，如此循环往复，在自我不断反思的过程中最终实现"知"与"行"的统一，逐步实现对编辑意图的准确把握。

"活动·探究"单元呈现出活动、探究、实践、综合的特点，其意图是通过改变单元编排体例，从而带动教学方式和学习方式的变革，突出语言的实际运用，让学生在大量的语文实践中多读多写，体会和把握运用语文的规律，着重培养学生的语文实践能力。由此可见，本单元的价值体现在通过探究性实践活动提升学生的综合素养。具体来说，就是在这样的活动中，"学生的语文关键能力、思维能力、运用语文知识分析问题解决问题的能力、合作交流能力、创造能力、审美能力、文化品位、人文修养等，各方面都能得到很好的发展，是语文素养的全面发展和整体提高"[1]。因此，摒弃"只见树木不见森林"的片面理解编辑意图的思考方式，舍弃学完知识再去活动的做法，切实做到以学生的学习为主，让学生在语言实践中、探究性的活动中建构知识、提升能力、获得精神的滋养。

2. 提高整合各项资源的能力

"活动·探究"单元"改变了传统的阅读单元形式，将一直以来的课文组织形式，改变为以任务为先导，以活动为主体，将听说读写融为一体的动态系统"[2]。"任务""活动""动态系统"等关键词，都在提示教师应该关注这一单元鲜明的特点和变化，同时"系统"一词也在说明与这一单元中相关的各要素相互作用、相互依赖共同组成具有特定功能的有机整体。这一全新的系统不仅促进了教学方式和学习方式的改变，也对教师教学能力提出了更

---

[1] 陆志平，戴晓娥，江跃."活动·探究"单元的价值和实施[J]. 语文建设，2021（5）：4-8.

[2] 王涧."活动·探究"单元的顶层设计和教学实施[J]. 语文学习，2017（11）：15-18.

高的要求，要求教师在整体思维的指导下提升整合各项资源的能力，发挥各要素的功能。统编本教材在这一单元中提供了诸多要素，不仅给出了活动任务单、阅读策略、文体基础知识、活动基本流程和要求，还提供了阅读文本、随文旁批、技巧点拨和拓展延伸等。丰富的教材要素和内容以平面的形式呈现在师生面前，多而杂。在任务引领下的实践活动既需要打破课内外的界限，又需要将学习内容与语文实践紧密结合。于是，将相关学习内容进行合理整合就成为落实编辑意图，有效指导学生语文实践活动的关键能力。

首先，教师需要改变"只见树木不见森林"的思维方式，建立整体思维。教师教学"活动·探究"单元时必须将习以为常的单篇教学思维转变为单元整体教学思维，也需认识到学生的学习模式也从单课学习走向了单元整体学习。只有如此，单元目标的确立才能从单一走向综合，文本阅读的方式才能从单篇走向群文，活动的组织实施才能从粗放走向精致。教师的教学设计也才能将每一项任务、每一个活动都置于单元的整体目标体系中思考和设计。❶"活动·探究"单元在教材中的直观呈现是各要素的平面排列，其要素间构成的特性有逻辑地再现了单元的客观整体。因此，教师要将"活动·探究"单元作为一个整体来系统分析和思考，既要考量每一个单元要素存在的功能和使用策略，又要考虑诸要素间错综复杂的关系、组合方式及其作用，以使各要素在整体思维的关照下设计成相互之间有关联的、层进式的、立体式的学习活动，有逻辑地再现单元的全貌，发挥其最大价值。

其次，教师要依托活动，整合单元要求的阅读、写作、实践三个板块。许多教师之所以缺乏整合的能力，主要的症结点在于对"活动"理解的偏差。在"活动·探究"单元中，"活动"不再是教学过程中的点缀和调剂，而是教学过程的主体和载体，所有任务的完成都有赖于活动。活动犹如一条主线以不同的形式将应该完成的任务融汇其中，通过整合阅读、搜集资料、策划方案及实施、进行创作等多种语文实践，培养学生的语文综合能力。需要注意的是，这里的"活动"不是简单意义上的为某种目的而采取的行

---

❶ 陈家尧. "活动·探究"单元的教学思考[J]. 中学语文教学. 2019（8）：9-12.

动,而是以"探究"为核心的活动。学生在探究性的活动中建构知识,完成任务,获得语文素养的提升。理解了这一点,就不会把活动当作一种形式来组织,采用先学知识再活动的套路,为"活动"而活动,为"任务"而活动,而会关注活动的价值追求和目标指向,关注活动的探究性。当然,在与一线教师的交流中还会发现,具体到阅读单元中的阅读活动和"活动·探究"单元中的阅读活动二者的差异时,许多教师依然困惑,无法辨析。事实上,二者最直接的区别在于阅读单元中的阅读活动是以教师为主,教师引导学生阅读活动的方向,设计学生阅读活动的流程和方法;"活动·探究"单元中的阅读活动是以学生为主,任务引导学生阅读活动的方向,学生自主选择阅读活动的流程和方式。阅读单元注重阅读取向,通过语言的欣赏品析获得对文本意图主旨的把握,而"活动·探究"单元中的阅读是实践取向,通过融为一体的自主阅读活动、实践活动和写作活动把握文本特征,推动学生自主学习,提高学生综合素养。例如,在以戏剧为体裁的"活动·探究"单元学习中,不是把一个一个剧本都分析研究完了,然后选择一个排练,演一演。我们可以把设计思路调整一下,把举办校园戏剧节作为单元大任务,这是一个真实的任务。第一个活动可以是"导演说戏",每个学生都来当一回导演。因为演戏就要有导演,导演就要向各位演员把戏说清楚。导演要把戏说清楚,就要去研读剧本,就要把情节、角色讲清楚,能讲清楚,剧本也就学好了。学生是在探究的过程中学习剧本,通过导演说戏去探究剧本。"导演说戏"之后再安排"演戏""看戏""评戏"等活动,就顺理成章了。"演戏""看戏""评戏",也并不是一般的演出活动,而是探究性学习。比如"演戏",并不只是一般的演练,必须写人物小传,写演出台本,都是围绕"语文"开展的探究性学习[1]。

由上可知,"活动·探究"单元的阅读不是为了掌握静态的知识或开展纯粹的文学赏析,而是在阅读、写作、实践活动相互作用、相互融合的过程中加强对某一种文体样式构成要素、语言风格、基本功能的理解和掌握,从

---

[1] 陆志平,戴晓娥,江跃."活动·探究"单元的价值和实施[J].语文建设,2021(5):4-8.

第四章 "活动·探究"单元的新视点

而获得这类文本的阅读策略和基本创作规范和规律的掌握的阅读。本单元的写作也不仅仅是完成一篇作文,而是在读写互动、课内外结合、交流实践的基础上综合运用语言文字的创作活动。本单元的语文实践活动则是包括阅读活动、写作活动、搜集资料、策划、采访或表演、评价等活动在内的丰富且综合的实践活动系列。阅读、写作、实践不再是三个各自独立的板块,也不是三个简单递进的任务,而是在探究性活动的统整下相互配合,相互促进,共同激发学生的学习兴趣,引导学生的学习方向,共同致力于学生语文素养的提高。

最后,教师要整合教材资源和开发教学资源。"活动·探究"单元本身包含的要素丰富,除具有引导性和启发性的活动任务单和详细的任务要求外,还提供了同类文体风格迥异、特点分明的文本,以及与单元要求相匹配的各类旁批、技巧点拨、拓展延伸、补白、名著阅读等要素。丰富的教材资源为学生改变学习方式,自主建构知识提供了引导和帮助,同时也为教师进行探究活动的设计提供了资源和参考。需要注意的是,纸质教材的平面化特点和二维呈现方式使得各要素的呈现顺序不可避免地有先有后,且教师还需认识到教材提供的各要素只是课程资源的一部分,教师切忌简单、直接地依照教材的顺序去使用。教学中逐篇讲解文本、缺乏探究的活动、放任自流的实践等现象,都是对教材资源的乱用和浪费。想要有效使用教材资源,设计出有利于学生走向结构化知识建构的活动,让学生在语文实践中发挥主体价值,教师应具备立体思维,在单元目标的统整下了解各要素的功能并处理好教材各要素资源的合理分配、勾连、铺垫、呼应和协调。例如,统编本八年级上册的"活动·探究"单元是新闻单元。教师教学时,可以先引导学生学习知识短文,再借助短文上的知识去自主阅读教材提供的文本。本单元"任务一"的"新闻阅读"涉及新闻要素(何时、何地、何事、何人、何故、如何)、新闻体裁(消息、新闻、特写)、新闻的态度与倾向(客观性与倾向性)、阅读新闻的方式(对比阅读、浏览)、阅读新闻的策略等。"怎样写消息"中就涉及了标题(简洁、概括、吸引眼球)、正文结构(导语、主体、背景、结语,主体的"倒金字塔"结构)、读者意识(新闻价值)。这些知识

详细具体，极具指导性，为学生的自主阅读提供了很好的阅读支架。❶

此外，教材的容量毕竟有限，可提供的课程资源具备了丰富性就很难兼顾数量和深度，且作为全国通用教材具有普遍的指导意义，也就难以兼顾数量庞大的学生群体的个性化需求。因此，教师在整合教材资源的基础上还需依据单元目标和学情进行文化资源、教师资源、校本资源、乡土资源、物力资源、生活资源等资源的开发和整合。例如，学生在进行新闻单元的学习时，仅凭教材中提供的五篇阅读文本去了解新闻文体的知识、理解新闻文体的特点还远远不够。教师还需引导学生阅读电子或纸质报刊中的新闻，且需对自己搜集的新闻进行消息、通讯、特写等的梳理并陈述理由。这一活动的目的不仅仅是提供丰富的阅读材料和多样的阅读渠道，更是通过活动让学生加深对新闻的学习和认识，真正把握新闻文体的特点和类的差异，为新闻采访和新闻写作奠定扎实的基础。教师还可以结合《红星照耀中国》，拓展和强化学生对新闻采访价值和实践的认识。

3. 发挥评价的各项功能

"活动·探究"单元自主性、实践性和综合性等突出特点，彰显着本单元任务的难度和活动的开放度，决定了学生在任务实施和活动展开时对评价的依赖程度，也提出了对评价更高的要求。活动内容的丰富和任务的多样要求评价的多维，学生自主、合作、探究的学习方式要求评价的多元，语言实践活动的持续展开要求评价贯穿始终，从而准确判断学生学业发展状况，为进一步开展学习活动提供必要信息。评价所具有的引导、鉴定、监督、调节、诊断、强化、激励、甄别选拔等多重功能，既为活动的有序展开保驾护航、引领方向，又激励和督促着学生达成任务的基本要求，并鉴定、诊断单元目标的达成情况。因此，教师在本单元的学习引导中，要注重发挥评价的各项功能。

然而，在实际的教学中，教师最常用到的往往是评价的鉴定、诊断及甄别选拔功能，其他功能尚未有效开发。朗诵会、演讲赛、报纸或新闻网页的制作、推选主持人、评选优秀演员等，是师生喜闻乐见的活动形式，但由此产生的评价多为对少数学生优秀作品的比评，有违评价的初衷且评价也只发

---

❶ 陈家尧. "活动·探究"单元的教学思考［J］. 中学语文教学，2019（8）：9-12.

第四章 "活动·探究"单元的新视点

挥了部分功能。有的教师打着时间紧张、学生欠缺评价能力的旗号大搞"一言评"。有的老师尽管给了学生自评、互评的机会，却没有给予学生评价的维度和标准，使得学生的评价散漫、随意且缺乏重点。还有的老师照搬书上的评价细则。因此，想要有效发挥评价的各项功能，一是要在探究性活动中引入多元评价主体；二是要基于多方面的评价内容，采用多样化的评价方式；三是要结合学情给予学生评价的标准并培训学生评价的方法。唯有如此，评价的各项功能才会有效发挥。

在本单元进行评价实施时，尤其需要注意，"活动·探究"单元中的评价是嵌入式评价，混合式评价，而非单一的终结性评价。《义务教育教科书教师教学用书（语文八年级上册）》指出，"活动·探究"单元的任务群"将对学习成果的评价嵌入到学习活动的过程中，而非外在于活动本身，同时淡化评价的检测、甄别色彩，强调展示、交流、改进"❶。可见，嵌入式评价伴随"活动·探究"单元学习的全过程，并与活动任务相互关照、交互作用，呈现出教学评一体化的状态。这种评价方式旨在掌握学习效能，引导、监测、激励、调节学生的学习活动，关注的是学生的学习过程，注重的是评价对学生学习能力及个人成长的促进，有别于过去通过评价去甄别学习成果的等级和好坏优劣。混合式评价则意味着评价主体的多元和方式的多样。除教师、家长、社会评价外，学生作为评价主体也可以自评，还可以同学间互评，并通过参与评价全过程来促进知识的建构、能力的提高、方法的掌握、品质的优化等。整个学习活动过程中，师生可采用诊断性评价、形成性评价和终结性评价等多种评价方式，既能调整和规范学习活动，又能激发学习兴趣，鼓舞学生坚持完成学习任务，并引导学生明晰活动进一步的内容和改进的方向，最终获得任务完成和目标达成的自豪感和成就感。一线教师们在具体评价方式上也进行了许多有益的探索，有的教师采用自评、互评表来帮助学生参与评价过程，反思学习过程，调整学习方向；有的教师设计评价标准，利用评价规范和导向作用，激发学生的主体意识，吸引学生关注活动过程，指导学生

---

❶ 人民教育出版社课程教材研究，中学语文课程教材研究开发中心.《义务教育教科书教师教学用书（语文八年级上册）》[M]. 北京：人民教育出版社，2017：73.

的活动方向；有的教师引导学生参与评价表的设计，从而加深学生对任务的理解，真正培养学生的活动兴趣和探究能力，既能有效指引学生更好地完成单元探究任务，又能实现对学生完成度的科学评价；还有的教师引入"互联网+"的技术，可对学生的活动及成果实时监测，也便于调动学生内驱力，多方参与评价等。从编辑理念到实践经验都在告诉我们，评价即学习，是引导学生借助活动展开和任务的完成将学习向广阔和纵深展开的有效手段。

三、"活动·探究" 单元教学案例

"活动·探究"单元作为统编本初中语文教材的创新型单元设计，与以往文体组织单元和人文主题组织单元的方式大不相同。这类单元不仅有着全新的编排体例，而且蕴含着新的教学理念。其设计核心是力图改变语文学习的传统形态，让学生在大量的语文实践中多读多写，体会和把握运用语文的规律，着重培养学生的语文实践能力。面对教学新理念和教材新样态，教师在理解、接受到有效运用的过程中不可避免地会产生许多问题和困惑。因此，通过一线教师优秀教学案例的展示和探讨，在教学反思中获得问题的解决，理解的深入，方向的引导，经验的分享，规律的把握还是必要且重要的。

肖培东老师依据教材中本单元的任务要求提出了"以诗歌的方式学习诗歌"的观点，认为"诵读，是诗歌学习最好的活动""尝试创作，是诗歌学习最好的探究"[1]。教材单元"任务一"中提供了反复朗诵需要关注的内容，单元"任务二"中也提供了反复朗诵需要的组织形式和要求。诵读对诗歌的功效一线教师多有共识，优秀示例比比皆是，在此不做赘述。对许多一线教师而言，感到迷茫和无措的是诗歌创作的指导以及如何通过诗歌创作引导学生完成对诗歌从感性认识到理性认识的转化。肖培东老师在教学实践中进行了有益的探索，具体示例如下：

实录一：秋叶，散落一地

师：同学们，九月，秋的感觉越来越浓厚了，秋天的色彩无声无息铺展

---

[1] 肖培东. 以诗歌的方式学习诗歌——九年级上册"活动·探究"单元教学思考 [J]. 语文建设，2020（15）：13-16.

第四章 "活动·探究"单元的新视点

着,而秋叶的金黄斑斓无疑是其中最为醒目的。有一位诗人曾经写过一首诗,题目为《秋叶》,大家一起来读。(PPT显示秋叶的形象:坡上/坡下/(　　　　)/散落一地)

(生读)

师:这首诗一共四句,老师隐掉了第三句。当然,坡上坡下肯定是什么散落了一地?

生:秋叶。

师:如果直接来写,这首诗应该是怎样的呢?一起来读。

生读:坡上/坡下/秋天的叶子/散落一地。

师:当然,诗人写关于秋叶的诗,他会不会直接说"秋天的叶子"散落一地?

生:不会,因为标题就是《秋叶》,不应该重复。

生:不会,这样就不像诗歌了。

生:不会,这样觉得别扭,没味道了。

师:也就是说,作为诗人,他写秋叶的诗里不可能直接出现什么?

生:叶子。

师:题目是《秋叶》,所以第三句就不会直接用"秋叶",那同学们想想看,一首写秋叶的诗歌,要表达秋叶满地的情景,但又不能直接用上这个词,那该用怎样一句诗来表现呢?在诗人心里,散落一地的究竟是什么呢?

(学生思考)

师:不着急,看着幻灯片上的秋叶,好好想想。哪位同学来说说看?我觉得你们一定能想出来。

生:我觉得应该是"秋天的颜色"吧。坡上,坡下,秋天的颜色,散落一地。

师:不错,那秋天的颜色是什么颜色呢?

生齐:黄色。

师:那你再把这句话改改,看看有没有另一种风味。

生:黄色的秋天,散落一地。

◇ 语文阅读新视点

师：有意思，你不说"秋天的黄色"散落一地，而说"黄色的秋天"散落一地，还是很有诗意、很有生机的。大家读读。

生齐：坡上，坡下，黄色的秋天，散落一地。

师：好，秋天的颜色，黄色的秋天，散落一地。还有其他的吗？

生：秋天的韵味，散落一地。

师：多有意思的诗句。秋天，是有韵味的，一颗诗意的心才能读懂秋叶的韵味。（学生齐读）其实大家还能把"秋天"这个词给隐去。再看看，还有没有别的表述？女同学是最有诗意的，你来说。

生：浓浓的秋意，散落一地。

师：浓浓的秋意，散落一地。每一片落叶都是一份秋意。同学们，你们可以从秋叶的形、色、灵魂和情感等方面去思考。秋天来了，秋天是需要诗歌的。这位女同学，你来说。

生：秋色，散落一地。

师：还是秋天的颜色，诗歌需要创新，尽量不要重复别人说过的。

生：秋天的脚步，散落一地。

师：秋天的脚步，散落一地。为什么是"秋天的脚步"呢？

生：因为落叶是金黄色的，落叶飘落大地，金黄色的脚步就散落一地。

师：秋天的脚步写意，金黄色的脚步着色，你们喜欢哪一句？

生：我喜欢"金黄色的脚步"，秋天像人一样，而且金黄色的脚步更让我们知道是秋叶的脚步。

师：把脚步都说成是金黄色的了，同学们再想一想，秋天有没有脚步，脚步有没有颜色？

生：没有。

生：秋叶有颜色，脚步也可以是金黄色的。

师：所以，在诗歌的天地里，一切是可以打通的。好，金黄色的脚步，散落一地，仿佛秋天是一位翩翩而至的诗人，在为我们写诗，一路上飘满他的足印。很有感觉的一句诗。还有吗？

生：坡上，坡下，烈日的流逝，散落一地。

246

师：为什么是"烈日的流逝"呢？

生：因为烈日代表着夏天，夏天结束就迎来了秋天，所以我用"烈日的流逝"。

师：夏天走了，秋天到了。满地落叶的时候，往往是深秋。所以，大家觉得用"烈日的流逝"合适吗？

生：我觉得不合适，烈日早就流逝了，深秋了嘛。我想改成"时光的流逝"。

师：时光的流逝散落一地，季节的流逝散落一地。多好的句子。好，还有谁说？找一个坐在角落里的，你来。

生：凉风的身影，散落一地。因为秋天到来了，刮的风是凉凉的，感觉就好像一位少女翩翩走路一样。

师：可是它与秋天的叶子有什么关系呢？

生：因为有风，风一吹树叶就落下，落叶就是风的身影。

师：嗯，这跳跃思维，真有诗意，没有凉风就看不到金黄色叶片的掉落，所以凉风的身影，散落一地。你来说说。（生沉默不语）

师：秋天的落叶都像什么呢？金黄色的落叶，你想出来了没有？（生摇摇头，很苦恼）

师：同学们，他其实想出来了，他摇摇头就是最好的诗句。你们想出他要说的诗句了吗？

生：秋天的沉默，散落一地。

师：你说得很形象了。其实这个同学的肢体语言就是诗句，他想啊想啊还是想不出来，就把自己写的诗句揉碎，抛向山坡。哇，坡上，坡下，到处都是他写写又涂涂的诗句。所以说，坡上，坡下——

生：写不出来的诗句，散落一地。（微笑）

师：这位同学，是最好的诗人！还有吗？

生：美丽的蝴蝶，散落一地。

生：游子的书信，散落一地。

生：归乡的呼唤，散落一地。

生：写给冬天的情书，散落一地。

生：秋天的思念，散落一地。

……

师：大家写出了那么多、那么美的诗句，你们真是优秀的诗人。我们来读一读刚才的创作。（生读）

师：可见，秋叶是可以转化为其他形象的。所以写诗的一个重要道理，就是要学会使形象转移，学会联想和想象。第一单元诗歌创作是怎么说的？读读第13页的"怎样写诗"。

生齐：诗歌是情感的抒发。生活中的人、事、物，都可能触发我们的情感，将这种情感分行写出来，就有诗的模样了；如果再适当融入联想和想象，就有诗的味道了。

师：写诗最重要的就是不要滥造，要写出自己切实的感受，要不然我们再怎么写，也写不出一首诗的灵魂。我们再来读读艾青的诗歌和余光中的诗歌，感受一下。

实录二：我们的秋天，来了

师：所以我们讲，秋天来了是因为叶儿黄了。那我们变一下，这样来读，叶儿黄了，秋天来了。

生齐：叶儿黄了，秋天来了。

师：秋天的来临，可以根据叶子黄了感受到。那我们还可以通过什么感受到秋天呢？

生：果实熟了，秋天来了。

师：很好，虽然有点像儿歌，但它是你人生中第一句诗，值得纪念。你呢？

生：凉风习习，秋天来了。

师：凉风习习，秋天来了。还有没有，不一定要四个字。秋天来了，你是怎么知道的？

生：金色的天空，秋天来了。

师：天空为什么是金色的？

生：因为秋天的代表颜色是金色，在我的想象中，其实我是向往天空是

第四章　"活动·探究"单元的新视点

金色的。

师：诗歌没有最好，只有更好。那就说成——

生：玄黄的天空，秋天来了。

生：老师，我想把天空改成心空，心空玄黄了，秋天来了。因为比天空更广阔的是人的心灵。

师：心广阔了，秋天来了。同学们，把我们写下的诗句一起来读一读。

生齐：叶儿黄了，秋天来了。果实熟了，秋天来了。凉风习习，秋天来了。心广阔了，秋天来了。

师：虽然有点像儿歌，但确实是我们一起写出的诗歌。最开始的都是稚嫩纯真的。来，读一读，你觉得有没有需要修改的地方。

生：凉风习习，改成"凉风起了"。这样每一句都是以"了"字结尾，读起来好听得多。（师点头）

师：果实熟了，可以再改动一个字。

生：果实香了，秋天来了。秋天是闻出来的。

师：这样视觉、嗅觉、触觉都有了。真好，来，读一读《秋天来了》。

生齐：叶儿黄了，秋天来了。果实香了，秋天来了。凉风起了，秋天来了。心儿醉了（学生自己改成），秋天来了。

师：同学们，这首诗简简单单，就像童谣一样，但是大家发现没有，它的层次很分明。能不能把"心儿醉了"放到第一句？

生：不能。因为是从前面的视觉、嗅觉、触觉写到后面心里的感觉。

师：而且是由物到人，从对外物的感受写到人自己内心的情感，我们的秋天就越来越丰富了。再读，背诵。（生反复读，很快乐）我们一起读读课文里的"怎样写诗"，体会一下诗歌对意象、语言和节奏的要求。（生读）

师：接下来我们再变化一下，你在什么中感受到了秋天？我们可以说"我的秋天，在什么中"。谁来说？我的秋天，在片片金黄的落叶中。我的秋天，在静默不语的河流中。我的秋天，在沉默稳重的大山里。我的秋天——同学们，你的秋天，在哪里？写一写。

（生写）

生：我的秋天，在枫树的情书中。

师：你要把情书送给谁呢？

生：送给大地，因为枫树的情书就是枫叶，枫叶之于大地的情感最适合用爱情表现。（掌声）

生：我的秋天，在金黄的麦浪中。

生：我的秋天，在默默消逝的烈日中。

生：我的秋天，在久违的重逢中。

生：我的秋天，在梦中人的秋水中。

生：我的秋天，在凋落花瓣的抚摸中。

师：刚才已经有六名同学写了诗句，齐读，你们觉得哪个同学的诗句最有意思？

（生七嘴八舌推荐"梦中人的秋水"那一句）

生：我的秋天，在枫叶的秋水中。

师：一片枫叶，它忍不住思念。那么，同学们，爸爸的秋天在哪里？爷爷的秋天在哪里？奶奶的秋天在哪里？（学生思考，发言）

（最后联成《我们的秋天》一诗：

枫叶的秋天，在梦中的秋水里/爷爷的秋天，在吱吱呀呀的收音机里/奶奶的秋天，在缝缝补补的衣裳里/我们的秋天，在琅琅的读书声里）

师：非常好，看单元"任务三"。这节课就是尝试诗歌创作，虽然我们的诗还不成熟，但已经迈出了诗歌创作的第一步。对此，我们一起读一下课本第12页这一段。

生读：也许写诗并不如想象的那么容易，也许你的诗还很稚嫩，这都没有关系。大胆尝试，体会一下诗歌创作的快乐吧！

师：秋天是诗，秋叶是诗，唯有诗心年华不可辜负。同学们，接下来我们拿起笔，写一首你心中的《秋叶》或者《秋》，下节课我们一起来读读我们的诗。（学生写诗）❶

---

❶ 肖培东. 满地秋叶系诗心——"活动·探究"尝试创作（现代诗）教学思考 [J]. 语文建设，2018（28）：24-28.

第五章　思辨性阅读

思辨性阅读是一种以思辨为主要特征的阅读方式，它要求读者主动地与文本进行互动，通过批判性思维达到更深层次的理解和知识的构建。这种阅读方式对于学生的发展具有重要意义，能够帮助他们形成独立思考的习惯，提高分析和解决问题的能力，从而提升他们的思维素养。

第一节　概论：在阅读中点燃理性之光

我分析故我在，我反思故我在，我批判故我在。[1]

——孙绍振

思辨性阅读的概念在现代教育体系中得到了强调和发展，但它的历史根源可以追溯到古代哲学和文献研究的传统。

思辨性阅读的起源可以追溯到古希腊哲学，特别是苏格拉底的对话法，这种方法通过提问和回答的方式来探索知识和真理，这是思辨性阅读的早期形式。在西方哲学传统中，思辨是指运用逻辑推论进行的纯理性思考，它在文化发展中占有重要地位。

在中世纪，经院哲学的实践者通过对经典文献的深入分析和讨论，进一步发展了批判性思维和辩证推理的方法。到了近现代，随着科学方法的兴起，思辨性阅读开始强调证据的重要性和逻辑推理的严密性。

20世纪后期，我国教育开始逐步关注学生的好奇心、求知欲、问题意识和进取精神，批判性思维成为教育的一个重要组成部分。语文教育中"发展

---

[1] 孙绍振. 理性思维导向及其对抒情性思维的超越——2014年高考作文题纵评[J]. 语文学习, 2014 (Z1): 4-7.

思维能力"的重心从形象思维转向了抽象思维，思辨性阅读作为培养批判性思维的一种方式被采纳。

21世纪，思辨性阅读开始成为语文课程的实践要求，《义务教育语文课程标准（2011年版）》指出："提倡多角度、有创意的阅读，利用阅读期待、阅读反思和批判等环节，拓展思维空间，提高阅读质量。"❶ "反思"和"批判"等词语的出现，表明"思辨性阅读"已经从"发展思维能力"这个整体概念中分离出来了，具有了不可替代的课程价值。

当前，思辨性阅读被正式纳入《义务教育语文课程标准（2022年版）》，"思辨性阅读与表达"成为学习任务群之一，其关键词是"思辨"，注重理性的逻辑思维和辩证思维，指向语文核心素养的"思维能力"。这表明培养学生的思辨性阅读能力得到了语文教育界的高度重视。

总的来说，思辨性阅读的发展是一个跨越时代的过程，它不仅仅是一种阅读方式、阅读活动，更是一种深刻的文化和哲学实践。

一、论"思辨"

在语文教学领域中，我国许多学者对"思辨"有着不同的阐释。余党绪（2017）认为，"'思辨'与日常语词'具体问题具体分析'相似，应在全面审视事物特定背景，来龙去脉和前因后果的前提下进行具体判断"❷ 他还指出，"思辨"追求个人的深度理解以及自我超越，这是一个由质疑到论证到反思再到评估的过程，也是一个反复、螺旋式发展的过程。在思辨者看来，文本与世界的意义是由自己建构的，他始终保持着与文本的对话，保持着独立的自我判断。❸ 米晚晚（2017）则认为思辨是一个螺旋上升的阶段，主要由关键抽象概念提取、主要资料的补充和反思综合等几个要素构成。褚树荣（2018）认为思辨就是思考并进行辨析。❹ 欧阳林（2018）指出：

---

❶ 中华人民共和国教育部．义务教育语文课程标准［S］．北京：北京师范大学出版社，2012：22．
❷ 余党绪．说理与思辨——高考议论文写作指津［M］．上海：上海教育出版社，2017：55．
❸ 余党绪．阅读的转型：从印证性阅读到思辨性阅读［J］．教育科学论坛，2020（19）：27-32．
❹ 褚树荣．思辨何为："思辨性阅读与表达"解读［J］．语文学习，2018（8）：59-63．

"思辨从一般意义上讲是思考辨析能力,即分析、推理、判断等思维活动及辨别分析事物的情况、类别、事理等方面的能力。"❶ 荣维东(2023)认为"思辨"在国际上对应的术语是"批判性思维",通常指一种审慎的、注重逻辑和证据的理性思维能力,是一种更细致、更精密、更审慎、更高阶的思维状态。❷

综上所述,"思辨"是一种有目的的、审慎的、理性的、反思性的高阶思维状态,由思维主体基于可靠证据,依据一定标准而进行的合乎逻辑并不断反思的理性思维活动。

二、论"思辨性阅读"

国内学者对"思辨性阅读"也有着不同的理解。余党绪(2014)提出:"思辨性阅读是要引导学生以批判性态度读出文本中的理性思维,并且在阅读学习中要有独立的阅读状态、批判的眼光及思辨的过程。"❸ 后来,余党绪(2018)对思辨性阅读的内涵作出了进一步的发展,认为"思辨性阅读是阅读者利用批判思维的基本原理、策略与技能开展阅读的过程,思辨性阅读即批判性阅读。从对待文本的态度看,思辨性阅读以文本为中心,主张一切观点与结论都应该依托于文本的'细读',从师生与文本的构成关系来看,思辨性阅读就是对话式阅读"。❹ 黄玉峰(2015)认为批判性思维或者思辨性阅读都强调了其思维过程中的反思性与逻辑性。❺ 吴格明(2017)认为"思辨性阅读就是倡导阅读过程中的思维活动、思维方法、思维能力和思维品质。"❻ 褚树荣(2018)认为思辨性思维是思辨性阅读的主导,而"思辨性

---

❶ 欧阳林. 思辨性阅读:从理解、求异到建构[J]. 语文建设, 2018(1):18-21.
❷ 荣维东. 关于"思辨性阅读与表达"任务群的思辨性解读[J]. 语文建设, 2023(1):4-10.
❸ 余党绪. 我的阅读教学改进之道:思辨性阅读[J]. 语文教学通讯, 2014(28):4-7.
❹ 余党绪. 比教学范式建设更迫切的,是改善我们的思维——关于思辨性阅读教学的思考[J]. 语文建设, 2018(1):9-13.
❺ 黄玉峰. 如何看待经典及如何看待思辨——由余党绪教《英雄和好汉的边界》所想到的[J]. 语文学习, 2015(1):4-8.
❻ 吴格明. 离开了思维,语文就成了一堆孤立的词句和文化碎片[J]. 中学语文教学, 2017(8):4-8.

思维就是批判性思维"，并依据2017年版高中语文课程标准总结出思辨性阅读的内容为"思想、思路、语言"。❶ 欧阳林认为："思辨性阅读是在批判性思维指导下进行的文本阅读。"❷

综合众多学者的观点，思辨性阅读是一种深入思考和辨析文本信息，并对其进行合理评判的阅读活动。思辨性阅读中，阅读主体以有目的的、审慎的、理性的思维状态阅读文本，在阅读过程中，依托文本细读，发现文本中的理性思维，基于可靠证据对文本进行的合乎逻辑的判断、分析和反思。

三、思辨性阅读的特征

思辨性阅读旨在培养学生的思维能力，特别是独立思考、分析论证以及理性反思的能力。它不仅要求读者对所读内容进行逻辑性、辨证性和批判性的思考，还强调通过这一过程获取真相和探求真知。思辨性阅读的特征主要包括独立思考、分析论证、理性反思、批判性等。

①独立思考：鼓励读者在阅读时保持独立思考的意识，不应仅仅被动接受文本信息，而应主动提出问题并进行探索。

②分析论证：读者应对文本中的论点和论据进行分析，评估其有效性和可信度，这包括识别作者的前提假设、推理过程及结论的合理性。

③理性反思：在阅读过程中，读者需要不断反思自己的思考过程和结果，确保判断基于明确的目的和连续的逻辑推断。

④批判性：思辨性阅读实际上是一种批判性阅读，要求读者对文本的内容和形式持批判态度，既包括反驳与修正，也包括肯定与补充。

总的来说，思辨性阅读不仅是对文本的深度解读，更是一种思维训练，它要求读者在阅读时保持清醒的头脑，能够从多个角度审视和评估信息。在当今信息爆炸的时代，这种阅读方式对于提升个人的判断力和决策能力尤为重要。通过培养思辨性阅读的习惯，读者可以更好地适应社会的发展，提

---

❶ 褚树荣. 思辨何为："思辨性阅读与表达"解读 [J]. 语文学习，2018（8）：59-63.
❷ 欧阳林. 思辨性阅读：从理解、求异到建构 [J]. 语文建设，2018（1）：18-21.

高面对复杂问题时的处理能力。

四、思辨性阅读的价值追求

思辨性阅读是一种积极的、深入的阅读方式，它要求读者不仅理解和记忆文本内容，而且要对文本进行批判性的思考和分析。这种阅读方式强调读者的主动性和创造性，旨在培养读者的独立思考能力、批判性思维能力和创新能力。

思辨性阅读的价值追求主要包括以下几点：

①真理追求

思辨性阅读要求读者对文本内容进行深入的思考和分析，以追求事物的本质和真理。这种阅读方式有助于我们理解世界、认识自我、发现问题和解决问题。

②批判性思维

思辨性阅读强调读者对文本内容进行批判性的思考，不盲目接受信息，而是要学会质疑和分析。这有助于学生形成独立思考的能力，避免陷入思维定势和偏见。

③创新与创造

思辨性阅读鼓励读者在理解文本的基础上，发挥自己的想象力和创造力，提出新的观点和看法。这有助于学生培养创新能力，成为对社会有用的人才，为社会发展做出更大贡献。

④人文关怀

思辨性阅读关注人类社会的发展和进步，关心人类的福祉和命运。通过阅读，我们可以了解不同文化、历史和社会现象，增进对人类的理解，培养人文精神和道德品质。

⑤自我成长

基于以上各点，思辨性阅读有助于学生提高自己的认知水平、思维能力和道德素养。所以，通过不断地学习和思考，学生可以实现自我成长和自我超越，成为更优秀的自己。

总之，思辨性阅读的价值追求是培养具有独立思考能力、批判性思维能力和创新能力的人才，促进个人的全面发展。

第二节　学习目标：突出理性方法、能力和精神

思辨性阅读是借助好奇、自信、谨慎等情感认知因素，借助特定的认知技能，采用一种严谨的、理性的、自我指导的思维进行阅读，强调阅读的态度、方法。❶

——魏小娜、陈永杰

一、"思维能力"内涵和"逻辑思维"课程目标

课标指出：思维能力是指学生在语文学习过程中的联想想象、分析比较、归纳判断等认知表现，主要包括直觉思维、形象思维、逻辑思维、辩证思维和创造思维。思维具有一定的敏捷性、灵活性、深刻性、独创性、批判性。有好奇心、求知欲，崇尚真知，勇于探索创新，养成积极思考的习惯。❷

以上"思维能力"的内涵包括三个方面，一是认知表现，包括联想想象、分析比较、归纳判断等思维方法，以及直觉思维、形象思维、逻辑思维、辩证思维和创造思维等思维类型；二是思维品质，即思维的敏捷性、灵活性、深刻性、独创性、批判性；三是理性精神和习惯，包括好奇心、求知欲、崇尚真知和勇于探索创新的精神，以及积极思考的习惯。

语文课程的9个总目标源自语文核心素养的内涵，是核心素养内涵在课程目标层面的具体化。其中总目标的第6条、第7条对应"思维能力"内涵，第6条针对形象思维，第7条针对逻辑思维。第7条指出：乐于探索，勤于思考，初步掌握比较、分析、概括、推理等思维方法，辩证地思考问题，有理有据、负责任地表达自己的观点，养成实事求是、崇尚真知的态

---

❶ 魏小娜，陈永杰．小学语文"思辨性阅读"教学探析［J］．语文建设，2022（8）：16-19，75.
❷ 中华人民共和国教育部．义务教育语文课程标准［M］．北京：北京师范大学出版社，2022：5.

度。❶ 显而易见，第 7 条课程目标是从思维方法、思维能力、思维习惯和精神三个方面设计的，这与"思维能力"内涵是一脉相承的。

二、思辨性阅读学什么

思辨性阅读学习目标的定位，是从核心素养"思维能力"的内涵出发，具体化为课程目标。再从课程目标出发，在课程内容实施层面具体化为学习目标，最后在教学中具体化为教学目标。

（一）思辨性阅读学习目标定位

"思辨性阅读与表达"学习任务群将学习目标定位为：旨在引导学生在语文实践活动中，通过阅读、比较、推断、质疑、讨论等方式，梳理观点、事实与材料及其关系；辨析态度与立场，辨别是非、善恶、美丑，保持好奇心和求知欲，养成勤学好问的习惯；负责任、有中心、有条理、重证据地表达，培养理性思维和理性精神。❷ 可以看出，这个定位与"逻辑思维"课程目标也是一脉相承的，在思辨方式和思辨能力方面进一步具体化。

1. 学习科学的思维方法

要求掌握理性思维的方法。在课程目标的比较、分析、概括、推理等思维方法的基础上，提出"阅读、比较、推断、质疑、讨论"和"梳理""辨析"等具体方式，这些方式具有较强的应用性、操作性。

2. 培养理性的读写能力

培养批判性思维能力。学生需要学会在阅读过程中对所获取的信息进行批判性思考，分辨信息的真伪和价值，从而形成独立的判断和观点。这包括对作者的观点、论据和论证方法进行分析和评价，以及对自己的观点进行反思和修正。

提高分析和解决问题的能力。学生需要在阅读和表达过程中学会运用逻辑分析和推理能力，对问题进行深入剖析，找出问题的关键所在，并提出合

---

❶ 中华人民共和国教育部. 义务教育语文课程标准［M］. 北京：北京师范大学出版社，2022：6.
❷ 中华人民共和国教育部. 义务教育语文课程标准［M］. 北京：北京师范大学出版社，2022：29.

理的解决方案。这包括对问题的界定、分析问题的原因和影响、提出解决策略等方面。

培养清晰、有条理的表达能力。学生需要学会如何组织和表达自己的观点，使之清晰、有逻辑、有说服力。这包括运用恰当的语言、结构和修辞手法，以及注意表达的连贯性和一致性。

3. 培养理性精神和习惯

理性精神和习惯是指人们在思考问题、做决策和行动时，能够运用理性思维、逻辑分析和客观判断。这种精神和习惯有助于我们更好地认识世界、解决问题。

包括如下内容：对事物保持好奇心和求知欲，不断学习新知识，勤于观察周围现象，乐于探究其中的规律，勤学好问；学会质疑和反思，不盲目接受信息，对待问题喜欢独立思考；在思考问题时，要注意事物之间的因果关系，遵循逻辑规律，避免陷入非理性的思维陷阱；在做决策和评价时，要尽量摒弃个人情感和偏见，以事实为依据，做出客观公正的判断；善于倾听他人的观点和意见，接受他人的批评和建议，勇于发现自己的思维盲点；经常对自己的思考过程进行反思和总结，在面对问题时保持冷静和理智。

（二）思辨性阅读的阶段目标

在设定学习目标时，必须考虑不同学段的差异性和目标的适宜性。对于"思辨性阅读与表达"这一学习任务群，其学段目标的设定既要体现出随着学段提升而逐渐增加的难度，也要确保各个学段之间的平滑过渡。

1. 思维方法的学习

第一学段，重在鼓励学生敢于提问、积极观察和思考、乐于分享；第二学段，开始学习记录、整理，明确学习辨析、质疑、提问等方法；第三学段要求从科学发现中体会猜想、验证、推理等思维方法，阅读哲人故事、寓言故事、成语故事等，学习其中的思维方法；第四学段侧重理解作者的观点，阐述自己的观点，要学习的思维方法是比较、分析、概括、推理等。

2. 理性的读写能力

具体来说，在思辨性阅读方面，可以从事物、事实和观点的辨别来分析不同学段学生的目标层次：

第一学段，学生应专注于观察不同事物之间的相似性和差异性。这一阶段的目标是通过观察和提问，锻炼学生的观察能力和辨别能力。

第二学段，学生需要学会区分事实与观点。这一阶段的目标是通过多个思辨的实例帮助学生积累理性思辨的经验和技巧。

第三学段，学生应能够分析证据与观点之间的联系，并理解逻辑关系，如总结、并列和因果关系，从而培养逻辑思维能力。

第四学段，注意引导学生客观、全面、冷静地思考问题，发现探究过程、隐含的立场等信息与观点的关系。本学段要求围绕科学文本的问题提出、探究过程、解决方法等进行专题式的研讨，围绕理论文章、经典的思辨性文本（包括短小的文言经典），理解作者的立场、观点与方法，在事实和观点的辨别中，增加了问题提出、探究过程、立场等因素，增加了思辨的复杂性。

在思辨性表达方面，我们可以根据"观点表达"的要求来探讨不同学段学生的目标层次：

第一学段，鼓励学生自由表达、充分表达自己的看法。这一阶段的目标是保护学生的好奇心和求知欲，鼓励他们大胆说出自己真实的想法。

第二学段，学生应学会从文本中寻找证据来支持自己的观点。这一阶段的目标是帮助学生学习如何有理有据地、负责任地表达自己的看法。

第三学段，学生需要有条理地表达自己的观点，并被鼓励对文本进行评价。这一阶段的目标是培养学生的理性表达能力和批判性思维。

第四学段，学生需要严谨地阐述自己的观点。不同于前三个学段列提纲、画脑图、口头表达，本学段对表达形式有了明确的要求，要求学习优秀作品表达的方法，结合生活经验和阅读材料，阐述自己的感悟和观点；要求进行专题式的演讲和写作；要求欣赏、评析作品；要求围绕社会热点问题，以口头或书面方式参与讨论。

3. 理性精神和习惯

理性精神和习惯的培养是贯穿始终的，但第一学段更侧重于此。

"思辨性阅读与表达"学习任务群的学习目标因学段而呈现阶梯性，即学习目标随着学生学段的推进，随着学生思维水平的发展，做出进一步要求。通过这样的层次性目标设定，学生可以在每个学段都获得适当的挑战和支持，逐步提升自己的思辨性阅读和表达能力。

第三节　实施路径：设计学习主题、情境和实践活动

思辨性阅读是一个不断质疑、探究的过程，其一般路径是：文本实证（读文）→作者意图探究（读人）→自我反思（读我），以文本反思促进学生的自我反思，培养其实证探究能力与理性开放的精神品质。❶

——余党绪

一、单篇教学和单元教学之辩

单篇教学是指以单篇课文为单位组织教学，侧重于对单篇课文的深入理解和分析。这种教学方式有助于学生集中精力，对课文进行细致的研读和品味，培养学生的阅读理解能力、鉴赏能力。

单篇教学具有不可取代的优势，但是也存在明显的局限。其优势在于便于教师针对单篇课文制订详细的教学计划和目标，有利于学生深入理解单篇课文的内容、结构和语言特点，有助于培养学生的阅读兴趣和习惯，提高学生的阅读能力。其局限性在于单篇教学可能导致学生的视野较为狭窄，难以形成系统性的知识结构，过于关注单篇课文的细节，可能忽略了语文学习的整体性和综合性。

单元教学是指将具有相似主题、风格或体裁的多篇课文组成一个单元进行教学，侧重于培养学生的综合语文能力。这种教学方式有助于学生在整体上把握知识体系，形成系统化的认知结构。张秋玲认为，单元教学是"N1"的课程形态，即从一组多篇不同类型的文章中学习一项核心知识或者关键能力。如从《背影》（写人叙事）、《白杨礼赞》（托物言志）、《昆明的雨》（借

---

❶ 余党绪. 略论思辨性阅读的内涵、路径与意义［J］. 语言战略研究，2024，9（1）：26-35.

景抒情)、《我为什么而活着》(直抒胸臆)多篇文章中建构了散文的抒情方式。❶

单元教学是目前实践研究的热点,它针对单篇教学的局限而出现,其优点是有助于学生形成系统性的知识结构,提高学生的综合语文能力;有利于培养学生的比较分析能力,通过对比不同课文的异同,加深对语文知识的理解;可以激发学生的学习兴趣,提高学生的学习积极性。但是单元教学的实施也存在不小的局限性,单元教学需要教师具备较强的整合能力,将多篇课文有机地结合在一起。部分基础较差的学生可能会在单元教学中跟不上进度,这就需要教师给予更多的关注和支持。

综上所述,单篇教学和单元教学各有优缺点,教师可以根据具体的教学内容和目标,灵活选择和运用这两种教学方式。在实施"思辨性阅读与表达"学习任务群的过程中,教师可以将单篇教学和单元教学有机结合起来,既注重单篇课文的深入理解,又关注整体的知识体系构建,从而更好地促进学生的语文学习和发展。

二、思辨性阅读怎么教

"思辨性阅读和表达"作为学习任务群之一,无论是单篇教学还是单元教学,它的实施都要遵循课标的教学建议,在学习情境中,以学习主题为引领,以语文实践活动为载体。为此,需要实施者选择思辨性学习主题,创设学习情境,设计思辨性的学习任务和学习活动。

(一)精心选择思辨性学习主题

1. 学习主题的类型

在"思辨性阅读与表达"实施中,学习主题发挥着统领的作用。目前对学习主题的认识并不统一,主要有以下几种认识:

狭义的观点、题材说。张秋玲等人认为:"以课文中的某一中心观点或

---

❶ 张秋玲,牛青森. 新版课程标准解析与教学指导(2022年版)初中语文[M]. 北京:北京师范大学出版社,2022(10):125.

题材为核心，聚类相关的课程资源，进行学习资源与内容、学习路径与方法的多重整合。通过归类重组、融合贯通、分层定向这一整合过程，形成一个以核心任务为起点，融合"互联网+教育"平台或手段，逐层设置读写一体的学习任务（活动链），构建一个"教—学—评"双向、一致、互动的教学系统。"❶ 主题是观点或者题材，能聚类、整合相关内容和方法。这种说法已经得到广泛的认可和体现，如课标所列的"生活的感悟""探究与创造""艺海拾贝""理性的声音"等学习主题。

广义的主题说。认为学习主题是教学活动和学习内容的聚焦点，围绕这个主题，教师会设计一系列的课程和活动，以引导学生探究、讨论和应用相关知识。在语文学习中，学习主题可以具体到某一类题材研究，如"我的父亲母亲系列"，也可以宽泛到某一类语言技能的培养，比如"如何介绍一个地方"。广义的学习主题拓展了对主题的理解，引导着语文教学突破以人文主题为核心的局面，更切合语文教育的价值定位。

2. 学习主题的特点

学习主题具有以下几个显著特点，这些特点使得教学和学习过程更加聚焦、高效，并且能够激发学生的兴趣。

核心性：学习主题通常围绕一个核心概念或问题展开，这个概念或问题是该主题学习的重要中心，所有的学习活动都可以围绕这个中心展开。

综合性：好的学习主题常常跨越不同学科的界限，将多个领域的知识和技能整合在一起，帮助学生建立跨学科的联系。

目标导向：学习主题应该有明确的学习目标，这些目标指导教学活动的设计，并为学生的学习提供方向。

相关性：优秀的学习主题与学生的实际生活经验、兴趣和需求相关联，这有助于增强学生的参与度和动机。

灵活性：尽管学习主题有一定的结构和目标，但在实施过程中应保持一定的灵活性，以适应不同学生的学习风格和进度。

---

❶ 张秋玲，牛青森. 新版课程标准解析与教学指导（2022年版）初中语文［M］. 北京：北京师范大学出版社，2022：122.

探究性：学习主题鼓励学生进行探究和发现，通过研究、讨论和反思来深化对主题的理解。

互动性：许多学习主题鼓励或需要学生之间的合作和交流，以促进学生社交技能的发展和知识的共建。

实践性：学习主题应该让学生有机会将所学知识应用于实际情境中，强调学以致用。

评估友好：学习主题通常允许出现多种评估方法的使用，如项目作业、口头报告、讨论和演示等，不仅限于传统的笔试。

选择和设计学习主题时，教师需要考虑以上特点，确保主题能够充分激发学生的学习潜能，并提供丰富的学习体验。

3. 学习主题的选择

首先要梳理、分析教材单元的要素。现行统编本语文教材按照双线组织单元，教材内容的组织和呈现遵循两个主要线索。一条是人文要素线，教材内容的编排是以人类文化、历史、哲学、艺术等人文要素为核心。这种方法有助于在语文教学中渗透人文教育，培养学生的文化素养和人文关怀，有助于教材内容与学生生活经验结合。另一条是语文要素线，这个线索侧重于语文学科的基本知识和技能，如阅读、写作、听说等，教材会按照由浅入深、由易到难的原则，逐步引导学生掌握这些基本知识和技能。教师要梳理单元导读中的人文要素、语文要素，并联系阅读、写作、口语交际等板块内容，确定教材单元要素。如九年级上册第五单元，明确如下教材单元要素：理性思想的光芒，联系背景把握作者观点，理解观点和材料的关系及论证方法，质疑和独立思考。

然后要对接"思辨性阅读与表达"学习任务群的学习内容。该学习任务群第四学段共有四个学习内容，分别针对生活感悟类、科学探究类、文学文论类、理论思辨类的文章。将教材单元要素与学习任务群的学习内容对接，就可以进一步确定本单元教学或者单篇教学的学习主题。仍以九年级上册第五单元为例，很容易对接第四学段第4条学习内容：学习革命领袖的理论文章、经典的思辨性文本（包括短小的文言经典），理解作者的立场、观点与方法。围绕社会热点问题，以口头或书面方式参与讨论。❶"理解作者的立场、观点与方法"是核心内容，第二单元已经初步掌握"把握作者的观点""区分观点和材料""判断与分析论证方法"，本单元要素侧重背景、观点、材料、方法之间的关系，强调质疑思辨，因此以"辨析论证思路，提高思辨能力"为学习主题。

学习主题确定后，就可以统领单元或者单篇教学，聚类内容和资源，整合方法和活动。学习内容主要指文本，文本类型主要有科普类、评论和理论类、哲理类，可以遵循教材文本，或在教材文本基础上适当调适，也可以在教材之外选择适宜的文本。资源主要包括相关的文本资源、网络资源和自然、社会中的现象资源。教师应引导学生学习搜集和选择信息的基本方法，关注信息的可靠性和权威性。能区分原始资料与间接资料，学会注明所援引资料的出处，利用资源支持自己的思考和论述。

(二) 创设真实的思辨性学习情境

情境一定是人具身参与的，能使人产生直接体验的。对学习情境而言，这种具身的直接体验还必须与学习相关。对语文学习情境而言，则要与语言文字运用有关。

真实、富有意义的语文实践活动情境是学生语文学科核心素养形成、发展和表现的载体。核心素养是核心知识、关键能力和必备品格的复杂组合，四个核心素养又常常是融合在一起的整体，指向现实世界中具体复杂情境中的问题解决，能够应对现实工作和生活中的各种复杂需求或挑战。简言之，核心素养指的是在复杂情境中解决问题的能力，核心素养的养成必须解决三个关键问题：如何营造复杂情境使之与学生相遇？如何激发学生的自主参与？如何让学生的心智有效运作？

思辨性阅读指向学生理性思维素养的培养，需要营造真实情境。便于开展思辨性阅读活动的学习情境有社会生活情境、学科认知情境、问题情境等。

1. 社会生活情境

社会生活情境是指情境中的背景材料来源于学生的生活环境，指向校内

---

❶ 中华人民共和国教育部. 义务教育语文课程标准 [S]. 北京：北京师范大学出版社，2022：30.

外具体的社会生活，强调学生在具体生活场域中开展的语文实践活动，强调语言交际活动的对象、目的和表述方式等。将学习内容与学生的实际生活经验相联系，增强了学习的生动性、趣味性、应用性和实际意义。

如九年级上册第二单元的《论教养》一文教学时，可以设置这样的情境：如果你是一位晚报编辑，利哈乔夫的《论教养》需要在贵报发表，你手头正好有一篇能够证明文中观点的材料，你认为放在哪一节合适？需要建议作者采纳这篇材料，并对文章进行修改吗？请你与同事讨论做出决定。

2. 学科认知情境

指向学生探究语文学科本体相关的问题，并在此过程中发展语文学科认知能力。这是学生学习生活的真实情境，让学生在做"语文雅事"中，探究学科本体问题，增强了学习的趣味性、实践性。

如九年级上册第五单元整体教学，以"辨析论证思路，提高思辨能力"为学习主题，可以创设"辩论会"的学科认知情境：立论驳论思路，哪个更具有说服人的力量？请选择其中一方，参加辩论会。再选择以《近朱者赤》或者《近朱者未必赤》为题，写出论证思路的思维导图并作文，发表在学习通的讨论区，作为辩论会的延续，进行"论证思路之星"的评选。

3. 问题情境

问题情境使学生处于一种"心求通而未得"的心理困境之中，这种心理困境就是问题情境，它是当学生接触到的学习内容与其原有认知水平不和谐、不平衡时，对问题急需解决的一种心理状态。

问题情境包括三个构成要素：一是新的、未知的东西，这是核心成分。在问题情境中，教师将组织学生对未知的东西进行探索。二是学生已有的知识经验、认知发展水平。三是对未知东西的需要。在问题情境中，学生借助已有的知识和方法，还不能完成任务时，就会诱发对未知东西的渴望，这正是问题情境的基本条件。

问题情境在思辨性阅读中可以比较广泛地运用，是因为问题情境能较大限度地激发求知欲。如《死海不死》教学，可以"科学探究过程"为学习主题，创设这样的问题情境："死海不死"的意思是死海淹不死人，这是死海的主要特征，是本文得出的科学结论。但是据统计，死海2008年淹死4人，2009年淹死31人，2010年淹死21人，2017年淹死22人。为什么课文中的结论和事实有出入呢？"死海淹不死人"是课文给学生的知识，死海淹死了人，是新出现的信息，二者存在冲突，激发了学生的探究欲望。

学习情境应该是真实的，只有真实的学习情境，才能让学生产生直接体验。"真实"的内涵包括三个方面：

一是应用场景的真实、现实角色的真实。真实情境之"真实性"与现实世界有关，是"现实世界里有素养的成年人在正常的情况下做这样的事"。❶"现实世界"在正常情况下，以听说读写活动为载体的语言文字运用，要基于生活中语言文字运用的真实需求，要基于交际双方的角色、身份和关系，要服务于解决现实世界的真实问题。所以，思辨性阅读的情境创设要体现出现实角色的真实和现实需求的真实，如《论教养》教学中晚报编辑的角色设定，编辑和作者关系的设定，报纸改稿需求的设定，都是现实世界中真实的角色和需求。

二是开展工作过程真实。学习情境应该尽可能地模拟实际工作中的环境和过程，让学生在学习过程中体验到真实的工作场景，从而提高学生的实际操作能力和解决问题的能力。真实情境强调在情境中做事，以做事为途径，变语文学习为用语文"做事"。在实际教学中，存在大量脱离情境学习的情况，创设情境之后，就离开情境，开始常规意义上的阅读、写作和口语交际，情境成为一个可有可无的幌子。让学生在情境中完成学习任务，保证过程真实，才能发挥情境作用。如"辩论会"要真正举行，将辨析、理解立论和驳论论证思路的学科知识变为用这个知识辩论，用这个知识获得"论证思路之星"的荣誉。

三是成果应用的真实。学习情境中的任务应该是具有实际意义的，学

---

❶ 王荣生．"语文学习任务"的含义——语文课程标准文本中的关键词［J］．课程·教材·教法，2022，42（11）：4-13.

生在学习过程中所完成的成果应该能够在实际工作中发挥作用，从而提高学生的成就感和自信心。在教学中，教师要尽可能地创造条件，把学生成果"应用"起来，或者参加社会、学校、班级的各类活动，或者在各种平台展出。

总之，学习情境的真实性是提高学生实际操作能力和问题解决能力的关键，只有让学生在真实的学习情境中进行学习，才能更好地培养学生的综合素质和实际能力。

(三) 设计思辨性的学习任务和学习活动

语文学习任务是素养导向的语文实践活动，其实质是真实情境下的语言文字运用。❶ 语文实践活动是语文教学的重要组成部分，旨在通过实际的应用场景来增强学生的语文素养，使他们能够更好地理解和运用语文知识。课标"学习任务群"中的学习任务即语文实践活动包括以下三种类型：

阅读与鉴赏，这类活动主要涉及作品的阅读、理解、鉴赏、评价。学生通过精读、泛读、朗读、比较阅读等方式，提高对语言文字的理解力，培养审美情感和文学鉴赏能力。

表达与交流，这类活动侧重于培养学生的口头和书面表达能力。包括写作练习、演讲、辩论、讨论、采访、剧本创作与表演等多种形式。通过这些活动，学生能够学习如何清晰、准确、有逻辑地表达自己的思想和感受，同时也能锻炼他们的听力和应对能力。

梳理与探究，这类活动要求学生能对所学知识进行整理归纳，形成系统的知识结构。同时，鼓励学生进行探究式学习，通过调查研究、文献检索、实验验证等方法，对某一问题或主题进行深入探讨，这有助于培养学生的研究能力和创新思维。

思辨性阅读中的语文学习任务作为理性素养导向下的语文实践活动，强调培养学生的理性思维素养，即培养批判性思维、逻辑推理和深层次思考能力，具有以下特点：

---

❶ 王宁. 通向语文核心素养的学习任务群 [J]. 七彩语文（中学语文论坛），2019（3）：7-13.

①综合性和关联性

语文学习任务不再局限于单一的知识点或技能，而是整合多种知识、技能与情感态度，形成丰富的学习体验。任务设计要求学生综合运用阅读理解、表达、信息梳理等各方面的能力，并且几方面的学习任务有较强的关联性，以实现学生素养的全面提升。

②实践性

任务通常涉及实际操作和应用，如调查研究、社区参与、创作改编、设计画图等，让学生在"做中学"，通过实际操作来深化理解和应用所学知识。强调学以致用，鼓励学生将学到的知识和技能应用于日常生活和实际问题解决中。

③情境性

学习任务往往设置在真实或模拟的情境中，使学习内容与现实生活紧密联系，提高学习的相关性和吸引力。情境的设计旨在激发学生的学习兴趣，帮助他们更好地理解文本含义，并在特定社会文化背景下进行有效沟通。

④挑战性和探究性

思辨性活动往往提出具有挑战性的问题或情境，要求学生超越表层的记忆和理解，进行深入的思考和探索。思辨性活动鼓励学生主动寻找信息、证据和论据，通过自己的研究来支持或反驳某一观点。

⑤逻辑性和批判性

思辨性学习任务强调逻辑推理和论证分析，要求学生能够清晰地组织思路，合理地构建论点。思辨性学习任务鼓励学生质疑常识和权威，不接受未经检验的陈述，培养学生的批判性思维。

⑥反思性

学生被引导去反思自己和他人的观点，评估不同观点的合理性，并对自己的思考过程和结论进行自我反省。

阅读与鉴赏、表达与交流、梳理与探究作为学习主题统领下的一级学习任务，之下还需要设计二级具体学习活动。常见的思辨性活动有辩论赛、读书分享会、写作比赛、主题演讲、评论、角色扮演等，活动形式力求丰富多

第五章　思辨性阅读

样。通过参与思辨性的学习任务和学习活动，学生可以锻炼独立思考的能力，提高解决具有复杂性和创造性问题的能力。

以下是"九年级上册第五单元学习主题、学习任务和学习活动示意图"，从图5-1中可以看到"思辨性阅读与表达"任务群以学习主题为统领，以语文实践活动为载体，可以看到四个学习任务的关联，可以看到二级学习活动对学习任务的支持。

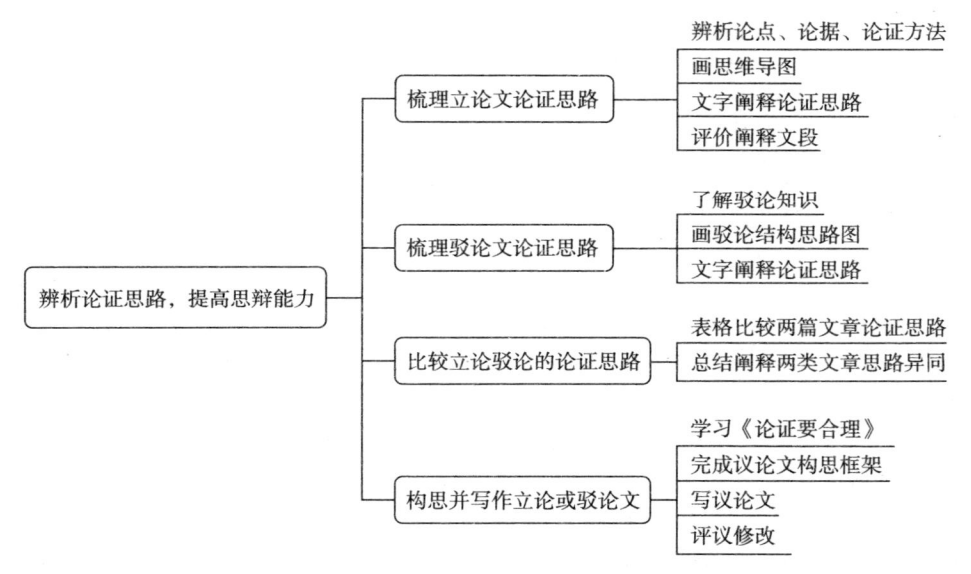

```
                              ┌─ 辨析论点、论据、论证方法
                  梳理立论文论证思路 ─┤  画思维导图
                              │  文字阐释论证思路
                              └─ 评价阐释文段

                              ┌─ 了解驳论知识
                  梳理驳论文论证思路 ─┤  画驳论结构思路图
辨析论证思路，提高思辨能力 ─┤      └─ 文字阐释论证思路

                              ┌─ 表格比较两篇文章论证思路
                  比较立论驳论的论证思路 ─┤
                              └─ 总结阐释两类文章思路异同

                              ┌─ 学习《论证要合理》
                  构思并写作立论或驳论文 ─┤ 完成议论文构思框架
                              │ 写议论文
                              └─ 评议修改
```

图 5-1　九年级上册第五单元学习主题、学习任务和学习活动示意图

三、思辨性阅读教学案例

（一）思辨性阅读的单篇教学案例——《谈创造性思维》[1]

1. 教学设计

创设情境	敢于质疑、善于解疑是批判性、创造性思维的重要表现，请你以"小读者"的身份，阅读《谈创造性思维》，带着质疑的眼光走进作品，选择思维方法（分析、比较等）尝试释疑，依据你最重要的思辨结果，给作者写一封信，与其交流此文的成败得失

---

[1] 王焕.质疑释疑策略运用于议论性文章思维培养的实践研究［D］.太原：太原师范学院，2022.

续表

围绕观点 质疑释疑	一、解题导入，初读文本 1. "1+1＝一个家庭"你还能举出类似的等式吗？引入课题《谈创造性思维》。 2. 从这个课题当中，你得到什么信息呢？这是一个论题还是论点？ 3. 出示课文原标题，与现标题对比，你觉得哪个更好，为什么？ 4. 读文章，辨析标题。 5. 全班交流，进一步区分论题和论点。确定论点，梳理思路
关注论据 质疑释疑	二、再次读文，推荐最佳质疑 1. 打破思维定势深入文本，从文本内容、结构、语言等各方面提出你的质疑。 2. 小组讨论，形成观点。 3. 全班交流。学生联系实际质疑，有理有据地阐明自己的观点。（区分"创造性思维"和"创造力"；分析事例论据"谷登堡""罗兰·布歇内尔"的内在逻辑。） 4. 学生反思自我观点是否正确，完善论证。 5. 教师梳理学生观点，点拨引导，分析事例论据的内在逻辑性。学生尝试补充完善论据
关联论证 质疑释疑	三、深入思考，分析论证 1. 针对论证的质疑。（"谷登堡""罗兰·布歇内尔"的例子是否能够证明论点。） 2. 渗透完全归纳的逻辑知识。（从发明家到普通人再到名人，三类人群囊括了任何人为完全归纳推理，推出"任何人都拥有创造力"，文章具有普遍意义。） 3. 对论证结构的质疑，预设。 4. 教师肯定学生的质疑。点拨引导，鼓励补充完善
审视意图 质疑释疑	四、知人论世，反思延伸 1. 文章反复强调"任何人都有创造力"，作者意图何在？ 2. 查阅文章背景资料。文章针对一些不认为自己有创造力的人而写。 3. 适当对文中的事例进行增删移换，画出文章论证思路图。 4. 综合反思，交流本文所学

2. 教学片断

师：在讨论这两个例子代表性的时候，看一看文中的注释。

生：谷登堡是发明家，罗兰·布歇内尔是实业家。

师：说明什么？

生：发明家的专业是发明，肯定具备创造性思维，但是实业家呢？

师：实业家可以理解为企业家，在发明创造方面和普通人一样，所以实业家就是普通人的代表。这两个例子代表了不同人群。

生：一类是名人，另一类是普通人。

师：实业家也可以是名人呀。二者的区别在于出不出名吗？

生：不是，在于是否直接从事创造性工作。

师：文章第7、第8段已经表明发明家能发明创造，普通人也能发明创造，也有创造力。从发明家到普通人就包含了全部人，说明全部人都可以发明创造。这是一个完全归纳推理。（出示推理形式）

以谷登堡为代表的发明家可以创造，有创造力；

以罗兰·布歇内尔为代表的普通人也可以创造，有创造力；

任何人都可以有创造力。

（二）思辨性阅读的单元教学案例——九年级上册第五单元❶

辨析论证思路，提高思辨能力

［设计意图］

统编版语文教科书九年级上册第五单元是议论文单元，本单元人文主题为"求知明智，善读辨思"，是对同册书第二单元议论性文章的延伸和深化。本单元选编了四篇议论文，均带有鲜明的质疑思辨色彩。《中国人失掉自信力了吗》是一篇驳论文，能让学生掌握先"批驳他人观点"后"树立自己观点"的论证思路；《怀疑与学问》能让学生领会严密的论证结构与严谨的论证过程；《谈创造性思维）能让学生掌握层层推进、逐步论证的论证方法；《创造宣言》"提出观点—批驳错误认识—指出错误做法—最后发出呼吁"的论证思路比较清晰，能让学生了解"立中有驳"式议论文的一般思路。四篇选文，前两篇为教读课文，后两篇为自读课文。从论证方式看，《中国人失掉自信力了吗》《创造宣言》是驳论文，《怀疑与学问》《谈创造性思维》是立论文，基于此，应重点引导学生理清并辨析不同论证方式的议论文的论证思路，学会对议论文论点、论据、论证等方面的整体把握，进而学习思辨表达。

整体教学设计的核心任务是"撰写一个200字左右的文段，阐释所读议论文的论证思路"，并在比较立论文与驳论文一般论证思路的基础上，掌握立论与驳论的常见思维模式，形成"准确提炼观点、辨析论据作用、分析论证方法、厘清论证结构"的议论文综合阅读能力。本单元整体教学分为四个

---

❶ 张秋玲，牛青森. 新版课程标准解析与教学指导（2022年版）初中语文［M］. 北京：北京师范大学出版社，2022：337-341.

子任务：一是梳理《怀疑与学问》《谈创造性思维》的论证思路，并绘制思维导图；二是运用所学方法，迁移比较，梳理《中国人失掉自信力了吗》《创造宣言》的论证思路，并绘制思维导图；三是通过比较阅读与分析，把握立论文与驳论文论证思路的同与异，提炼各自常见结构模式；四是以"知足常乐"或"知足未必常乐"为题，撰写一段阐释如何构思的文字。

学习流程的四个课段为层递关系。第1课段，以《怀疑与学问》《谈创造性思维》为例文，学生在第二单元初步掌握"把握作者的观点""区分观点和材料""判断与分析论证方法"的基础上，以完成思维导图为主要抓手，明晰立论类议论文一般论证思路，为完成下一课段学习任务打下基础；第2课段，紧承上一课段，以《中国人失掉自信力了吗》《创造宣言》为例文，学生在梳理文章立论部分论证思路的基础上，绘制这两篇驳论文论证思路图，是迁移拓展；第3课段，学生通过比较《谈创造性思维》《创造宣言》两篇文章的论证思路，发现话题相近而论述观点、论证方式不同的文章在论证思路上的异同，明晰立论文与驳论文的论证方法与论证思路，是归纳提升；第4课段，由读到写，学生完成"知足常乐"或"知足未必常乐"的议论文构思与写作，是论证思路的实践运用。这些特点共同作用于语文学习过程，不仅有助于提升学生的语文能力，还注重培养学生的批判性思维、创新意识、合作精神和终身学习能力。教师在设计语文学习任务时，需要综合考虑这些特点，确保任务能够有效地促进学生核心素养的发展。

[学习需要分析]

一、课程标准

2022年版课标对第四学段议论文阅读的基本要求是："阅读简单的议论文，能区分观点与材料（道理、事实、数据、图表等），发现观点与材料之间的联系，并通过自己的思考，作出判断。"在与之对应的"表达与交流"板块提出"写简单的议论性文章，做到观点明确，有理有据"这一要求。这应该是对初中生阅读与写作议论文的一般性要求。同时在"思辨性阅读与表达"学习任务群学习内容中提出，第四学段要"注意引导学生通过多样的语文实践活动，探究文本的基本观点、结构脉络等问题"。显然，"探究文本的基本观点、结构脉络等问题"是思辨性阅读的途径与策略，这一策略事实上统摄了议论文阅读所涉及的论点、论据、论证等基本要素，是九年级上册第五单元"延伸和深化"阶段议论文学习的应学策略。

二、学情诊断

本单元的教学，要求学生联系文章的时代背景，把握作者的观点；注意分析议论性文章所用的材料，理解观点和材料之间的联系，掌握论证的方法；联系实际进行质疑探究，养成独立思考的习惯。理清不同类型议论文的论证思路，实质上是对作者观点、理解观点与材料之间的联系、分析论证方法的整体把握。同时，可以看到，教材对梳理论证思路的考察是比较重视的，《怀疑与学问》《中国人失掉自信力了吗》课后"思考探究"第二题均针对此方面设置问题，《谈创造性思维》《创造宣言》课后"阅读提示"均首先复述了文章的论证思路。可见，"论证思路"是一个统摄议论文全篇的基础问题，也是一个根本问题。

三、学习内容确定

学生已在第二单元初步学习了如何"把握作者的观点，区分观点和材料，厘清论证的思路"，学习了论证的方法，有了一定的积累。本单元核心任务"撰写一个200字左右的文段，阐释所读议论文的论证思路"可以"牵一发而动全身"，带动学生对议论文各要素的审视与辨析，进一步发展学生整体把握议论文的能力。

[学习目标]

语言目标

1. 细读课文，在区分论点、论据，分析其运用的论证方法，绘制思维导图基础上，用一段文字阐述文章的论证思路。

2. 比较本单元四篇议论文中立论与驳论两种不同的论证思路与结构，概括这两类议论文的论证思路结构模式。

思维目标

3. 区分论点、论据，分析论证方法，绘制思维导图，辨析不同类型议论文论证思路，发展判断、概括、分析等思维技能。

4. 选用一种论证模式，以"知足常乐"或"知足未必常乐"为题，撰写一段阐释如何构思的文字，发展迁移与思辨能力。

价值目标

5. 对立论文、驳论文的论证逻辑形成自己的认识，并围绕具体话题，联系实际进行迁移思辨，培养独立思考的科学精神。

核心任务：在初步辨析一篇议论文论点、论据、论证方法的基础上，厘清文章论证思路，并撰写一个200字左右的文段，阐释所读议论文的论证思路。

[教学实施]

第1课段　厘清立论文论证思路

核心任务：撰写一个200字左右的文段，阐释所读立论文的论证思路。

一、学习任务

1. 精读《怀疑与学问》，自读《谈创造性思维》，辨析文章论点、论据、论证方法，并绘制思维导图。

2. 能够分别用一段200字左右的文字，阐释两篇文章的论证思路。

二、课时分配

3+1课时

三、学习资源

课文《怀疑与学问》《谈创造性思维》

四、完成任务

1. 知识回顾。

以九年级上册第二单元已学《敬业与乐业》为例，谈谈你对议论文论点、论据、论证方法的认识。学生自主发言，在交流中辨析、明确，教师点拨。

[示例]

（1）《敬业与乐业》的中心论点是开头提出来的，"'敬业乐业'四个字，是人类生活的不二法门"。全文以"有业之必要""要敬业""要乐业"三个层递关系的分论点进行具体阐释和论证。由此可见，一篇议论文往往由一个中心论点与多个分论点组成，分论点为证明中心论点服务；论点通常是完整、明确、直白的判断句。

（2）作者为了证明论点，运用了丰富的材料。如大量引用名人名言作为道理论据，既证明了相应论点，又显示了作者渊博的学识。文中也列举了一些鲜明生动的事例，具体有力地证明了相关论点。由此可见，论据就是用来证明论点的材料，分为事实论据和道理论据两类。

（3）与以上论据相应的，作者运用了道理论证、举例论证来证明论点。同时还运用对比论证突出论点。如在论述如何敬业这一问题时，作者列举"佝偻丈人承蜩"这一事例从正面加以论证，又引用曾文正"坐这山，望那山，一事无成"的名言从反面进行论证，二者形成鲜明对比，从而有力地证明了敬业要一心一意这一论点。由此可见，常见的论证方法有举例论证、道理论证、对比论证等，论证方法是证明论点是否成立或合理的过程。

2. 梳理《怀疑与学问》的论证思路。

（1）辨析《怀疑与学问》的论点、论据和论证方法。

指导学生重点圈画文中观点句，辨别中心论点与分论点，分辨论据类型，批注论证方法。教师可编制相应表格供学生参考，同时开展交流、讨论，明确文中的中心论点、分论点及相关论据、论证方法。按论点、论据、论证方法整理"论证思路"的学习任务单。

（2）提供思维支架，梳理论证思路。

教师借助课后"思考探究"第二题，并以该题为基础丰富枝叶，形成思维导图框架。

[示例]

中心论点：$\begin{cases}\text{分论点1：}\begin{cases}\text{第3—4段论点：论据、论证方法；}\\\text{第5段论点：论据、论证方法；}\end{cases}\\\text{分论点2：论据、论证方法；}\end{cases}$

（3）根据以上论证思路的思维导图，按照一定的句式，规范、概括地阐释全文的论证思路，200字左右。

[示例]

本文首先_____（运用什么论证方法，以什么为论据，引出或提出什

么论点);

接着(运用什么论证方法,以什么为论据,阐述了什么分论点);

然后(运用什么论证方法,以什么为论据,阐述了什么分论点);

最后(突出什么观点,得出什么结论,或发出什么号召,或补充什么观点,等等)。

3. 梳理《谈创造性思维》的论证思路。

教师引导学生按照以上流程,一步一步完成对课文论证思路的梳理,并尝试用文字阐释,200字左右。针对本文特点,教师还可提示学生关注作者在句段之间使用的衔接语,以辨析前后各层次之间的逻辑关联。组织学习小组间进行交流,展示思维导图或文字阐释材料,在展示交流、组织评议过程中明晰本文的论证思路。

[示例]

本文首先以一道题目的解答为例,引出论点:不满足于一个答案,不放弃探索追求,很重要;

接着运用举例论证,列举古登堡由两种机械发明印刷机和排版术、罗兰·布歇内尔由不满电视机单向接收而发明交互式乒乓球电子游戏两个事例,阐述了"创造性思维,必须有探求新事物并为此而活用知识的态度和意识",并"持之以恒地进行各种尝试"这一分论点;

然后运用举例论证,列举某心理学家专家小组调查研究情况,拥有创造性思维,要"关注极其普通,甚至一闪念的想法,并将它反复推敲,逐渐充实"这一分论点;

最后总结全文,归纳了拥有创造力所需的诸多要素,给人以鼓舞。

4. 依据教师所给的"文段评价量表",先依据量规自评并修改自己的文段;小组再依据量规进行讨论,完善自己的文段;最后,由教师随机从各小组中抽取一名同学上台分享自己修改后的文段。

文段评价量表

评价类目	指标描述	分值	得分
论点把握	中心论点概括准确，表述清晰。 如不能准确概括，扣3分	5分	
	分论点概括准确，表述清晰。 如未达标，少1个，扣2分	10分	
论证方法	论证方法判断正确，能结合论据、论点完整阐述其作用，表述清晰、规范。 如未达标，错1个，扣4分	25分	
衔接语	能在不同层次之间添加衔接语，表述清楚各层次之间的逻辑关联。 如没有正确、恰当的衔接语，扣2分	5分	
语言表述	语言表述流畅，无病句。 如有病句，1个病句扣1分，5分扣完为止	5分	
总分	总分30分以上为达标。 总分30分以下为不达标，需进行补偿学习	50分	

第2课段　厘清驳论文论证思路

核心任务：撰写一个200字左右的文段，阐释所读驳论文的论证思路。

一、学习任务

1. 精读《中国人失掉自信力了吗》，自读《创造宣言》，在迁移运用上一课段所学立论思路基础上，绘制两篇课文的思维导图。

2. 能够分别用一个200字左右的文段阐释这两篇课文的论证思路。

……

第六章　实用性阅读

实用性阅读与生活联接紧密，凸显实用特征，侧重对信息的获取、整合和处理。实用性阅读教学应该创设真实的语言运用情境，重视生活实践的重要教学价值，在实用性阅读的"用"中提高学生的实用性阅读能力。

第一节　概论：渐趋加重的"砝码"

实用文阅读能力的培养与文学阅读能力的培养同等重要[1]。

——王荣生

"新课标"总结了课改20余年发展的理论和实践的经验，提出以语文学习任务群的方式来组织和呈现课程内容，并依照"基础型学习任务群""发展型学习任务群""拓展型学习任务群"设置了六个学习任务群。其中，"实用性阅读与交流"任务群属于"发展型学习任务群"。这一任务群的设置显示了课标对实用性阅读的重视，也意味着语文课程长久以来重视审美性阅读轻视实用性阅读的天平从倾斜状态渐趋归于平正。

一、认知态度：由轻视到重视

2001年课改前，语文课程内容偏重教材的学习、知识的讲解、能力的训练，试卷内容偏重从文章学的角度考查学生实用文阅读能力。课改以来，语文课程性质"工具性与人文性的统一"确定。但在实际的教学中，人文性得

---

[1] 王荣生. 实用文阅读教学及其类型［M］. 上海：华东师范大学出版社，2014：5.

到了强化，略有矫枉过正之嫌。实用性阅读在这样的背景关照下，或被教师简单讲解，或被教师使用文学类文本教学的方式讲解。

2009年上海代表我国首次参加PISA测试，阅读素养以总分556在65个国家和地区中排名第一。令人欣喜的同时也暴露出我国学生阅读素养的短板，非连续性文本阅读与一些国家和地区相比存在较大的差距。因此，"2011年义教课标"将"非连续性文本"纳入课标内容，以期教学层面能对实用性文本引起足够重视。2012年、2015年的测试结果又进一步发现我国学生电子媒介文本阅读的精熟程度远远低于总分排名前列的国家和地区。非连续性文本、电子媒介文本都是实用文的主要类型，这些测试结果暴露了我国语文课程文本读写训练失衡的现状❶。于是，2017年《普通高中语文课程标准》在修订时，研制组单独将"实用性阅读与交流"作为学习任务群提出，顺应了课程改革发展的趋势，显示了国家层面对此类阅读与交流的重视，也极大地校正了以往只重视文学文本阅读的单一化偏向。2022年"新课标"修订时，沿用了"实用性阅读与交流"的提法，并与"文学阅读与创意表达"相并列，成为义务教育阶段六大任务群之一。至此，对实用性阅读的重视加强到与审美性阅读持平的程度，语文课程层面的天平已趋于平衡。

二、教学方式：由静态到动态

实行新学制以来，以获取知识为目的、按表达方式组织学习材料、以训练分项技能为学习样态，逐渐成为语文课程的主流。正是在课程组织模式、教材表达方式以及"以教为主"教学理念的三重影响下，既往的实用文阅读教学注重静态文体知识的传授，重视对静态文本的分析，往往忽视实用文的功能和价值，缺乏对实用文交际语境、交际目的和交际对象的考量。

2022年版"新课标"注意到了言语实践的情境性，强调实用性阅读的理解应置于"当代社会生活""实用性语文"的范畴中。该任务群教学基于真实性的生活情境设计语文实践活动，从"积极语用"的视角合理安排阅读、

---

❶ 徐鹏. 实用文读写：语文课程的重要内容［J］. 中学语文教学，2017（5）：4-8.

调查、讨论、写作、口语交际等活动，在动态的语文实践活动中阅读各类实用性文本，理解实用性阅读策略，学会实用性表达。

三、学习场域：由封闭走向开放

课改前，语文课程在"课堂中心、教材中心、教师中心"的影响下整体处于封闭状态。实用性阅读的学习场域自然受限。对新闻、调查报告、演讲、科普等实用性文本常采用的教学方式是课堂讲解，学生对实用性阅读的学习多停留在文章学的层面。没有真实生活情境的实用性阅读是无意义的，缺乏实践的实用性阅读更是纸上谈兵。学习场域的封闭使得实用性阅读的学习流于形式，根本无法实现其自身的价值。

2022年版义教课标将学习场域从课堂扩展到了家庭生活、学校生活、社会生活等个人生活的方面，尤其是社会生活为学生提供了更为开放的学习场域。课标在不同学段的目标都强调将实用性阅读置身于当代社会生活的范畴。例如，第一学段要求学生"在革命遗址、博物馆、公园、剧场、车站、书店、超市、银行等社会场所中学习认识有关标牌、图示、说明书等，了解公共生活规则，学会有礼貌地交流"；第三学段要求学生"走进社会，阅读参观访问记、考察报告、科技说明文、科学家小传等文本"。当然，社会生活中的大量信息往往是通过文本、影视、图片等多种媒介呈现的。除了线下学习场域的开放，线上学习场域也展现出不可替代的开放性，为实用性阅读提供了多样性的可能与选择。课标在第四学段提出"通过多种媒介关注国内外政治、经济、科技、文化等方面的新鲜事，比较不同媒介的表达效果，尝试探究不同媒介的表达特点；阅读新闻报道、时事评论等作品，关注社会主义建设新成果，就感兴趣的话题与同学进行线上线下讨论，根据目的与对象选择合适的媒介进行交流沟通"。❶

---

❶ 中华人民共和国教育部. 义务教育语文课程标准（2022年版）[S]. 北京：北京师范大学出版社，2022：24-25.

四、学习内容：由割裂走向整合

语文的外延与生活的外延相等。语文源于生活实际，又反映生活，服务生活。2001年版义教课标、2011年版义教课标均蕴含着"语文与生活结合"的理念，这一理念渗透在阅读、写话（写作）、口语交际、综合性学习等板块中，体现着课标对社会发展的适应和理念的进步。然而，各板块分门别类的目标表述也意味着课程内容会受其影响不自觉地割裂。生活与语文的结合略显支离破碎，更不利于实用性阅读与交流在生活中的应用。基于此，2011版"语文新课标"将语文课程定义为"语文课程是一门学习语言文字运用的综合性、实践性课程"。2022年版"语文新课标"沿用这一提法，继续强调语文课程综合性、实践性特征。至此，生活情境和实践活动在一次次的课标修订中得到强化。同时，随着现代文章学的持续发展，一些跨文体的复合文类也逐渐出现，比如报告文学、科学小品、纪实散文等。从文体类别的交叉现象和语文课程的本体功能出发，我们的思维范式应该由对立走向融合❶。于是，在2022年义教课标理念关照下，"实用性阅读与交流"学习任务群的设置，实现了生活情境与语文实践活动的统整，阅读与交流两种活动融为一体，学习内容、学习方法与三维目标融在一起❷。可见，任务群的课程内容要求在实用性阅读中学习表达方法，以实用性交流来促进实用性阅读，强化实用性听、说、读、写之间互促互进、整体推进的思路。鉴于此，以下内容基于课标的理解，在谈及实用性阅读时会兼顾实用性交流。

第二节 核心目标：立于生活、切于实用

尽量运用语言文字并不是生活上一种奢侈的要求，实在是现代公民所必须具有的一种生活的能力。❸

——叶圣陶

---

❶ 徐鹏．实用文读写：语文课程的重要内容［J］．中学语文教学，2017（5）：4-8.
❷ 郑桂华．"实用性阅读与交流"学习任务群教学实施建议［J］．语文建设，2023（5）：4-7，26.
❸ 叶圣陶．略谈学习国文［M］//叶圣陶．叶圣陶语文教育论集．北京：教育科学出版社，2015：2.

生活既是"实用性阅读与交流"的源头活水，又是该任务群的背景条件，更是它的目的旨归。实用性意味着语言文字的运用融入生活、工作和学习的方方面面。"实用性阅读与交流"任务群的设置旨在"满足家庭生活、学校生活、社会生活沟通交流需要"，让语文的学习立足生活，最终实现学以致用。

一、目标定位

(一) 与课程总目标的逻辑关系

"实用性阅读与交流"作为发展型学习任务群之一，与其他五个任务群之间都存在关联与协调，它们共同为全面实现课程目标、促进学生核心素养全面发展服务。从总目标表述可见，与该任务群直接关联的条目是总目标第4条和第5条。课程总目标第4条从语言运用的角度指导实用性阅读与交流，"主动积累、梳理基本的语言材料和语言经验""初步领悟语言文字运用规律""运用多种媒介学习语文"等。课标总目标第5条主要集中在能力角度来指导实用性阅读与交流。对应的阅读能力为"学会运用多种阅读方法，具有独立阅读能力""能阅读日常的书报杂志"；对应的口语交际能力为"学会倾听与表达，初步学会用口头语言文明地进行人际沟通和社会交往"；对应的书面表述能力为"能根据需要，用书面语言具体明确、文从字顺地表达自己的见闻、体验和想法"。

事实上，"实用性阅读与交流"任务群几乎对应支撑着所有课程目标的达成，为学生核心素养的形成发挥其独特价值。从该任务群的个性化目标来看，毫无疑问，它集中致力于实用性阅读能力和交流能力的培养，是对语言运用素养的有力支撑。简言之，它是构建学生语言运用素养的基石之一。但该任务群也与其他任务群一样共同承担着学生文化自信、思维能力、审美创造等的培养。"实用性阅读与交流"内容，包括"有关中华优秀传统文化的短文""有关老一辈无产阶级革命家和革命英雄、劳动模范、科学家的事迹""有关社会主义建设新成果"等，这些文化信息的收集、整理、分析和评价，有助于增强学生的文化自信、丰厚他们的文化底蕴；"实用性阅读与交流"方法，包括"对生活的观察和思考""对信息的收集和整理""对资料的甄别和判断""对问题的探究和解决"等，这些方法的背后是多种思维类型的支撑和多种思维策略的运作，有助于发展学生的思维能力、提升他们的思维品质；"实用性阅读与交流"过程，同样涉及美的感受、发现、理解和创造，如对生活美的观察与感受、对文化美的传承与理解、对语言美的习得与践行等，这些都有助于培植学生的审美素养、陶冶他们的审美情趣。❶

（二）目标要义

"实用性阅读与交流"任务群"旨在引导学生在语文实践活动中，通过倾听、阅读、观察，获取、整合有价值的信息，根据具体交际情境和交流对象，清楚得体表达，有效传递信息，满足家庭生活、学校生活、社会生活交流沟通需要"。❷

在总目标引领下，"实用性阅读与交流"任务群目标聚焦社会交往实践，围绕"获取整合信息、有效传递信息、满足生活需要、增强社会参与意识"来彰显目标要义。

一是获取整合信息。获取整合信息是该学习任务群重要的目标。本任务群设计出于实用目的，如阅读报纸、新闻以获取整合有价值的时事信息等。"获取整合信息"不仅是实用性阅读的重要目标，还是"实用性交流"的基础。怎样获取整合信息呢？2022版课标强调在学生自主的语文实践活动中，"通过倾听、阅读、观察"等多种途径来获取，借助记笔记、列大纲、画思维导图等方式来整理信息。

二是有效传递信息。本任务群以学会实用性表达和交流为落脚点。"倾听、阅读、观察"是输入和内化信息，表达、交流则是输出、外化、传递信息。从"实用"的角度看，语文学习就是要培养学生运用祖国语言文字的能力，引导学生学会用语言文字来做事，增强语言文字的运用意识，强化表达、交流的读者意识、情境意识、问题意识、语体意识，学会根据不同语境适当

---

❶ 王崧舟，梅晨霞. 应生活之需切生活之用——《义务教育语文课程标准（2022年版）》"实用性阅读与交流"解读[J]. 语文教学通讯，2022（24）：9-16.

❷ 中华人民共和国教育部. 义务教育语文课程标准（2022年版）[M]. 北京：北京师范大学出版集团，2022：23.

调整表达方式和表述策略。

三是满足生活需要。以"实用"为价值取向，将语文学科逻辑与生活逻辑有机整合在任务群的设计中。"实用性阅读与交流"的核心要义是"真"：真实的交流需要、真实的交流情境、真切的交流过程和体验。

四是增强社会参与意识。培养现代公民形成遵守与履行道德准则和行为规则的意识，增强社会责任感，提升自身创新能力和实践能力。"实用性阅读与交流""文学阅读与创意表达""思辨性阅读与表达"三者的共同点是都有"阅读"和"表达（交流）"两个层面。"文学阅读与创意表达""思辨性阅读与表达"两个学习任务群用的是"表达"一词，侧重于审美体验或理性思辨后的自我表达；"实用性阅读与交流"用的是"交流"，更注重人与人之间真实的交往能力和沟通能力，是为了"满足家庭生活、学校生活、社会生活沟通交流需要"。❶

二、内容要求

（一）分阶段内容与分析

"实用性阅读与交流"以中华优秀传统文化、革命文化、社会主义先进文化为主体与载体形式组织学习内容，并结合生活中的具体交际情境和交流对象提出学习要求。

第一学段（1—2年级）学习内容：

1. 阅读有关个人生活、家庭生活的短文，认识图文中相关的汉字，感受美好亲情；学习运用文明礼貌语言，与家庭成员、亲朋好友交流沟通，学会感恩。

2. 阅读有关学校生活的短文，认识图文中相关的汉字；学习与同学、老师文明沟通；乐于分享学校生活中的见闻和感受，热爱学习、热爱学校。

3. 在革命遗址、博物馆、公园、剧场、车站、书店、超市、银行等社会场所中，学习认识有关标牌、图示、说明书等，了解公共生活规则，学会有

---

❶ 管贤强，魏星. 实用旨归、做事路径、语用意蕴："实用性阅读与交流"任务群的内涵解读［J］. 语文建设，2022（20）：4-9.

礼貌地交流。

4. 学习有关中华优秀传统文化的短文，将读到、听到、看到的故事讲给他人听。

内容分析：

1. 内容表述上将阅读与交流有机结合在一起。阅读不仅为学生提供交流的话题和素材，还让学生通过阅读了解规则和要求，帮助学生能够文明、得体、礼貌地交流。

2. 阅读文体兼顾连续性文本和非连续性文本两类，有与个人生活、家庭生活、学校生活以及传统文化相关的短文，也有对革命遗址、博物馆、公园、剧场、车站、书店、超市、银行等社会场所标牌、图示和说明书的认识。

3. 阅读的视野从学校拓展到了家庭和社会，听到、看到、读到的内容都可作为交流的内容。

4. 本学段不仅提供阅读和交流的内容，更在情感、态度、价值观等方面提出要求，例如"感受美好亲情""学会感恩""文明沟通""礼貌交流""乐于分享""热爱学习，热爱分享"等。这些要求的提出意在让学生在学习之初就养成良好的阅读和交流习惯。

5. 本学段的交流仅要求学生进行口头语言交流，注重引导学生积极主动地进行交流。

第二学段（3—4年级）学习内容：

1. 阅读有关家庭生活、学习生活、社会生活的短文，学习用口头和书面的方式，客观地表述生活中的见闻片段。学习写留言条、请假条、短信息、简单书信等日常应用文，注意写作称谓和基本格式，文明礼貌地进行交流。

2. 学习阅读说明、叙写大自然的短文，感受、欣赏大自然的奇妙与美好。学习用日记、观察手记等，展示自己观察自然、探索科学世界的收获。

3. 学习具体、清楚、生动地讲述有关老一辈无产阶级革命家和革命英雄、劳动模范、科学家的事迹，以及反映中华传统美德的故事。

内容分析：

1. 内容表述上依然将阅读与交流有机结合在一起。阅读继续为交流提供话题和素材，继续提出文明礼貌地进行交流的要求。

2. 实用性阅读与交流的范围从家庭生活、学习生活、社会生活拓展到了自然和科学世界。本学段强调了对大自然和科学世界的感受、欣赏、探索和表达。

3. 本学段开始要求学生在口头交流的基础上进行书面表达，且从片段和短小的应用文开始学习。"学习用口头和书面的方式，客观地表述生活中的见闻片段""学习写留言条、请假条、短信息、简单书信等日常应用文""学习用日记、观察手记等，展示自己观察自然、探索科学世界的收获"等，涉及阅读和表达的文体虽多，但短小实用且与学生生活息息相关，利于学生有兴趣、有目的、有对象的表达。

4. 阅读和交流的内容，在学生的生活、传统文化的基础上，又加入了革命文化和社会主义先进文化的内容。"老一辈无产阶级革命家和革命英雄、劳动模范、科学家的事迹"也成为学生阅读和交流的对象。

5. 本学段为交流提供素材的途径也从读、看、听等拓展到了更需要思维参与的观察和探索。

第三学段（5—6年级）学习内容：

1. 观察、思考日常生活，阅读记人叙事的优秀文本，学习通过口头表达、书面叙写，与他人交流身边令人感动、难忘的人和事。

2. 走进大自然、走进科学世界、走进社会，阅读参观访问记、考察报告、科技说明文、科学家小传等文本；学习记笔记、列大纲、写脚本、画思维导图等整理和呈现信息的方法；学习通过口头表述和多种形式的书面表达，分享观察自然、探索科学世界的所见所闻、所思所感。

3. 能写日记，关注家庭、学校、社区生活中发生的新鲜事。

4. 学习革命英雄和劳动模范的事迹，尝试用多种媒介方式记录、展示、讲述他们的故事，表达自己的崇敬之情。

内容分析：

1. 内容表述上依然将阅读与交流有机结合在一起。阅读继续为交流提供话题和素材。文明礼貌地进行交流的要求虽未明确提出，但在前两个学习阶段中应基本养成习惯。

2. 实用性阅读和交流的范围依然依托学生的日常生活，大自然和科学世界，但本学段重在引导学生从上一学段的外在观察者转变为内在参与者。一方面上一学段仅要求感受、欣赏、观察、探索大自然和科学世界，在本学段要求学生要积极融入，要求学生"走进大自然、走进科学世界"；另一方面从前两个学段的了解社会规则和阅读有关家庭生活、学校生活、社会生活内容的短文到本学段的"观察、思考日常生活""走进社会"等，显著提高了对学生的要求。其中，观察和思考是学生参与社会和审视日常生活的积极途径。

3. 实用性阅读的文体更加多样，包括记人叙事的文本、参观访问记、考察报告、科技说明文、科学家小传、革命英雄和劳动模范事迹等文本。

4. 实用性交流在形式上要求学生继续学习口头表达和书面叙写，在内容上有了更具体的指导，如"与他人交流身边令人感动、难忘的人和事""分享观察自然、探索科学世界的所见所闻、所思所感""关注家庭、学校、社区生活中发生的新鲜事"等。

5. 提供了具体适用的整理和呈现信息的方法，包括记笔记、列大纲、写脚本、画思维导图、多种媒介方式等。尤其需要关注的是，这一学段提出了尝试用"多种媒介"的方式来表达和交流，这意味着阅读与表达方式的多样与丰富。多媒介方式的运用既是时代提供的便利，也是时代对学生提出的要求。

6. 对革命英雄和劳动模范的事迹的学习提出更高要求，不仅要尝试用多种媒介方式记录、展示、讲述他们的故事，还要调动自己的认知和情感，表达自己的崇敬之情。

第四学段（7—9年级）学习内容：

1. 阅读叙事性和说明性文本，发现、欣赏、表达和交流家庭生活、学校生活、社会生活和大自然的美好，热爱生活，感恩生活。

2. 阅读科技作品，欣赏人类的科学创造，关注祖国的科技创新和社会主义建设成就，交流自己的发现和体会；学习为创造人类美好生活做出重要贡献的杰出人物的事迹，激发创造精神。

3. 学习跨媒介阅读与交流。通过多种媒介关注国内外政治、经济、社会、科技、文化等方面的新鲜事，比较不同媒介的表达效果，尝试探究不同媒介的表达特点；阅读新闻报道、时事评论等作品，关注社会主义建设新成果，就感兴趣的话题与同学进行线上线下讨论，根据目的与对象选择合适的媒介进行交流沟通。

内容分析：

1. 内容表述上依然将阅读与交流有机结合在一起。阅读继续为交流提供话题和素材，"文明礼貌地进行交流"这一要求经过前三个阶段的培养应已成为学生日常交流的习惯。

2. 实用性阅读和交流的范围依然依托学生的各类生活、大自然和科学世界。与前三个阶段相比，本阶段阅读对象不再具体限定，课标使用叙事性文本、说明性文本、科技作品、新闻报道、时事评论等概括性的词语来指定阅读类型。学生对阅读对象的选择更加灵活自由，也有利于扩展学生的阅读视野。

3. "跨媒介阅读与交流"与信息时代相契合，是本学段的亮点。第三学段对"多种媒介"的要求是"尝试用"，运用范围也仅限于交流。第四学段则在此基础上有了更高的要求，要求学生通过多种媒介关注社会、关注时政、关注当代文化与科技，多渠道获取时代信息，"比较不同媒介的表达效果，尝试探究不同媒介的表达特点"，并通过跨媒介交流的方式"就感兴趣的话题与同学进行线上线下讨论，根据目的与对象选择合适的媒介进行交流沟通"，让学生在关心"家事、国事、天下事"的过程中提升核心素养。

4. 前三阶段的学习要求偏重文化的熏陶、习惯的养成以及情感态度价值观的引导，第四学段则突出了对审美的要求。"发现、欣赏、表达和交流家庭生活、学校生活、社会生活和大自然的美好""欣赏人类的科学创造""学习为创造人类美好生活做出重要贡献的杰出人物事迹"等要求学生能够从不同层面、不同领域发现美、欣赏美、表达和交流对美的认识、理解和评价，从而涵养学生高雅的审美情趣，培养学生具备健康的审美意识和正确的审美观念。

(二) 学段内容的衔接与递进

本学习任务群学段内容的设定旨在引导学生在语文实践活动中，通过倾听、阅读、观察等方式，获取关键的信息、整合有价值的信息，根据具体交际情境和交流对象，清楚得体有效地表达信息、传递信息。实用性阅读与交流中，阅读着重负责信息的获取与整合，是信息的输入和内化，交流则侧重信息的表达与交流，是信息的输出和外化。四个阶段的内容设定一方面体现各阶段间的衔接，同时还要体现不同阶段层次的递进性。

实用性阅读与交流的范围随着学生年龄的增长而逐步扩展。从学生不同场景语言运用的需求出发，并结合学生的年龄特点，四个学习阶段大致按照个人生活、家庭生活、学校生活、社会生活这一顺序，由小到大、由易到难、由近及远组织学习内容，扩展阅读和交流的范围，体现了明显的梯度。

从实用性文本的不同类型和特点出发，阅读与交流任务的难度也呈现出递进性。例如，第一学段对低年级的学生提出的阅读与交流任务相对容易，对学生能力要求不高，侧重兴趣的养成和情感态度价值观的引导。例如，要求学生阅读有关学校生活的短文，认识图文中相关的汉字；学习运用文明礼貌语言与同学、老师、家庭成员、亲朋好友文明沟通；乐于分享学校生活中的见闻和感受，热爱学习、热爱学校等。第二学段要求学生学习阅读有关家庭生活、学校生活、社会生活的短文，说明、叙写大自然的短文，感受、欣赏大自然的奇妙与美好；客观地表述生活中的见闻片段，学习日常应用文，学习用日记、观察手记等，展示自己观察自然、探索科学世界的收获等。第三学段在内容要求上却有了更高的要求，阅读和交流的任务加重。阅读文本类型更加丰富，有记人叙事的优秀文本，参观访问记、考察报告、科技说明文、科学家小传以及革命英雄和劳动模范事迹等。信息整理和呈现的方法多样，有记笔记、列大纲、写脚本、画思维导图等。交流内容涉及个人、家庭、学校和社会，交流方式包括口头表达和多种形式的书面表达。第四学段更是提出了跨媒介阅读与交流。既要求学生通过多种媒介关注国内外的新鲜事，比较不同媒介的表达效果，尝试探究不同媒介的表达特点，又要求学习时能够关注社会主义建设新成果，就感兴趣的话题与同学进行线上线下讨论，根据目的与对象选择合适的媒介进行交流沟通。

从文化的理解与传承的角度看，对三种文化的学习要求也呈阶段性提高的趋势。中华优秀传统文化、革命文化、社会主义先进文化是本次课标高度关注的内容，本任务群注重以文化育人。本学习任务群对三种文化的理解与传承不仅从阅读与交流对象的不断丰富上体现了要求的提高，更是从阅读与交流多样的方式上体现要求的逐层提高。例如，第一学段要求学习有关中华优秀传统文化的短文，将读到、听到、看到的故事讲给他人听。这一阶段侧重对中华优秀传统文化的理解和传承，信息的输入和信息的输出直接对接，属于基本要求。第二学段要求学习具体、清楚、生动地讲述有关老一辈无产阶级革命家和革命英雄、劳动模范、科学家的事迹，以及反映中华传统美德的故事。本阶段在第一阶段基础上加入对革命文化的理解与传承，对信息输出也有了更高的、更为具体的要求。第三学段要求学习革命英雄和劳动模范的实例，尝试用多种媒介方式记录、展示、讲述他们的故事，表达自己的崇敬之情。本阶段在前一阶段基础上侧重对革命文化的理解与传承，交流形式更丰富，在信息输出上要求带入自我情感，强调学生个性化的理解。第四学段要求关注社会主义建设新成果，就感兴趣的话题与同学进行线上线下讨论，根据目的与对象选择合适的媒介进行交流沟通。本阶段在前三阶段的基础上加入了对社会主义先进文化的理解和传承，并在信息的获取、整合和交流等方面提出跨媒介的要求，多媒介、更便捷地理解和传承三种文化，进一步增强其实用功能。

第三节 实施路径：设计目标、把握原则和突出特征

实用性阅读，是国民语文生活中最主要的内容。情境中的实用文阅读能力，是国民最重要的语文能力，是全民语文能力的集中体现，也是国家人力资源最重要的软实力。[1]

——王荣生

---

[1] 王荣生. 国民语文能力构成研究（阅读篇）[M]. 上海：华东师范大学出版社，2022.

人类语言的交际功能，决定了实用性阅读与交流的必要性和丰富性。在现实生活中，满足实用为目的的阅读与交流活动成为人们生活必不可少的一部分。语文教学的功能与价值又贴合着学生的实用需求。因此，课标将"实用性阅读与交流"学习任务群作为语文课程的重要学习内容之一，是语文教育界认知的进步。本任务群明确提出"根据具体交际情境和交流对象，清楚得体表达，有效传递信息，满足家庭生活、学校生活、社会生活交流沟通需要"的目标要求。这一目标要求指向现实生活需要，切合学生未来的生活和工作，也利于教师和学生对实用类文本重视程度的提升，极大地改善了以往教与学中重文学文本而轻实用文本的现象。

由于实用性文体并不是一种具体文体，"而是对以传递实用信息为主要功能、以满足人们生活需要为主要目的的众多文体的统称。由于社会生活内容丰富多变，伴随生活需要而出现的文本不仅样式众多，而且还在不断翻新，使得对实用性文体进行分类变得十分困难"❶。这无形中增加了"实用性阅读与交流"任务群教学的难度，也带给一线教师许多教学上的困惑。

为此，不少专家和学者做了扎实的研究工作，一线教师也提供了有益的经验，为本任务群的有效实施奠定了基础。

一、实用性文本的共性与差异

（一）共性

1. 联接生活

《普通高中语文课程标准（2017年版）》中，"实用性阅读与交流"学习任务群的学习内容被明确划分为"社会交往类""新闻传媒类""知识性读物类"三类，每类还规定了具体的学习重点。但是新课标并未像高中课程标准那样按文体设置学习内容，而是着重引导教师关注生活，每个学段都从依照生活场景设置学习内容，一般包括个人生活、家庭生活、学校生活、社会生活、历史文化生活等场景。例如，第一学段的学习要求包括三类场景，第一类属于个

---

❶ 郑桂华."实用性阅读与交流"学习任务群教学实施建议［J］.语文建设，2023（5）：4-7，26.

人生活、家庭生活场景，第二类属于学校生活场景，第三类属于社会和历史文化场景。在第二学段中也含有三类场景，第一类为家庭生活、学校生活、社会生活，第二类为科学与自然生活，第三类为历史文化生活。第三学段和第四学段也一样包含以上几类场景，并依此设置学习内容。"按生活场景或领域划分学习内容，打破了以往按文体划分学习内容的模式，凸显了实用类文本的共同特点和核心价值，即通过阅读这些文本了解真实世界的人物、事件，弄懂事物的原理，与他人交流，与真实的世界产生关联。"❶ 本任务群按照生活场景设置学习内容，意在使教师能够引导学生联接生活，在阅读某一篇、某一组文章的过程中，熟悉该领域的内容，积累有关这类文本的语感，把握它们的表达特点，提高表达交流的效率，同时也提醒教师实用性阅读与交流所涉及的知识应在为满足生活需要、为解决实际问题的阅读和交流过程中获取，而不是被抽象地、生硬地灌输。学生核心素养的养成不是一蹴而就的，而是长期的，需要通过大量的结构化的读写交流实践活动才可能实现。因此，只有依托生活，才能帮助学生更准确地进行实用性阅读，更好地进行实用性表达与交流。

2. 关注信息

实用性阅读主要解决信息输入的问题，通过倾听、观察、阅读等方式获取、整合有价值的信息，并通过理解、积累、探究最终形成经验。实用性交流主要解决信息输出的问题，在一定的交际语境中，依据交流对象和交际需求来有效传递信息。服务于有效传递信息的需要，实用类文本在表达形式和语言风格上也有一定的共性，比较突出的有以下两点：一是采用相对固定的格式或手段，比如新闻消息的导语和社科文中的图表（非连续性文本）。固定格式和非连续性文本能把部分信息隐于固定格式中，如新闻消息常用倒金字塔结构表现重要信息，《首届诺贝尔奖颁发》就是典型的倒金字塔结构。二是用语比较平实，较少抒情，较少用过于含蓄、指向不确定的语句。其目的都是减少读者的阅读障碍，方便他们快速准确地发现所需要的信息。其中，"信息路标"就是实用类文本常有的格式特征。通讯报道多在文中加小

---

❶ 郑桂华. "实用性阅读与交流"学习任务群教学实施建议[J]. 语文建设, 2023（5）：4-7, 26.

标题,如杨振宁的《邓稼先》一文共三千多字,却用了"从'任人宰割'到'站起来了'""'两弹'元勋""邓稼先与奥本海默""民族感情?友谊?""'我不能走'""永恒的骄傲"六个小标题,不仅有提要作用,还能增强文章的吸引力。生活交流类文本常用段落序号或提示词使条理更清晰,便于人们查找,如药品说明书的成分、功能、用量、注意事项等;知识性读物常用问题链或逻辑链来组织,如阿西莫夫科普短文《恐龙无处不有》《被压扁的沙子》,分别围绕"恐龙是如何越过大洋到另一个大陆上去的""到底是什么原因导致恐龙灭绝的"问题来组织文脉。典型的社科文章除标题完整外,通常还有摘要、关键词,以便让读者快速把握主要观点、理解文章价值。实用类文本普遍使用"路标"的目的在于,更清晰明了地传达信息,便于读者快速检索发现,这与文学类文本的含蓄表达往往有很大差异。这也启发我们,不妨从"信息路标"的角度设计教学,如发现文章中的"信息路标",理解"信息路标"的含义,感受"信息路标"之间的内在联系。根据这一特点,可以训练学生快速阅读文本、准确捕捉有效信息的能力。❶

(二)差异

1. 实用性阅读文体的差异

实用类文本并不是一种具体文体,而是对以传递实用信息为主要功能、以满足人们生活需要为主要目的的众多文体的统称。从现代文章学角度来看,实用文是与文学作品相对的文类,包括诗歌、散文、小说、戏剧以外的所有文章,其具体类别比文学作品复杂很多。目前可见,语文教材选入的实用类文主包括科技作品、新闻、社科文、演说辞、书信、人物传记、序言、访谈录、考察报告、讨论与辩论、图片说明、日记等。这些不同类型的实用文体,表达目的不同,表达方式各异,提供的信息内容和传递信息的方式也千差万别。学生在阅读和理解这些不同类型的实用类文本时,阅读期待也往往不同。比如读新闻类文本是为了了解社会生活中新近发生的事件,读社会交往类文本是为了获取生活资讯,读说明类文本是为了了解物品的性状、背

---

❶ 郑桂华. "实用性阅读与交流"学习任务群教学实施建议[J]. 语文建设,2023(5):4-7,26.

后的原理，读社科类文本是为了提高对某一事物的认识等。

2. 实用性交流方式的差异

实用性的交流，林林总总，不可胜数。人类的交际语境有多宽广，实用性交流的方式就有多丰富。不同类型的实用性文本的学习，为学生在不同类型的生活场景中，更好地与他人沟通与交流提供了言语运用的规范。由于与生活的密切关系，实用性交流最需要关注具体的交际语境和交流对象，只有如此才能在交流目的的引导下选择恰当的交流方式，进行有效的沟通和交流。课标中提到的交流对象有家庭成员、亲朋好友、同学老师、社会人士等；提到的交流方式有口头表达（复述、转述、讲述、演讲、辩论等）和书面叙写（包括留言条、请假条、短信息、书信、日记、观察手记、笔记、大纲、脚本、思维导图、多种媒介等）。这些具有差异性的实用性交流方式在不同的语境中发挥着不同的作用，教师需要紧扣"实用性"特点，引导学生带着实用性的目的，结合日常生活的真实情境选择恰切的交流方式，以实现有效的交流沟通。

3. 实用性阅读与交流的学段差异

义务教育阶段时间跨度为9年，且学生随着年龄的增长，思维与认知变化差异也很大。因此，"实用性阅读与交流"任务群的学段差异也是教师在进行相关教学时应着重关注的地方。新课标关于学段内容表述上的差异，因前文多有论述，这里不再赘述。总体来看，"在义务教育第一、第二学段，学生的生活经验、阅读积累以及思维水平都还不足以处理复杂事务，因而这个学习任务群的实施应该淡化甚至可以不管文体差别，把重心放在培养学生的阅读与交流兴趣上，增大各类文本的阅读量，适当布置一些与生活相关的实用信息获取、梳理与表达的实践活动，使学生感受实用性阅读与交流的价值，领会真实、科学、严谨、负责的学习态度和认知风格。因此，一般不需要向他们介绍有关文体分类、表达方式等方面的知识。到了第三学段，教学中可以适当引入文体知识、表达方式以及阅读交流策略方面的知识，渐渐开展典型的实用性阅读与交流活动。在第四学段，则可以组织与文体联系密切的专题学习，如新闻阅读、采访、报道。但要注意的是，必须紧扣'实用性'这一核心,聚焦带有共性的关键能力,不宜对文体特征、阅读策略知识区分过细,尤其不宜按具体文体分别教授阅读策略和写作策略,比如'社科文章阅读策略''科普文章阅读策略'。"❶

二、实用性阅读怎么教

(一) 找准目标定位

目标的准确定位是有效实施教学的基础。"实用性阅读与交流"学习任务群应在总目标和学段要求的指引下,紧紧把握"实用性"特征,在语文实践活动中,通过倾听、阅读、观察、表达等方式获取、整合、传递信息,以满足家庭生活、学校生活、社会生活交流沟通为目标。

1. 目标确定要立足语文

新课标强调任务群的教学要进行积极的语文实践活动。然而在具体教学过程中,有些教师在引导学生开展实践活动时忽略了"语文"这个前缀,忽视了实践活动要依托语言规律和特点的事实,未能以学生语文能力提升为旨归,导致教学效果欠佳。其实,教学中呈现出的眼花缭乱的实践活动无论多么丰富,只要没有指向语文,不能帮助学生有效提升沟通交流能力,就意味着教学目标失准。因此,立足语文成为确立目标的首要前提。唯此,才能在纷繁芜杂的实践活动中做出恰当的取舍和有效的设计。

2. 目标确定要指向生活

实用性阅读与交流,旨在提高学生在学校、家庭、社会等场合与他人交流沟通的能力,增强学生适应社会、服务社会的能力。这种能力不可能凭空获得,必然是需要借助指向生活的社会实践活动才能有效提高。实用性文本的理解缺失了生活的参与,也就变成了枯燥的纸上谈兵,失去了用武之地。尽管实用性阅读与交流的主阵地依然在课堂,也离不开文本阅读和学习,但其最终指向生活,最终目的是基于生活的实际运用,即指向生活的社会实践。本任务群所指的生活涉及家庭生活、学校生活和社会生活。这些生活场景搭

---

❶ 郑桂华. "实用性阅读与交流"学习任务群教学实施建议 [J]. 语文建设, 2023 (5): 4-7, 26.

建了课内与课外的桥梁并拓展了学生的学习场域，使学以致用体现得更直接、更充分。因此，目标的确立要考虑应用的生活场景，满足学生的日常生活需求。

3. 目标确定要切于实用

对实用性文本的阅读教学长期以来停留在对文本内容的探索上，在教学中教师常引导学生分析文章语言的简明准确、结构的清晰完整、逻辑的严谨、格式的规范等。不是说这些内容的学习对学生不重要，而是在学生不了解为什么学的情况下，实用性文本本身又缺乏文学文本的吸引力，学习成效可想而知。至于实用性的交流在教学中也过多地局限在学生口语交际板块的学习和对部分实用类文本格式的训练上，实践活动的设计往往忽略交际目的和交际对象。以上情况的存在使得实用性阅读与交流之间难以形成联系，内容难以整合，任务群无法建立，教学效率自然也不易提升。究其原因在于设计教学目标时未能从实用出发，导致学生的实用性阅读与表达囿于教材和课堂，无法指向生活，展开实践。因此，目标的确定只有切于实用，融合课堂与生活，才能引导学生在真实的情境中学习日常生活必需的语言运用规范和技能，学会文明得体的交流和有效的沟通。

4. 目标确定要辨析文体

目标是一节课的指挥棒，影响着一堂课每个环节的设置。从目前来看，课堂上出现的实用文教学过程模式化和教学内容雷同的现象，根本原因在于目标设定时没有辨析文体，没有考虑文本差异性。例如，有些教师在进行人物通讯的教学时，将目标设定为"感受作品中的人物形象""体味作品的结构和语言""把握作品内涵""理解作者创作意图"等。这样的目标设定本质上与文学文本的目标设定没有多少差异，教学任务和教学活动自然差异性也不明显，实用性被剥离到了教学之外。至于信息的获取、整合和传递、交际语境的设置、交流对象的明确以及交流沟通的需求等实用性阅读与交流的核心课程内容都没有得到落实。况且，实用类文体本身并非一种单一文体，其包含的类型多样，差异显著，更需在目标设定时辨析文体，有针对性地依据交际情境和对象设置相应的实践活动。唯此，学生才能在实践活动中掌握实用文本的特殊格式和言语形式，提升学生日常交流沟通的能力。

（二）把握实施原则

实用性阅读与交流任务群的实施原则，是教师有效落实目标和开展教学的关键。把握原则，意味着教学有了思考和判断的凭借。

1. 任务群是组织形式，学习阅读与交流才是目的

"实用性阅读与交流任务群"的教学中，有些教师错解了"任务群"，错把"任务"当作教学的目标，为设计任务而设计任务，甚至有的教师照葫芦画瓢，将问题链转换成了任务链，以为这样就是落实了任务群的课程内容。新课标明确提出"义务教育语文课程内容主要以学习任务群组织和呈现""语文学习任务群由相互关联的系列学习任务组成，共同指向学生的核心素养发展"。由此可知，任务只是手段，相互关联的任务群只是课程内容的组织和呈现方式，学习实用性阅读与交流，指向核心素养的发展才是最终目的。在具体教学中，教师设计任务群并引导学生搞调研、做演讲、写新闻、研习科学小品等，即在诸多实用性语文实践活动中完成任务，其目的最终指向必然是学生核心素养的发展。否则，错把手段和形式当目的，忘了实用性阅读与交流的初心，学生能力的提升和核心素养的培养就会成为任务群和实践活动的副产品。

2. 在真实情境中进行阅读与交流的实践活动

王宁先生说："所谓'情境'，指的是课堂教学内容涉及的语境。所谓'真实'，指的是这种语境对学生而言是真实的，是他们在继续学习和今后生活中能够遇到的，也就是能引起他们联想，启发他们往下思考，从而在这个思考过程中获得需要的方法，积累必要的资源，丰富语言文字运用经验。我把这个真实情境概括为：从所思所想出发，以能思能想启迪，向应思应想前进。"[1] 具体到"实用性阅读与交流"任务群，教师在创设真实情境时，要考虑本任务群的实用性特征，即真实情境中的阅读与交流实践活动应符合生活中语言文字运用的需求，活动任务要有利于学生在思考中丰富交流和沟通经验。教师只有明了什么是真实情境，才能设计出丰富多彩的真正从学生出发

---

[1] 语文学习任务群的"是"与"非"：北京师范大学王宁教授访谈[J]. 语文建设，2019（1）：4-7.

且为学生发展服务的实践活动。也只有这样的实践活动才能唤起学生的实践意识和实践动力，即唤起学生实践的热情与兴趣。"实用性阅读与交流"任务群的特性决定了本任务群提高实用的语文能力、提升学生核心素养的途径必然是在真实情境中进行的阅读与交流的实践活动。

3. 阅读与交流的过程是信息互递的过程

实用性阅读是信息的输入，也是实用性交流的基础和前提，它为交流提供信息、方法、形式，甚至还有态度上的准备和支持；实用性交流则是信息的输出，是实用性阅读的延伸和拓展，它使实用性阅读进入真实的交际情境，并在互动交流中巩固和活化阅读所得，进一步增强阅读的实用性，综合提升学生的生活语言素养。二者紧密联系，形成信息的交互传递。因此，在"实用性阅读与交流"任务群的教学时，应特别注意阅读与交流之间信息互转的关系。基于真实任务情境的阅读与交流，是在实用性阅读中学习实用性交流的知识与能力、过程与方法、情感态度与价值观；在实用性交流中，梳理和整合阅读所得，迁移和践行沟通技巧，习得和养成文明得体的交流态度。❶ 教师在教学中还需注意，实用性阅读与交流的过程中，信息的传递与接受会受到诸多因素的影响。语言信息发出者和接收者因存在语言能力、文化背景、生活阅历等诸多方面的差异，不可避免地会造成语言信息传递中的信息缺失或扭曲。为此，教师在引导学生的过程中，要不断关注学生信息输入与输出的通道是否通畅，并及时给予帮助。

4. 关注阅读与交流实践活动的时代特点

新课标在"实用性阅读与交流"任务群课程内容中要求"学习跨媒介阅读与交流。通过多种媒介关注国内外政治、经济、社会、科技、文化等方面的新鲜事，比较不同媒介的表达效果，阐释探究不同媒介的表达特点；阅读新闻报道、时事评论等作品，关注社会主义建设新成果，就感兴趣的话题与同学进行线上线下讨论，根据目的与对象选择合适的媒介进行交流沟通"。在教学提示中要求"应加强对跨媒介阅读与交流的指导，充分利用数字资源

---

❶ 王崧舟，梅晨霞. 应生活之需切生活之用——《义务教育语文课程标准（2022年版）》"实用性阅读与交流"解读［J］. 语文教学通讯，2022（24）：9-16.

和信息化平台，引导学生提高语言理解与运用能力，逐步增强语言表达的准确性、规范性"。首先，"跨媒介""多种媒介""线上线下""数字资源""信息化平台"等词语体现了时代特点。例如，微信、微博、钉钉、短视频平台等都是我们这个时代生活和学习中不可或缺的媒体。借助这些媒体进行阅读和交流就是真实情境下的实用性阅读与交流。教师在教学中引导学生正确使用这些媒体，既能与现实生活紧密联接，激发学生实用性阅读与交流的兴趣，也能引导学生注意实用性阅读与表达的目的、对象、情境以及交流效果等。其次，"关注国内外政治、经济、社会、科技、文化等方面的新鲜事""阅读新闻报道、时事评论等作品"等表述内容，也体现了实用性阅读与交流的实践活动内容应该紧扣时代。鲜明的时代特点会让学生感受到实用性阅读与写作的必要性和实用性，也会让学生感受到实用性阅读与写作就是生活不可或缺的部分。

（三）突出实用特征

随着时代的发展，科技的进步，人与人之间的交往越来越频繁，信息交流也越来越便捷，信息交流的方式也越来越多样，信息沟通的效果也变得越来越重要。因此，日常生活、学习、工作中具有实用性阅读和交流的能力就成为现代社会对21世纪公民的基本要求。这一基本要求既是现实生活对公民的基本要求，也是现实生活对语文课程提出的客观要求。"实用性阅读与交流"任务群就是课标对这一现实要求的积极回应，"本学习任务群旨在引导学生在语文实践活动中，通过倾听、阅读、观察，获取、整合有价值的信息，根据具体交际情境和交流对象，清楚得体表达，有效传递信息，满足家庭生活、学校生活、社会生活交流共同的需要"。可见，实用性阅读与交流立足于生活，为学生更好地适应社会，服务社会，促进社会的发展而发挥其独特的功能。

1. 对"实用性"的理解

根据字典解释，实用性指的是"有实际使用价值的"。从这一界定出发，实用性包括"有用性""可用性""效用性"这三个要义。所谓有用性，指的是具有实际使用的功能与价值，这是实用性的基础。如思维导图，可以帮助整理读书笔记、搭建可视化的知识体系、梳理思考过程和结果等，它是有用的；所谓可用性，指的是可以用、方便用，这是实用性的关键。例如，观察手记作为一种认知工具，在学生的日常生活中大有用武之地，且入门不难、进阶有法，它是可用的；所谓效用性，指的是能产生实际效力与用途，这是实用性的保障。学生掌握了各种获取信息和整合信息的方式方法，形成思维习惯，对他们的学习、生活一定会产生积极作用，收获成功与快乐，显然它是有效用的。❶

2. 对"实用性阅读"的理解

目前可见资料显示，学界对"实用性阅读"的理解各有差异。郑桂华老师认为，"实用性阅读"是指带有实用功能的阅读，"而非对'实用文'的阅读……比如《应有格物致知精神》是演讲，《叶圣陶二三事》是传记，《卖油翁》是笔记，《不求甚解》是杂文，《社戏》是小说，设计实用性阅读与交流活动时可以忽略它们的文体差异，而聚焦前人的读书、写作与生活经验，还可以学习为人处事的艺术。"❷ 朱于国老师认为，对"实用性阅读"可以有两种理解："如果是'实用性文本阅读'，学习对象就限定于'实用性文本'，与'思辨性文本阅读''文学作品阅读'相对应，则该任务群的设计定位就是对这一类文本的阅读理解和借鉴运用；如果是'带有实用性质的阅读'，则举凡出于实用目的的阅读，像阅读新闻以获取信息，阅读科普文章以收获科学知识，阅读文学作品以求得心灵的愉悦等，均应包含在内，与之相区别的则是'无功利性阅读'即审美性阅读，该任务群的学习对象也不再是某一类文本，而是一类阅读行为或者说阅读方式。"❸ 滕衍平老师认为"实用性"阅读，"一类是指教材文本的学习，可以指向实用性文本的阅读，也可以指向被赋予实用功能文本的阅读；另一类是指生活资源的学习，比如人

---

❶ 王崧舟，梅晨霞. 应生活之需切生活之用——《义务教育语文课程标准（2022年版）》"实用性阅读与交流"解读［J］. 语文教学通讯，2022（24）：9-16.

❷ 郑桂华."实用性阅读与交流"学习任务群教学实施建议［J］. 语文建设，2023（5）：4-7，26.

❸ 朱于国."实用性阅读与交流"任务群的内涵、课程价值与实施策略［J］. 语文建设，2020（9）：4-9.

与人之间的交流，生活中民俗文化的了解，参观博物馆，等等。"❶ 2022年义教课标虽然没有明确的相关说明，但从不同层级课程内容的表述中可见实用性文本是课标要求进行实用性阅读的主要对象，不仅如此，不限文体但具有实用功能的阅读也包含其中，例如"观察、思考日常生活，阅读记人叙事的优秀文本""阅读叙事性和说明性文本，发现、欣赏、表达和交流家庭生活、学校生活、社会生活和大自然的美好"❷ 等。至此，可以将"实用性阅读"解释为具有实用功能的阅读，其中包括实用性文本为主要内容的阅读。

三、实用性阅读教学案例

"实用性阅读与交流"学习任务群自写入课标以来，学界的理论引导和一线教师的实践探索交相辉映，取得了丰硕的成果。尤其是在实践教学领域，许多教师不仅用优秀案例为一线教学提供良好示范，还在实践过程中提炼出宝贵的教学经验。下面择选广东省第十三中学龙阳胜老师以统编版初中语文教材八年级下册第二单元为例进行的"实用性阅读"的教学设计，以飨读者❸。

单元说明：

八年级下册第二单元的人文主题是"科学道理"，包含《大自然的语言》《阿西莫夫短文两篇》《大雁归来》《时间的脚印》五篇事理说明文，单元写作训练重点是"说明的顺序"。单元教学内容有：厘清文章的说明顺序，筛选主要信息，读懂文章阐述的事理；学习分析、推理，初步了解科学探索的方法。本单元的综合性学习主题是"倡导低碳生活"，学生需要了解与"低碳"相关的科学事理；"倡导"离不开有理有据的事理说明，表达与交流更是该主题的应有之义。学生可以利用本单元所学的事理说明文知识完成单元

---

❶ 滕衍平．"实用性阅读与交流"学习任务群的内涵解读与教学建议［J］．小学教学设计，2022（25）：27-30．

❷ 中华人民共和国教育部．义务教育语文课程标准（2022年版）［M］．北京：北京师范大学出版集团，2022：24-25．

❸ 龙阳胜．"实用性阅读与交流"学习任务群的设计和实施——以八年级下册第二单元为例［J］．语文建设，2023（5）：8-12．

综合性学习任务。因此，本单元在教学内容编排上为开展"实用性阅读与交流"任务群的教学探索提供了丰富、自洽的学习资源。

整体情境任务：

第32个全国节能宣传周即将到来。初二年级决定开展"倡导低碳生活"主题活动。请你针对社区或学校中常见的不符合低碳生活理念的现象，写一篇不少于600字的关于"倡导低碳生活"的事理说明文，并将文章作为宣讲词，录制一个真人出镜的宣传劝导视频。

分列阶段任务：

任务一：明确说明对象

（1）以小组合作的形式，利用网络搜索、查阅书籍等方式获取与低碳生活相关的文献资料。在实地走访中，拍摄并记录社区和校园中不符合低碳生活理念的现象。

（2）阅读本单元的五篇文章，分别概括文章说明的事理，分析、归纳课文中的内容，看看它们是如何共同构成作者所要说明的事理的。

（3）对搜集到的文献资料进行整理，罗列并概括出与低碳生活相关的科学道理。根据实地走访的结果，小组进行讨论，明确将哪一个低碳生活的科学道理作为主要的写作对象。根据要说明的对象确定写作内容要素。

任务二：选择说明顺序

（1）以思维导图的形式梳理本单元五篇文章的说明顺序，分析作者这样安排说明顺序的好处。

（2）为你的文章选择合适的说明顺序，拟写提纲，合理安排内容要素。

任务三：学习表达策略

分析五篇文章使用的典型说明方法，赏析品读文中具有特色的句段，感受其不同风格。从中选择你最喜欢的一篇，对它的语言进行讨论分析，总结出其语言表达技巧，并在自己的写作中加以模仿。

任务四：展示任务成果

根据已经写完的说明文录制视频。将视频上传至班级空间开展互动点评活动。

学习资源：

陈迎、巢清尘编著的《写给青少年的"双碳"故事》（人民教育出版社），陈楸帆的科幻作品《零碳中国》（安徽少年儿童出版社），由学科专家李皓主讲的"懒人听书"线上音频资源《低碳居家与社区节能减排》。

过程性评价量表：

"实用性阅读与交流"任务群过程性评价示例

学习任务	信息的获取与处理	交流与表达
任务一： 明确说明对象 （15分）	（1）在实地走访中能积极观察、倾听、记录。（3分） （2）能读懂并概括出五篇文章中阐明的事理。（4分） （3）能从所搜集的文献资料中概括出三个或以上与"低碳生活"相关的科学道理。（3分）	（1）在讨论中能够耐心倾听；讨论目的明确，发言没有偏离主题；能有序对他人讲话内容发表评论，不打断别人说话。（3分） （2）能结合实地走访的结果阐述你选择某一低碳生活科学道理作为说明对象的原因。（2分）
任务二： 选择说明顺序 （10分）	（1）能用思维导图清晰地呈现五篇文章的说明顺序。（4分） （2）在拟写提纲时能够根据一定的说明顺序安排写作要点。（2分）	（1）能根据绘制的思维导图向小组成员分享某一篇文章在说明顺序安排上的好处。（2分） （2）能有条理地向小组成员陈述你的写作思路。（2分）
任务三： 学习表达策略 （10分）	能在五篇文章中找出作者共同使用的三种说明方法。（3分）	能结合自己的写作内容对某一篇课文中的典型语段进行仿写。（7分）
任务四： 展示任务结果 （65分）	能根据说明文的内容在视频中插入恰当的实景图片、视频、示意图等信息，帮助观者更好地理解所阐明的事理。（10分）	（1）撰写的说明文字数不少于600字，能够综合运用三种说明方法，按照一定的顺序将低碳生活的科学道理讲解得通俗易懂，易于接受。（40分） （2）录制视频时说话声音清晰，语调根据内容有所变化，肢体语言自然。（10分） （3）能积极参与线上成果展示交流，能根据评价量表为不少于5位同学的作品作出评价。（5分）

反思问题：

（1）在四个任务中，你觉得最困难的是哪一个？在完成这个任务时你遇到了什么问题，你尝试运用了哪些办法去解决它？你认为问题不能很好被解决的原因有哪些？

（2）在四个任务中，你认为完成得比较成功的是哪一个？你认为你能顺利完成的原因是什么？你能把你完成这个任务时的思路或者使用的方法列出来吗？

（3）哪个小组/同学的哪个任务展示让你觉得很有意思，请说出你的理由。如果让你提出改进意见，你会从哪些方面入手？

龙阳胜老师的教学设计紧扣实用性阅读的"实用性"特征，做到了立于生活，切于实用。其中，单元内容的整合与确定，任务的展开与关联，评价的具体和可行以及反思的提示与触发等为一线教师理解课标，勇于课改，创新教学提供了可资借鉴的思路和经验。综合性学习主题"倡导低碳生活"与宣传周的结合产生的生活化情境设计，拉近了学习与生活的距离，让学生学得沉浸其中也乐在其中，而具有明确的目标导向及逻辑层进的任务群让学生的学习有序突破和提升，也让学生在潜移默化中强化了将知识运用于具体生活的意识。龙老师打破了以往讲授说明顺序、说明方法和说明语言的设计模式，通过任务驱动极大地调动了学生的积极性和参与意识，让学习真正发生。例如，"阅读本单元的五篇文章，分别概括文章说明的事理，分析、归纳课文中的内容，看看它们是如何共同构成作者所要说明的事理的""以思维导图的形式梳理本单元五篇文章的说明顺序，分析作者这样安排说明顺序的好处""分析五篇文章使用的典型说明方法，赏析品读文中具有特色的句段，感受其不同风格"等任务的设计，让教师淡出前台，让学生成为学习的主角。同时可见，任务在真实情境的加持下，在评价的反馈中增强了其实用性和实践性的效用。龙老师在设计中从"信息的获取与处理"和"交流与表达"两方面突出言语实践活动，并通过评价促进学生对自己实践活动的反思。

参考文献

标准类

[1] 中华人民共和国教育部．义务教育语文课程标准：2011年版［S］．北京：北京师范大学出版社，2012．

[2] 中华人民共和国教育部．义务教育语文课程标准（2022版）［S］．北京：北京师范大学出版社，2022：32-33．

著作类

[1] 叶圣陶，朱自清．《略读指导举隅》［M］．北京：商务印书馆，1942．

[2] 叶圣陶．叶圣陶语文教育论集［M］．北京：教育科学出版社，1980．

[3] 叶圣陶．略谈学习国文［M］//叶圣陶．叶圣陶语文教育论集．北京：教育科学出版社，2015：2．

[4] 王荣生．实用文阅读教学及其类型［M］．上海：华东师范大学出版社，2014：5．

[5] 王荣生．国民语文能力构成研究（阅读篇）［M］．上海：华东师范大学出版社，2022．

[6] 任苏民．《教育与人生——叶圣陶教育论著选读》［M］．上海：上海教育出版社，2004：277．

[7] 张宗良，等．义务教育语文课程标准（2022年版）案例式解读［M］．上海：华东师范大学出版社，2022：118-120．

[8] 张秋玲，牛青森. 新版课程标准解析与教学指导（2022年版）初中语文［M］. 北京：北京师范大学出版社，2022（10）：122.

[9] 顾黄初，李杏保. 二十世纪前期中国语文教育论集［M］. 成都：四川教育出版社，1991：81.

[10] 于漪. 语文教育论集［M］. 北京：人民教育出版社，2007.

[11] 课程教材研究所. 20世纪中国中小学课程标准·教学大纲汇编（语文卷）［M］. 北京：人民教育出版社，2001.

[12] 吴欣歆. 培养真正的阅读者——整本书阅读之理论基础［M］. 上海：上海教育出版社，2019.

[13] 曾祥芹. 阅读学新论［M］. 北京：语文出版社，1998：56.

[14] 倪文锦，欧阳汝颖. 语文教育展望［M］. 上海：华东师范大学出版社，2003：295.

[15] 丁晓良. 语文阅读策略与教学［M］. 苏州：苏州大学出版社，2003.

[16] 倪岗. 中学整本书阅读课程实施策略［M］. 北京：商务印书馆，2018：275.

[17] 闫立钦，倪文锦. 语文教育学引论［M］. 北京：高等教育出版社，1996：88.

[18] 顾黄初，顾振彪. 语文课程与语文教材［M］. 北京：社会科学文献出版社，2001：86.

[19] 朱绍禹. 中学语文课程与教学论［M］. 北京：高等教育出版社，2005：119.

[20] DOLL W E. Developing competence［M］//DOLL WE, DONNA T Pragmatism, post-modernism, and complexity theory. New York：Routledge, 2012：67-76.

期刊杂志类

[1] 叶圣陶. 关于探讨教材教法的几点想法［J］. 课程·教材·教

法，1981（1）：2.

[2] 语文学习任务群的"是"与"非"：北京师范大学王宁教授访谈[J]．语文建设，2019（1）：4-7.

[3] 温儒敏．培养读书兴趣是语文教学的"牛鼻子"——从"吕叔湘之问"说起[J]．课程·教材·教法，2016，36（6）：3-11.

[4] 温儒敏．"部编本"语文教材的编写理念、特色与使用建议[J]．课程·教材·教法，2016，36（11）：3-11.

[5] 王本华．多读书，好读书，读好书——谈中小学生课外阅读[J]．课程·教材·教法，2012，32（1）．

[6] 王本华．守正创新，构建"三位一体"的语文教科书编写体系——部编义务教育语文教科书的主要特色[J]．语文教学通讯，2016（26）：7-10.

[7] 王本华．构建以核心素养为基础的阅读教学体系——谈统编语文教材的阅读教学理念和设计思路[J]．课程·教材·教法，2017，37（10）：5-42.

[8] 王本华．从八大关键词看"部编本"语文教材的编写理念[J]．课程教学研究，2017（5）：31-35.

[9] 王本华．统编初中语文教材的阅读设计与教学实践[J]．语文建设，2018（16）：4-10.

[10] 吴红耘，皮连生．试论语文教学设计中的目标分类及其教学含义[J]．教育研究与实验，2011（3）：14-18.

[11] 郑美玲，邵伟霞．初中"整本书阅读"教学实践三种课型探究[J]．中国教育学刊，2018（S1）：146-149.

[12] 王云峰．试析语文学科核心素养[J]．语文建设，2018（4）：4-8.

[13] 胡晓，赵炜．统编教材科幻作品的选入与教学[J]．语文建设，2020（15）：57-60.

[14] 李英杰．触及教学本质的阅读素养研究[J]．语文建设，2020（23）：

16-20.

[15] 姜涛. 专题探究：整本书深度阅读的助推器[J]. 中学语文教学参考，2020（2）：48-49，59.

[16] 余党绪. 比教学范式建设更迫切的，是改善我们的思维——关于思辨性阅读教学的思考[J]. 语文建设，2018（1）：9-13.

[17] 黄玉峰. 如何看待经典及如何看待思辨——由余党绪教《英雄和好汉的边界》所想到的[J]. 语文学习，2015（1）：4-8.

[18] 吴格明. 离开了思维，语文就成了一堆孤立的词句和文化碎片[J]. 中学语文教学，2017（8）：4-8.

[19] 褚树荣. 思辨何为："思辨性阅读与表达"解读[J]. 语文学习，2018（8）：59-63.

[20] 邱旭光. 评点阅读法的现代教育学意义[J]. 语文教学与研究，2006（20）11-13.

[21] 周华艳. 自读课文教学分析及策略[J]. 语文建设，2019（11）：49-51.

[22] 刘冰. 聚焦语段教学探索"补白"策略[J]. 教学与管理，2013（29）：42-44.

[23] 王润."活动·探究"单元的顶层设计和教学实施[J]. 语文学习，2017（11）：15-18.

[24] 陆志平，戴晓娥，江跃."活动·探究"单元的价值和实施[J]. 语文建设，2021（5）：4-8.

[25] 杨向东. 基于核心素养的基础教育课程标准研制[J]. 全球教育展望，2017，46（10）：34-48.

[26] 谷亮. 指向深度学习的统编本戏剧"活动·探究"单元教学建议[J]. 语文教学与研究，2020（19）：137-141.

[27] 陈妍. 参照学习任务群要求开展"活动·探究"单元教学[J]. 语文建设，2021（17）：22-26.

[28] 杨葛莉. 项目化学习：统编初中语文教材实施困境的突破

[J]．中国教育学刊，2019（12）：79-80，93．

[29] 陈家尧．"活动·探究"单元的教学思考［J］．中学语文教学，2019（8）：9-12．

[30] 徐鹏．实用文读写：语文课程的重要内容［J］．中学语文教学，2017（5）：4-8．

[31] 郑桂华．"实用性阅读与交流"学习任务群教学实施建议［J］．语文建设，2023（5）：4-7，26．

[32] 王崧舟，梅晨霞．应生活之需切生活之用——《义务教育语文课程标准（2022年版）》"实用性阅读与交流"解读［J］．语文教学通讯，2022（24）：9-16．

[33] 管贤强，魏星．实用旨归、做事路径、语用意蕴："实用性阅读与交流"任务群的内涵解读［J］．语文建设，2022（20）：4-9．

[34] 朱于国．"实用性阅读与交流"任务群的内涵、课程价值与实施策略［J］．语文建设，2020（9）：4-9．

[35] 滕衍平．"实用性阅读与交流"学习任务群的内涵解读与教学建议［J］．小学教学设计，2022（25）：27-30．

后 记

在这本学术著作的落笔之际，不禁感慨万千。本书从构思到成文，历经数载，其过程既是知识的积累，也是思考的深化，更是对学术界和实践领域贡献微薄之力的尝试。在此，愿对所有支持和帮助过这项工作的人表示最诚挚的感谢。

首先，要感谢三个课题组的所有成员。本著作是2017年山西省教育科学规划课题"部编版初中语文教材中的阅读活动设计与使用研究"、2019年太原师范学院研究生课程建设"《语文教学设计与实施》课程建设"、2020年山西省教育科学规划课题"互联网+环境下语文核心素养培养策略研究"和2022年山西省研究生教育教学改革项目"研究生精品课程建设与实践——以《语文教学设计与实施》为例"的研究成果。课题组成员们不仅在学术上给予我们宝贵的指导，更在精神上给予我们无限的鼓励和支持。在与他们的交流和讨论中，我们获得了许多独到的见解和深刻的启发，这些都成为了本书的思想源泉。

其次，要感谢参与本研究的所有学者和实践者。他们的研究成果和实践经验为本研究提供了丰富的素材和案例，使得理论与实际得以紧密结合。尤其是太原师范学院学科教学的研究生王焕、刘瑶、赵玉辉、李澄宇、侯静妹、李一凡、赵晓艳、田凤、骆青青、陈雪萌等，没有他们的辛勤工作和慷慨分享，本书的深度和广度都将大打折扣。

还要感谢出版社的编辑团队，他们的专业素养和敬业精神让本书的质量得到了极大的提升。在他们的耐心指导下，我逐字逐句地打磨文本，力求使每一个观点都能清晰、准确、有力地传达给读者。

还要感谢我的家人们，他们对我的工作和生活给予了无私的支持和理解。

在我忙于研究和写作的日子里，他们是我最坚实的后盾，是他们的爱让我在学术的道路上坚持不懈。

最后，要感谢所有阅读本书的读者们。无论是学术界的同仁，还是对本研究领域感兴趣的学生和专业人士，你们的关注和批评都是我前进的动力。希望本书能够为你们提供新的视角，引发深入的思考，甚至激发未来的创新。

学术探索是一场永无止境的旅程，本书只是这个旅程中的一个脚印。我期待着与各位读者们在学术的道路上相遇，共同探讨和进步。任何对本书的反馈和建议，都将感激不尽。